BIBLIOTHÈQUE HISTORIQUE
DU LIMOUSIN

I

LES SOURCES

DE

L'HISTOIRE DU LIMOUSIN

(CREUSE — HAUTE-VIENNE — CORRÈZE)

PAR

Alfred LEROUX

Archiviste du département de la Haute-Vienne
Ancien élève de l'École des Chartes et de l'École des Hautes Études

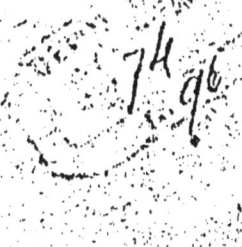

LIMOGES
IMPRIMERIE-LIBRAIRIE Ve H. DUCOURTIEUX
Libraire de la Société archéologique et historique du Limousin
7, RUE DES ARÈNES, 7

1895

IMPRIMERIE-LIBRAIRIE LIMOUSINE

V⁰ H. DUCOURTIEUX

7, RUE DES ARÈNES, 7, LIMOGES

PUBLICATIONS DE M. A. LEROUX

Notice historique sur l'hôpital de Magnac-Laval en Basse-Marche. — Limoges, V⁰ H. Ducourtieux, 1880, in-8° de 90 pages.

Recherches critiques sur les relations politiques de la France avec l'Allemagne, 1292-1378 (Bibliothèque de l'Ecole des Hautes-Etudes). — Paris, Vieweg, 1882, in-8° de 201 pages.

Essai sur les antécédents historiques de la question allemande, 813-1493. — Paris, Picard, 1886, in-8° de 57 pages.

Histoire de la Réforme dans la Marche et le Limousin. — Limoges, Gely; Paris, Fischbacher, 1888, in-8° de xlviii-391 pages.

Inventaire des Archives départementales de la Haute-Vienne, séries C, D, E, suppl. H suppl., précédées d'amples introductions. — Limoges, Gely et Plainemaison, 1882-1891, 4 vol. in-4°.

Recueils de documents historiques sur la Marche et le Limousin. — Limoges et Tulle, 1883-1895, 6 vol. in-8°.

Biographies limousines et marchoises (1ʳᵉ et 2ᵉ parties). — Limoges, V⁰ H. Ducourtieux, 1888, in-8°.

Doléances paroissiales de 1789 (Tome I des *Archives révolutionnaires de la Haute-Vienne*). — Limoges, Chatras, 1889, in-12 de 151 pages.

Une Œuvre de Baluze oubliée (Extrait des *Annales du Midi*). — Toulouse, Privat, 1889, in-8 de 37 pages.

Etude critique sur les Annales françaises de Limoges (Extrait des *Annales du Midi*). — Toulouse, Privat, 1890, in-8 de 54 pages.

Géographie et histoire du Limousin (Creuse-Haute-Vienne-Corrèze) *depuis les origines jusqu'à nos jours.* — Limoges, V⁰ H. Ducourtieux; Toulouse, Privat, 1890, in-12 de 102 pages.

Analyse des délibérations manuscrites du Conseil général de la Haute-Vienne, de 1800 à 1830. — Limoges, Plainemaison, 1892, in-8° de xxxviii-410 pages.

Nouvelles recherches critiques sur les relations politiques de la France avec l'Allemagne, de 1378 à 1461. — Paris, Bouillon, 1892, in-8° de viii-368 pages.

La Royauté française et le saint Empire romain au moyen âge. (Extrait de la *Revue historique*). — Paris, Alcan, 1892, in-8° de 47 pages.

La Primatie de Bourges. (Extrait des *Annales du Midi*). — Toulouse, Privat, 1893, in-8° de 16 pages.

EN PRÉPARATION :

La France du Massif central : Essai d'histoire régionale comparée, 2 vol.

BIBLIOTHÈQUE HISTORIQUE
DU LIMOUSIN

I

LES SOURCES

DE

L'HISTOIRE DU LIMOUSIN

(CREUSE — HAUTE-VIENNE — CORRÈZE)

PAR

Alfred LEROUX

Archiviste du département de la Haute-Vienne
Ancien élève de l'Ecole des Chartes et de l'Ecole des Hautes Etudes

LIMOGES
IMPRIMERIE-LIBRAIRIE Vᵉ H. DUCOURTIEUX
Libraire de la Société archéologique et historique du Limousin
7, RUE DES ARÈNES, 7

1895

AVERTISSEMENT

Sua si bona norint.

Entrepris en 1887, le présent travail est aujourd'hui publié par les soins de la Société archéologique du Limousin à l'occasion de son premier cinquantenaire. C'est un honneur sur lequel nous n'avions pas compté et pour lequel nous témoignons ici notre gratitude.

Dans notre esprit, ce travail doit former le premier tome d'une collection qui, sous le titre général de *Bibliothèque historique du Limousin (Creuse — Haute-Vienne — Corrèze)*, tendrait à constituer définitivement chez nous les sciences auxiliaires de l'histoire. Ce dessein ne peut manquer d'obtenir les suffrages de toutes les personnes qui ont souci d'introduire un peu d'ordre dans le matériel des annales de notre province, un peu de méthode et de critique dans les recherches dont elles sont l'objet, et de rendre possible, aux environs de 1950, une *Histoire du Limousin* en six ou huit volumes.

Le second tome de cette collection pourrait donner le relevé chronologique de tous les documents d'archives qui, en raison de leur abondance exceptionnelle, n'ont pu trouver place dans celui-ci, tels que bulles des papes, actes des rois de France et des pouvoirs locaux.

Le troisième fournirait l'indication systématique de tous les monuments figurés qui appartiennent au Limousin, de tous les documents dessinés ou gravés qui le concernent. Ce troisième volume paraîtra d'ailleurs fort avancé si l'on considère que la plupart des inscriptions d'origine limousine ont été publiées, que les tapisseries, les sceaux et les émaux incrustés ont été en grande partie catalogués et que l'*Inventaire général, historique et critique, de l'œuvre des anciens peintres émailleurs de Limoges*, par MM. Louis Bourdery et Emile Lachenaud, déjà achevé en manuscrit, formera à lui seul cinq ou six volumes. En raison même de son étendue et de sa portée, cet inventaire n'est pas destiné à prendre place dans notre *Bibliothèque*. Mais il reste les reproductions gravées de paysages et de monuments, les portraits de personnages limousins, les cartes géographiques, les plans de villes, etc. Le catalogue en a été commencé pour les vues de paysages par la Société des Amis des arts de Limoges, et pour les portraits par M. Fray-Fournier. S'il est jamais terminé, nous aurons l'équivalent du troisième volume dont nous parlons.

Un quatrième tome devrait présenter la bibliographie de tous les ouvrages imprimés en Limousin ou relatifs à cette province. Sur ce point encore nous avons cause gagnée. Les recherches de feu A. Bosvieux et de feu P. de Cessac, pour le département de la Creuse, celles de MM. Ruben, Fray-Fournier et Ducourtieux pour la Haute-Vienne, surtout celles de M. René Fage pour la Corrèze, permettent d'espérer, à brève échéance, une bonne bibliographie générale du Limousin.

Le cinquième tome de la *Bibliothèque historique du Limousin* pourrait consister en un atlas de géographie historique dont les cartes reproduiraient les anciennes circonscriptions du Limousin : romaines, ecclésiastiques, féodales, judiciaires, administratives, etc. M. J.-B. Champeval, qui a déjà publié deux cartes de ce genre, est tout désigné pour dresser les autres.

Enfin il faudrait un volume pour la biographie des personnages marquants nés dans notre province; — un autre pour consigner les résultats d'un dépouillement méthodique des périodiques savants; — un autre enfin pour coordonner les notions de la diplomatique (paléographie, chronologie, statistique, etc.) Au total huit volumes, dont l'ordre de publication importe d'ailleurs assez peu.

On remarquera que nous ne faisons entrer dans cette *Bibliothèque* aucune des publications spéciales déjà entreprises :

Ni les inventaires d'archives, qui se poursuivent aux frais des départements;

Ni les recueils de documents que publie la Société des archives du Limousin;

Ni les répertoires topographiques, archéologiques et scientifiques, que patronne le Ministère de l'Instruction publique;

Ni les catalogues de musées et de bibliothèques en cours de publication.

Bien loin de désirer que notre *Bibliothèque* absorbe tout, nous tenons pour meilleur de la faire servir à combler les lacunes existantes et à donner à la science historique ce qui lui manque encore. Loin de nous également la prétention de remplir le large cadre que nous venons de tracer. Toutes les collaborations seront bienvenues, à la condition qu'elles soient sérieuses et soutenues.

Ces indications données, qu'on nous permette de dire tout de suite ce que nous avons voulu faire dans ce volume consacré aux *Sources de l'histoire du Limousin*.

Si nous ne nous abusons, il aidera les érudits à s'orienter sûrement et rapidement sur le domaine limousin, à connaître les ressources qu'offrent nos archives pour traiter un sujet, notre annalistique pour étudier une époque. Il leur donnera en même temps la certitude de ne rien ignorer (dans le cadre restreint que nous avons adopté) de ce qui est acquis par le témoignage des documents originaux. Enfin, comme tous les moyens abréviatifs, en diminuant l'effort du chercheur sur un point, — la connaissance des sources, — il permettra de le reporter sur d'autres.

Quoi qu'on puisse penser, et bien que certaines sections du présent catalogue ne soient qu'ébauchées (1), notre entreprise n'est point prématurée. Dès le XVIe siècle, on a publié en Limousin des vies de saints, des livres liturgiques, des fragments de chroniques, même la coutume de la Marche. Au XVIIe siècle, grâce à Justel,

---

(1) La pénurie des moyens d'information historique est encore si grande à Limoges que j'ai dû certainement ignorer bien des choses. Je surprendrai sans doute plus d'une personne en disant que je n'ai point eu à ma disposition le catalogue des manuscrits latins de la Bibliothèque nationale. Les mentions que l'on trouvera de ces manuscrits dans le présent travail, proviennent de notes prises au cours de mes visites à cet établissement. — Ce que je n'ai pu faire sur ce point et sur quelques autres, mes successeurs le feront. J'ouvre une voie dans laquelle on pourra marcher désormais sans trop de peine.

au P. Labbe, à Baluze surtout, le mouvement a pris un grand élan, et ces trois érudits n'ont tenté rien moins que de mettre au jour tous les principaux monuments de notre histoire provinciale au moyen âge.

Puis sont venus les Bénédictins et les Bollandistes qui ont fait faire un pas décisif à l'histoire ecclésiastique. Pendant près d'un siècle, il est vrai, l'œuvre a été abandonnée. Ni Nadaud, ni Legros, ni dom Col, ni dom Villevieille, qui travaillaient dans la seconde moitié du XVIIIe siècle, n'ont réussi à faire entrer dans le domaine public les milliers de copies dont ils disposaient.

Au XIXe siècle, la publication des documents originaux de notre histoire provinciale n'a été reprise qu'au milieu du règne de Louis-Philippe, par M. Achille Leymarie, suivi plus tard par MM. Max. Deloche et E. Rubon. Mais c'est seulement depuis une vingtaine d'années qu'on a réellement compris en Limousin la nécessité de tirer des archives tout ce qu'elles contiennent. L'entreprise a été si vigoureusement conduite que nous avons pu dire récemment, sans être taxé d'exagération, qu'en Limousin « toutes les chroniques locales, tous les cartulaires du moyen âge, toutes les vies de saints, tous les registres de délibérations, tous les statuts de corporations et de confréries, tous les cahiers de doléances, tous les registres de famille sont aujourd'hui publiés ou tout au moins analysés, à de très rares exceptions près (¹) ».

Si au millier de pièces diplomatiques connues intégralement, on ajoute les dix ou quinze mille autres analysées dans les inventaires d'archives, dans les registres pontificaux, dans les tables et catalogues chronologiques de l'Académie des inscriptions et de l'Académie des sciences morales, on se fera une idée de l'abondance des matériaux dont disposent dès maintenant ceux qui s'occupent de l'histoire du Limousin.

Mais comment se diriger dans ce dédale? Comment se reconnaître sur cet océan? Il n'y a qu'un moyen : dépouiller, la plume à la main, tous les ouvrages imprimés depuis quatre siècles, où il y a chance de rencontrer quelque document d'origine limousine. Travail pénible, qui use le temps et les forces, que nous avons entrepris cependant, *dans certaines limites,* pour notre instruction person-

---

(1) *Rapport annuel à M. le Préfet de la Haute-Vienne,* 1893.

nelle. Le public restreint auquel nous nous adressons nous saura peut-être gré de le faire aujourd'hui profiter du résultat de nos recherches et de lui rendre le service que Bayle savait bien rendre à ses contemporains lorsqu'il leur disait : « Les dictionnaires sont une voie abrégée pour devenir scavant à peu de frais. »

Est-ce une illusion ? A notre avis, l'histoire du Limousin au moyen âge a une portée qui dépasse le cadre territorial de cette province. Il n'en est peut-être pas de plus intéressante dans toute l'Aquitaine par les manifestations qu'y eut la civilisation de ce temps. Monnayeurs, orfèvres, émailleurs, historiographes, hymnologues, poètes lyriques et épiques, gens d'église devenus cardinaux et papes : il y a là un phénomène qui mérite grande considération. Et comme le Limousin est justement de toutes les provinces du Centre et du Midi la plus riche en chroniques monastiques et en chartes de l'époque carlovingienne, on y peut étudier de plus près qu'ailleurs les origines de cette civilisation. Si le présent catalogue pouvait servir à scruter mieux qu'on ne l'a fait jusqu'ici les annales de notre province, nous estimons que ce serait tout gain, même pour l'histoire générale de la France.

A. L.

Limoges, juin 1895.

ABRÉVIATIONS

Bulletin de Limoges = Bull. de la Soc. arch. et hist. du Limousin, à Limoges, 1840 et ss., 42 vol. parus.

Bulletin de Tulle = Bull. de la Soc. des lettres, sciences et arts de la Corrèze, à Tulle, 1878 et ss., 16 vol. parus.

Bulletin de Brive = Bull. de la Soc. scientifique, historique et archéologique de la Corrèze, à Brive, 1878 et ss., 16 vol. parus.

Mémoires de Guéret = Mémoires de la Soc. des sciences naturelles et archéologiques de la Creuse, à Guéret, 1847 et ss., 8 vol. parus.

LES SOURCES
DE
L'HISTOIRE DU LIMOUSIN

1. — ARCHIVES

A consulter : Langlois et Stein, *les Archives de l'Histoire de France*, 1891-93 ; — de Lépine, *Etat des dépôts publics et particuliers d'actes et de titres de la Généralité de Limoges en 1769* (dans le *Bulletin de Limoges*, V, 271-292) ; — *Tableau général numérique, par fonds, des Archives départementales antérieures à 1790*, publié par la Commission des archives départementales et communales, 1840 (Corrèze, p. *[illegible]*; Creuse, p. 172 ; Haute-Vienne, p. 174) ; — Ant. Thomas, *les Archives du comté de la Marche* (dans *Bibliothèque de l'Ecole des Chartes*, 1881, p. 31) ; — *Rapports annuels* des archivistes de la Haute-Vienne, de la Creuse et de la Corrèze.

HAUTE-VIENNE. — I. ARCHIVES DÉPARTEMENTALES [1]

FONDS CIVILS ET ECCLÉSIASTIQUES ANTÉRIEURS A LA RÉVOLUTION

(séries A à I)

Inventaire général provisoire, dressé par M. Maurice Ardant (1867), revisé par M. Camille Rivain (1877), complété par Alfred Leroux (1893). Registre manuscrit in-4° de 680 + 78 pages, accusant 10,584 articles [2].

[1] Pour l'histoire des origines de ce dépôt, voir le rapport de Joseph-Elie Lefebvre (1840) publié dans le *Bulletin de Limoges*, XLI, 335 et ss.

[2] Pour l'explication et la justification de ces chiffres, voir notre *Rapport sur les Archives adressé à M. le Préfet de la Haute-Vienne*, 1893. C'est également à ce rapport que nous empruntons, en le complétant, le tableau qui suit (31 déc. 1894).

SÉRIE A. APANAGES CONSTITUÉS PAR LA ROYAUTÉ EN LIMOUSIN

Néant.

SÉRIE B. COURS ET JURIDICTIONS

1. Sénéchaussée de Bellac : registres du greffe depuis 1610 (8); reg. d'audience depuis 1619 (102); liasses de procédures diverses depuis le xvii° s. (24); reg. d'insinuations depuis 1612 (71); reg. de la cour consulaire depuis 1759 (9).

Total : 190 registres et 24 liasses. *Inventaire publié par A. Leroux, 1894.* In-4° de 123 pages.

2. Sénéchaussée du Dorat : registres d'édits depuis 1762 (6); reg. et liasses du greffe depuis 1609 (48 + 41); reg. d'audience depuis 1700 (70); reg. de police depuis 1781 (2); reg. de la cour consulaire depuis 1750 (20); reg. d'insinuations depuis 1760 (18); liasses relatives aux États généraux de 1789 (3).

Total : 175 registres et 44 liasses.

3. Sénéchaussée de Saint-Yrieix : cour d'appeaux de Ségur (1 liasse); pièces de procédures diverses (1 liasse); registres d'insinuations depuis 1731 (58); reg. d'audience depuis 1740 (12); reg. du greffe depuis 1768 (4); reg. d'édits depuis 1762 (5).

Total : 79 registres et 2 liasses.

4. Sénéchaussée et Présidial de Limoges : registres d'audience depuis 1648 (264); reg. de procédures depuis 1668 (40); reg. du greffe depuis 1658 (33); reg. d'édits depuis 1696 (5); reg. de commissions pour les officiers de la maréchaussée en 1773 (1); reg. d'insinuations depuis 1690 (102); liasses de pièces diverses relatives aux États généraux de 1789, à des procès engagés, à la police administrative, etc., depuis le xvi° siècle (19).

Total : 445 registres et 19 liasses cotées. Il y a, en outre, dans ce fonds, environ 800 liasses de procédures et de police qui, par faute de local, n'ont pu être encore classées.

5. Juridiction de la Cour des monnaies de Limoges depuis le xvi° siècle (2 reg. et 1 liasse).

6. Juridiction de la Maîtrise des eaux et forêts de Bellac depuis 1642 (40 liasses).

7. Justices seigneuriales, xvii° et xviii° siècles (95 liasses) (1).

SÉRIE C. GÉNÉRALITÉ DES FINANCES DE LIMOGES

Fonds de l'Intendance et du Bureau des finances de Limoges, fonds de la subdélégation de Rochechouart relevant de la généralité de Poitiers, xvi°-xviii° siècles.

---

(1) Aixe, Ambazac, Azat-le-Ris et Labazeuge, La Bastide, Beaune, Bessines et Razès, Bonnac, Bonneval, Bort, Breuil-ô-Fa, Bussière-Poite-

17 registres, 414 liasses et 40 plans. *Inventaire publié par MM. C. Rivain et A. Leroux, avec une introduction et un appendice par A. Leroux, 1891. In-4° de* CXLVI-204 *pages.*

Série D. Collège de Limoges

Fonds du collège et des 72 bénéfices qui y furent unis par les Jésuites, XI°-XVIII° siècles.

153 registres, 970 liasses, 4 atlas de plans et 60 plans. *Inventaire publié par A. Leroux avec une introduction, 1882. In-4° de* LXX + 414 *pages.* Il y aura à publier, un jour, un complément d'environ 60 articles provenant de fonds récemment entrés aux Archives départementales.

Série E. Féodalité, communes, familles, notaires

1. Seigneurie des Cars, XIII°-XVIII° ss., 104 reg. et 712 liasses.
2. Vicomté de Rochechouart, XIII°-XVIII° ss., 21 reg. et 123 liasses.
3. Baronnie de Pierrebuffière, XIV°-XVIII° ss., 2 reg. et 5 liasses.
4. Consulat de Saint-Yrieix, actes divers de 1505 à 1689, 1 reg.
5. Titres de familles par ordre alphabétique de noms, XIII°-XVIII° ss., 8 reg. et 108 liasses (²).
6. Pièces provenant de diverses études de notaires, XIV°-XVIII° ss., 15 reg. et 112 liasses.

Série F. Mélanges de provenance civile

1. Reg. d'arpentements et pièces diverses dont les fonds d'origine n'ont pu être reconnus, XV°-XVIII° ss., 4 reg. et 80 liasses.

---

vine, Champagnac et Brie, Châteaumorant, Châteauponsat, Compreignac, Condat, La Croisille, Cromière et Cussac, Darnac, Le Dorat, Droux, Eyjaux, Eymoutiers, Fayat, Fromental, Grandmont, Isle, Limoges-Cité, Limoges-Augustins, Limoges-Combes, Combes-Couzeix-Cellérerie, Limoges-Saint-Étienne, Limoges-Saint-Martial, Linards, Lussac-les-Églises, Magnac-Laval, Monismes et Bessines, Montbas, Montbrun, Mortemart, Morterolles, Nedde, Nieul, Le Palais, Peyrat-le-Château, Pierrebuffière, La Porcherie, Rancon, Rhodes-et-Bridiers, Rochefort, La Rochelabeille, Rochelidon, Saint-Auvent, Saint-Brice, Saint-Cyr, Saint-Jean-Ligoure, Saint-Junien, Saint-Just, Saint-Laurent-sur-Gorre, Saint-Léonard, Saint-Pardoux, Saint-Sornin et Dompierre, Saint-Victurnien, Surdoux, Sainte-Claire-Subrevas, La Règle, Sussac, Tersannes, Verneuil, Veyrat et Laplaud, Vieilleville, Villefavard.

(²) D'Ayen, Barbou, de la Bastide, Benoit de Compreignac, de Bonneval, de Bony, Boyol, de Brettes, de Brie, de Buat, Chantois, la Charlonie, de Chateauneuf, de Cognac, de Comborn, etc., etc.

2. Papiers légués aux Archives de la Haute-Vienne par M. Aug. Bosvieux, ancien archiviste de la Creuse : notes historiques, extraits divers, quelques documents originaux, etc., 485 articles. *Inventaire manuscrit rédigé par M. J. de Cessac, en 1887.* Reg. in-4°, 376 feuillets.

Série G. Clergé séculier

1. Évêché de Limoges : temporel du XII° au XVIII° ss., environ 54 reg. et 50 liasses. *Inventaire des cinquante-huit premiers articles publié par A. Leroux, 1894.* In-4° de 36 pages ; — matières ecclésiastiques du XIII° au XVIII° ss., environ 209 reg. et 60 liasses ; — administration du diocèse du XIII° au XVIII° ss., environ 8 reg. et 280 liasses.

2. Chapitre cathédral : temporel, matières ecclésiastiques, délibérations, actes administratifs, etc., des XIII°-XVIII° ss., environ 15 reg. et 640 liasses. *Inventaire des registres de délibérations (1527 à 1771) rédigé par A. Leroux en 1888 et 1892.* Publié dans les tomes III et VI des *Archives historiques du Limousin*.

3. Officialité de Limoges, XVI°-XVIII° siècles, 6 liasses.

4. Chambre ecclésiastique du diocèse de Limoges, XVI°-XVIII° ss., 93 liasses. *Inventaire manuscrit rédigé par M. C. Rivain, en 1875.*

5. Séminaires des Ordinands et de la Mission, XVII°-XVIII° ss., 3 reg. et 19 liasses.

6. Chapitres collégiaux du Dorat, Eymoutiers, Saint-Germain, Saint-Junien, Saint-Léonard, Saint-Yrieix, 7 registres et 20 liasses.

7. Églises paroissiales de Saint-Michel-des-Lions et Saint-Pierre-du-Queyroix, cures de campagne, XIII°-XVIII° ss., 15 reg. et 209 liasses.

8. Bénéfices, chapelles, aumôneries relevant de l'évêché, XIV°-XVIII° ss., 2 reg. et 6 liasses.

9. Consistoire réformé de Rochechouart : registre des délibérations de 1596 à 1635. *Publié par A. Leroux dans « Doc. histor. sur la Marche et le Limousin »*, II, p. 63-132.

Série H. Clergé régulier d'hommes et de femmes

1. Augustins de Limoges et de Mortemart (2 reg. et 2 ll.);
2. Bénédictins de Saint-Augustin de Limoges (13 reg. 242 ll., 2 plans);
3. Bénédictins de Saint-Martial de Limoges, X°-XVIII° ss. (42 reg., 524 ll., 2 plans);
4. Bénédictins de Solignac, IX°-XVIII° ss. (45 reg., 398 ll.);
5. Carmes de Limoges et de Mortemart (6 reg., 12 ll.);
6. Chartreux de Mortemart (1 liasse);

7. Cisterciens de Bœuil et du Palais (2 reg., 6 ll.);
8. Cordeliers de Limoges et de Saint-Junien (5 reg., 8 ll.);
9. Feuillants de Saint-Martin-lez-Limoges, xiie-xviiie ss. (63 reg., 108 ll.);
10. Génovéfains de Saint-Gérald-lez-Limoges (16 reg., 92 ll.);
11. Grandmontains à Grandmont, xiie-xviiie ss. (34 reg., 155 ll.);
12. Jacobins de Limoges, Rochechouart et Saint-Junien (4 reg., 11 ll.);
13. Oratoriens de Limoges (5 reg., 2 ll.);
14. Récollets de Limoges et de Saint-Junien (2 ll.);
Total : 1,623 liasses et 237 registres.
15. Bénédictines des Allois, xiiie-xviiie ss. (18 reg., 230 ll.);
16. Bénédictines de la Règle, xiiie-xviiie ss. (72 reg., 452 ll.);
17. Carmélites de Limoges (1 reg., 2 ll.);
18. Dames de la Charité à Limoges (1 liasse);
19. Sœurs de la Croix à Limoges (1 liasse);
20. Religieuses de Fontevrault à Boubon (1 reg., 2 ll.);
21. Filles de Notre-Dame à Limoges, St-Junien et St-Léonard (3 ll.);
22. Religieuses de la Providence à Limoges (1 liasse);
23. Filles de Sainte-Claire à Limoges (1 liasse);
24. Dames de l'Union chrétienne à Bellac (1 liasse);
25. Ursulines de Limoges, Eymoutiers et Ussel (3 ll.);
26. Visitandines de Limoges (1 liasse);
Total : 698 liasses et 17 registres.
27. Commanderies du Temple, xiv-xviiie ss. (20 reg., 48 ll.);
28. Hôpitaux d'Aixe et de Saint-Léonard (2 ll.)

Série I. Mélanges de provenance ecclésiastique

Fragments de notations musicales et d'anciens traités, provenant de vieilles reliures ; — traités de théologie, de philosophie, de morale, d'histoire nationale et étrangère, de médecine, de sciences physiques, etc. (xvii-xviiie ss.), provenant du séminaire des Ordinands, du collège des Jacobins et de celui des Jésuites. (Il paraît impossible, faute d'indications précises, de restituer aujourd'hui ces pièces à leurs fonds primitifs).

70 articles. *Inventaire des documents les plus intéressants publié par MM. A. Leroux et E. Gautier dans le* « Catalogue des manuscrits conservés dans les dépôts d'archives », pp. 292-305.

Fonds modernes (séries K à Z)

Les séries modernes ne sauraient faire l'objet d'un semblable relevé, par la raison qu'elles sont soumises, pour la plupart, à des éliminations périodiques. On signalera seulement quelques fonds plus particulièrement intéressants pour l'histoire du xix⁰ siècle.

Série K. Lois, ordonnances et arrêtés

1. Registres des arrêtés du Préfet, de 1800 à 1870 (82 reg.)
2. Registres des arrêtés du Conseil de préfecture, de 1801 à 1878 (41 reg.)

Série L. Archives de la période révolutionnaire

Fonds du département de la Haute-Vienne (conseil général, directoire et administration centrale), — fonds des districts de Limoges, Bellac, Le Dorat, Saint-Junien, Saint-Léonard et Saint-Yrieix, fonds des administrations cantonales (Morterolles et Panazol), fonds des sociétés populaires (Limoges, Eymoutiers, Magnac-Laval), fonds des comités de surveillance de chaque district ; — fonds du tribunal criminel, des tribunaux de district, du tribunal du département, des tribunaux correctionnels, des justices de paix, des notaires et du greffe des insinuations de chaque district.

1,122 articles. *Inventaire publié par M. Fray-Fournier, 1891 et 1892 (fasc. 2 et 3 des Archives révolutionnaires de la Haute-Vienne).* On a dû constituer depuis lors deux articles complémentaires : 1,123 pour l'École centrale de la Haute-Vienne et 1,124 pour divers.

Les délibérations du Conseil général sont en cours de publication, sous forme analytique, par les soins de M. Fray-Fournier.

Série M. Administration générale du département

Registres de correspondance des bureaux de la Préfecture, de 1800 à 1840 (54 cahiers + 20 reg. in-f°).

Série N. Administration et comptabilité

Registre des délibérations de Conseil général de la Haute-Vienne, de 1800 à 1875 (15 reg.). Les cinq premiers, contenant les *Délibérations mss. de 1800 à 1839*, ont été publiés sous forme analytique par A. Leroux. (Voy. ci-dessous la section des *Délibérations*.)

Budgets du département, de l'an XI à 1873 (97 reg. in-f°).

Série P. Finances

Registres provenant de l'hôtel des Monnaies de Limoges, institué en 1803 et supprimé en 1837 (66 registres).

Cadastre du département, exécuté de 1807 à 1840 (58 atlas grand in-plano).

Série Q. Domaines

Administration et contentieux des domaines nationaux sous la Révolution, l'Empire et la Restauration; listes des émigrés, etc.

433 articles classés par M. Elie Lefebvre avant 1840. *Inventaire manuscrit rédigé par M. de Burdin vers 1850, complété par A. Leroux en 1893.*

Série T. Instruction publique

Une centaine de registres in-folio et in-4° et 150 liasses provenant de l'Académie universitaire de Limoges, instituée en 1810 et supprimée en 1848. Ce fonds comprend : six reg. de délibérations du Conseil académique; deux reg. de transcription des décrets et circulaires ministériels; trente-huit reg. de correspondance générale avec le procureur général, le séminaire diocésain, le lycée ou collège de Limoges, les collèges du ressort (Eymoutiers et Magnac-Laval dans la Haute-Vienne; Tulle, Treignac, Ussel et Uzerche dans la Corrèze; Guéret dans la Creuse) et avec les institutions privées du ressort; — la comptabilité des collèges; — trois reg. de la faculté des lettres de Limoges de 1811 à 1814; — huit reg. de procès-verbaux des commissions d'examen; — délibérations de quelques comités cantonaux; — de nombreuses liasses relatives aux institutions privées, au personnel des élèves et des gradués, aux écoles primaires et aux instituteurs du ressort. — *Inventaire sommaire manuscrit rédigé en 1893.*

En tête de cette série T, dans la période qui s'étend de 1800 à 1810, ont pris place quelques liasses relatives à la fondation du Lycée de Limoges et à l'Ecole centrale de la Haute-Vienne qui l'avait précédé (1797-1804). Cf. série L, n° 331 et 1,123 compl.

Série Y. Etablissements de répression

Cent quatre registres provenant de la Maison centrale de Limoges, instituée en 1810 et supprimée en 1872.

HAUTE-VIENNE. — II. Archives communales

— Limoges : 296 art., de 1212 à 1792. *Inventaire* publié en 1882 par M. Ant. Thomas. Il y a un complément de 76 articles, indiqué ci-après.
— Bellac : 140 art., de 1407 à 1792 (-1812);
— Le Dorat : 20 art., de 1658 à 1793 (-1813);

— Eymoutiers : 157 art., de 1500 à 1703, avec mentions régressives jusqu'au xiii° siècle relatives à l'hôpital ;
— Limoges (complément) : 70 art., de 1224 à 1702 ;
— Rochechouart : 22 art., de 1475 à 1793 ;
— Saint-Junien : 23 art., de 1088 à 1792.

Ces six dépôts figurent dans l'*Invent. sommaire des arch. dép. de la Haute-Vienne,* série E suppl. (arch. communales), t. I, 1880, par A. Leroux.

Sur les autres dépôts d'archives communales et l'état des registres paroissiaux de la Haute-Vienne, voy. l'introduction de cet inventaire, p. ii et xl.

HAUTE-VIENNE. — III. Archives hospitalières

— Limoges (hôpital Saint-Martial, hôpital Saint-Gérald, Maison-Dieu, hôpital des Arènes et confréries unies) : 1,054 art., des xi-xviii° siècles ;
— Bellac : 17 art., de 1631 à 1789 (-1812) ;
— Le Dorat : 22 art., de 1401 à 1792 ;
— Magnac-Laval : 71 art., de 1376 à 1791 (-1827) ;
— Saint-Yrieix : 135 art., de 1587 à 1794 ;

Ces cinq dépôts figurent dans l'*Invent. sommaire des arch. dép. de la Haute-Vienne,* série H, suppl. (arch. hospitalières), 1884-87, par A. Leroux.

CORRÈZE. — I. Archives départementales [1]

Série A. — Actes du pouvoir souverain et apanage du comte d'Artois. Trois art., xviii° s., *Invent.* publié par M. O. Lacombe.

Série B. — Sénéchaussée d'Uzerche : registres d'insinuations, plumitifs d'audiences, procès-verbaux, doléances paroissiales, procédures diverses : Art. 1 à 413 et 2005 à 2046, xvii-xviii° ss. *Invent.* publié par M. O. Lacombe, avec supplément.

Sénéchaussée ducale de Ventadour : plumitifs d'audiences, procès-verbaux, instructions criminelles : Art. 414 à 687 et 2047 à 2067, xvii-xviii° ss. *Invent.* publié par M. O. Lacombe, avec supplément.

Sénéchaussée de Tulle : plumitifs d'audiences, registres d'insinuations, procès-verbaux, procédures criminelles : Art. 688 à 956 et

---

[1] Voy. M. O. Lacombe, *les Archives du département de la Corrèze* dans le *Bulletin* de Tulle, t. I. p. 18.

2008 à 2130, xvii⁰-xviii⁰ ss. *Invent.* publié par M. O. Lacombe, avec supplément.

Juridictions ordinaires d'Argentat, Ayen, Beaulieu, Saint-Chamans, Egletons, Turenne, Treignac, Larche, Saint-Jal (et Chamboulive), Servières, Objat, Obazine, Lignoyrac, Donzenac, Saint-Julien-d'Alboy, la Chapelle-aux-Plas, Mansac, Saint-Martial-Entraygues, Favars (et Saint-Avid), Saint-Germain-les-Vergnes, Couzage, Neuville, Mercœur, Varets (et Sadroc), Miègemont, Lonzac, Moulin-d'Arnac, Puy-de-Noix, la Majorie, Châteauvert, Saint-Hilaire et Chameyrac, la Vigerie, Lissac, Lanteuil, Saint-Robert, Sédières, Sainte-Fortunade, Lagarde et Lavaysse, la Chapelle-Saint-Géraud, Chamberet, Salons et Masseret : Art. 987 à 1980, xviii⁰ s. *Invent.* publié par M. O. Lacombe. (Nous avons reproduit les noms dans l'ordre où les classe l'inventaire. Plusieurs articles ont leur complément dans B. 2131 à 2182.)

Juridictions seigneuriales d'Allassac, Ampeau, Ampinat, les Angles, le Bac, la Bachellerie, Bassignac et Puychardy, Beaumont et Saint-Salvadour, la Bernardie, la Besse, Bonneval, la Borderie, la Boudrie, les Bordes, la Borie, la Bourdoire, le Bousquet, Boussac, Branceille, Bras, les Brocs, Ceaux, Céron, Chanteix, la Chapelle-Geneste, Charlat, le Chassaing, le Chastagner, le Chastang, Chastres, Chastrusse, la Chaud, Chaumeil, Chaunac, le Cheyrol, Combe-Bessouse, Comborn, Confolens, Conques, Cornil et Salegaye, la Coste, Corrèze, la Courbarie, Couselu, Coustoux, Cueille, Derse, Doumazac, Estorges, Estors, l'Estrade, Estresses, Eure et Noual, Eyren, la Fage, Faugères, la Fieyre, Fleurac, la Font, la Gane, la Genèvrière, Germain, Giquet, Gioux, la Grange de Serre, Grenailles, l'Hôpital-Fondège, les Horts, Hublanges, la Jarrige, Ladignac, Lallé, Laval, Lavaur, Lavialle, Leyrat, Lostanges, le Masdelmont, la Maison-Rouge, Marsillac, le Mas-Andrieux, le Masquet-Haut, le Maugen, Maure, la Méchaussie, Menoire, Miginiac, Monrigal, Montaignac, le Monteil, le Moulin-du-Juge, le Moulin-de-Melon, le Moulin-du-Pic, Moussours, Nave, Nérige, Noailhac, l'Ozelou, la Pampoulie, Pandrigne, la Pérussie, Peyzat, le Pic, le Pouget, le Pouget-Piniol, le Pradel, le Prat, Puymège, le Puy-de-Noix, Puy-de-Val, Quinçon, Rabès, la Raymondie, la Rebeyrotte, la Rebeyre, les Renaudes, Reyt, Rioupeyroux, le Rioux, la Rochette, la Rode, la Rongière, Sadroc, Saigne, Saillac, Saint-Agne, Saint-Aulaire, Saint-Avid, Saint-Bauzille, Saint-Bonnet, Saint-Calmine, Saint-Clément, Saint-Germain-les-Vergnes, Saint-Hilaire-Taurieux, Saint-Hypolithe (*sic*), Saint-Julien, Saint-Laurent, Saint-Martial-de-Gimel, Saint-Mur, Saint-Pardoux, Saint-Priech, Saint-Sernin, Saleignac, la Salèsse, Seilhac, Serre et Geneste, Sexcles, le Theil, le Tillet, le Tournier, le Tramond, le Treillo, Tudeil, le Valat, Valette, Vaurs, Végennes, le Verdier, Veyrières, Villieyras : Art. 1081 à 2004 et 2131 à 2182, xviii° s. *Invent.* publié par M. O. Lacombe, avec suppléments.

Série C. — Intendance de Limoges, élections de Tulle et de Brive : Art. 1 à 244 et 278, xvii-xviii° ss., avec copies de quelques actes plus anciens des xiv-xvi° ss. *Invent.* publié par M. O. Lacombe, avec supplément.

Série D. — Collège des Doctrinaires de Brive. — Collèges de Treignac et de Bellac (Haute-Vienne) dépendant de celui de Brive. — Maison-Dieu de Parthenay et prieuré de Saint-Xantin-de-Malemort unis au collège de Brive. — Collège d'Ussel. — Art. 1 à 41 et 54, xiv-xviii° ss. *Invent.* publié par M. O. Lacombe avec supplément.

Série E. — Titres de familles, par ordre alphabétique des noms (environ 240) : Albier, Antignac, Aubusson, Baluze, Bar, Beaupoil, Beauroire, Bertin, Boisse, Bonnel, Bonnot, Boulang, Bruchard, Brune, Cabanis, etc., etc. : Art. 1 à 203, 245 à 304, 1100 à 1204, xiii°-xviii° ss., *Invent.* publié par M. O. Lacombe, avec supplément par M. Vayssière.

Registres de notaires royaux et apostoliques, par ordre alphabétique : Art. 204 à 244 et 305 à 1155, xv°-xvi° ss. *Invent.* publié par MM. Vayssière et Hugues.

Arpentements seigneuriaux : Art. 1156 à 1189, xvii°-xviii° ss., *Invent.* publié par M. Hugues.

Série F. — (Néant).

Série G. — Evêché de Tulle, — chapitre cathédral de Tulle, — prévôtés de Clergoux, Lavalette, Marc-la-Tour, Nave, Saint-Clément, Saint-Salvadour, Tulle et prieuré de Laroche, dépendant du dit chapitre, — séminaires de Tulle et de Brive : Art. 1 à 44, xv-xviii° ss. *Invent.* publié par M. O. Lacombe. — (Le séminaire de Limoges (Haute-Vienne) ayant eu des possessions en Bas-Limousin, quelques pièces de ses archives se retrouvent sous l'art. G. 45 des Archives départementales de la Corrèze).

Eglises paroissiales de Saint-Martin de Brive, Saint-Julien de Tulle, Saint-Pierre de Tulle, des Angles, de Bassignac, Chameyrac, Chanac, Concèze, Couderc, Curemonte, Darazac, Estivals, Ferrières, Juillac, Lignareix, Lascaux, Lubersac, Marcillac, Meymac, Saint-Bonnet-le-Pauvre, Saint-Cyprien, Saint-Dézéry, Saint-Germain-la-Volps, Saint-Martial-de-Gimel, Saint-Pardoux-la-Croisille, Saint-Pardoux-le-Vieux, Segonzac, Sérandon, Végennes et Vignols.

Vicairies de la Chapgerie, des Chassagnes, de Chaumeil, Malaval, la Mauriange, Onze-Mille Vierges, Sailhant, Saint-Cirice, Saint-Martial et Vitrac ;

Prévôté d'Arnac, dépendant de Saint-Martial de Limoges.

Art. 46 à 68, xve-xviiie ss. *Invent.* publié par M. O. Lacombe.

Série H. — *Abbayes* (¹) de Beaulieu (avec la prévôté de Favars et le prieuré de Menoire unis), Bonnaygue, Dalon, Glandier, Meymac (avec le prieuré de Chirac uni), Obazine, Solignac (Haute-Vienne pour la prévôté de Brivezac), Uzerche, la Valette et Vigeois.

Communautés des Feuillants de Tulle (avec les prieurés des Anglos et de Meyssac unis) ; — Jacobins de Brive ; — Jésuites de Beaulieu (avec le consistoire protestant dont ils furent constitués héritiers en 1683) ; — Récollets de Brive, de Tulle et d'Ussel ; — Bernardines de Tulle ; — Clairettes d'Argentat, de Brive et de Tulle ; — Ursulines d'Argentat, de Bort, de Brive, d'Eymoutiers (Haute-Vienne) et de Tulle ; — Visitandines de Tulle ; — Cisterciennes de Coyroux ; — Carmélites de Brive.

Prieurés de Bonneval, Collonges, Cubas, Manzanes, Montcamps, Moustier-Ventadour, Port-Dieu, Saint-Angel, Saint-Etienne-la-Geneste, Saint-Jean-de-Bort, Saint-Pantaléon, Saint-Sicaire et Veyssot.

Commanderies des templiers de Mons, Ayen, la Vinadière, Bellechassagne, Carlat et Mascheix

Hospices de Beaulieu, Brive et Turenne.

Art. 1 à 103, xive-xviiie ss. *Invent.* publié par M. O. Lacombe.

Série I. — (Néant).

Série L. — *Inventaire* non encore publié.

Série Q. — *Inventaire* non encore rédigé.

CORRÈZE. — II. Archives communales

Tulle. — (Pas d'ancien inventaire).

Brive. — *Inventaire* par F. Marvaud dans les *Documents historiques* publiés en 1847 par le Ministère de l'Instruction publique, III, p. 34 et ss.

Ussel. — *Inventaire* partiel, par M. Paul Huot, sous ce titre : *Les Archives municipales d'Ussel ; études historiques et juridiques* [1856].

Inventaire réglementaire de ces trois dépôts par M. Hugues, 1891. In 4°, 170 pages.

---

(1) Nous suivons l'ordre d'énumération adopté dans l'*Invent. des Arch. de la Corrèze.* Pour plus de conformité avec le plan que nous avons suivi précédemment, rappelons que Beaulieu, Meymac, Solignac, Uzerche et le Vigeois appartenaient aux Bénédictins, — Bonnaygue, Dalon, Obazine et la Valette aux Cisterciens, — Glandier aux Chartreux.

CORRÈZE. — III. Archives hospitalières

Tulle, Argentat, Beaulieu, Brive, Donzenac, Meymac, Ussel, Uzerche.
Inventaire en cours.

CREUSE. — I. Archives départementales

Série A. — Actes du pouvoir souverain et domaine royal, 12 art., 1576-1790. *Inventaire* imprimé.

Série B. — Sénéchaussée et Présidial de Guéret (Marche) : registres de transcriptions d'édits, registres d'audience civile et criminelle, registres de la maréchaussée, plumitifs, registres d'insinuations, etc., 1402-1790. 112 registres et 1482 liasses. *Invent.* des 74 premiers articles imprimé.

Châtellenies royales en la sénéchaussée de Guéret : Ahun, Aubusson, Bellegarde, Chénérailles, Crozant, Drouilles, Felletin, Guéret et Jarnages, 1049 à 1790. 230 liasses.

Justices seigneuriales en la sénéchaussée de Guéret : l'Age-Champcoy?, Alleyrat, Aubepeyre, Baignolle, Banizette, Basfaureix, le Best, Boislamy, Bonnat et Mornay, les Bordes et les Chatres, la Borne, Boularcix, Briolle et Saint-Maurice, Brousse, Bussière-Saintroy, Coilloux, Chambon-Sainte-Croix, Chamciroux, Château-clos, Châteauvert, Châtelus-Malvaleix, Chéniers, Cherbarmont, Cherbouneix, Chiroux, Clairavaux, Clugnat, la Courtine, Crocq, Dun, les Ecurettes, la Farge, Féniers, la Feuillade, Flayat, la Forêt-Belleville, Fressanges, Fretel, Genouillat, Glénic, Gouzon, Jupille et Glandeix, Labrousse, Lachaud, Longevergne, Magnat, Mainsat, Maisonnisses, Malval, le Manoux, Maslaurent, Mautes, le Mazeau, Méouze, Moneyroux, Mongetet, Monteil-Saignat, Monteil-Saint-Roch, le Montet, Mortroux, Moureil? Moutier-Malcard, Nabeyron, Néoux et le Chalard, la Nouaille, Peyrudette-Champagnat, Peyrusse, Pimpérigeas, la Plagne, Plantadis, Pontcharaud, Poussanges, Pradeaux, Richemont, Rochegaillard, Rochesaillant, la Rochette, Saignat-Grandcher, Saint-Alvard, Saint-Avit-le-Pauvre, Saint-Domet, Saint-Georges-Nigremont, Saint-Germain-Beaupré, Saint-Maixant, Saint-Marc-à-Frougier, Saint-Martial-le-Mont, Saint-Martial-le-Vieux, Saint-Maurice (Crocq), Saint-Pardoux-d'Arnet, Saint-Plantaire, Saint-Quentin, Saint-Yrieix-la-Montagne, Selongette, Tercillat, les Ternes, le Theil, la Tour-Sainte-Austrille, la Vaureille, Villard, la Villattebillon, la Villeneuve, Villescot, 1630-1790. 150 liasses.

Justices seigneuriales en la sénéchaussée d'Issoudun (Berry) : Boussac, Sainte-Sévère, Toulx-Sainte-Croix, Trégnat, la Vaufranche, 1714-1790. 20 liasses.

Justice seigneuriale dépendant du siège ducal de Châteauroux (Berry) : Préveranges, 1602-1790. 1 liasse.

Justices seigneuriales en la sénéchaussée de Limoges (Limousin) : Bridiers, le Grand-Bourg, Montaigut-le-Blanc, Paulhac, Saint-Etienne-de-Fursac, Saint-Vaury, 1650-1790. 28 liasses.

Justices seigneuriales en la sénéchaussée de Montmorillon (Poitou) : le Leyris, Mandrezat, Morterolles, Pontarion, Saint-Goussaud, 1748-1790. 14 liasses.

Châtellenies diverses dans le bailliage de Combraille dépendant de la sénéchaussée de Riom (Auvergne) : Auzances, Barmont, Chambon, Evaux, Lépaud, Sermur, 1601-1790. 107 liasses.

Justices seigneuriales dans le bailliage de Combraille dépendant de la sénéchaussée de Riom (Auvergne) : Monteil-Saignat, Neuvialle, Saint-Alvard, Vieilvoisin, 1725-1790. 4 liasses.

Maîtrise des eaux et forêts de Guéret, 1554-1790. 50 liasses.

Juridictions des dépôts de sel : Ahun, Aubusson, Auzances, Chénerailles, Evaux, Saint-Vaury, 1674-1790. 19 liasses.

Bourses consulaires : Aubusson, Guéret, 1754-1790, 11 liasses.

Série C. — Intendances de Moulins (Bourbonnais) et Limoges (Limousin). — Elections de Guéret, Evaux, Bourganeuf, Limoges et Tulle. — Subdélégations de Guéret, Aubusson, Evaux, La Souterraine, Ussel et Boussac. — Bureau des finances de Limoges. — Domaines de la généralité de Limoges. — Domaines de la généralité de Moulins. — Bureau des domaines de la Marche. — Bureaux intermédiaires de Guéret et de Montluçon. — Assemblées provinciales : 417 art. xve-xviiie ss. *Invent.* publié par MM. Bosvieux, Richard et Duval.

Série D. — Collège de Felletin. — Collège de Guéret. — Collège-hôpital d'Auzances. — Précepteurs-régents de Bourganeuf. — Sœurs de l'Instruction chrétienne de la Souterraine. — Sœurs de l'Instruction chrétienne de Guéret. 10 art., xviie-xviiie ss. *Invent.* publié par M. L. Duval.

Série E. — Titres féodaux par ordre alphabétique des seigneuries : châtellenie d'Ahun, seigneurie d'Aubepeyre, seigneurie d'Auriat, baillies de Sainte-Feyre et de Saint-Sulpice-le-Guérétois, seigneuries de Bellegarde et Boislamy, vicomté de Bridiers, châtellenie de Châtelus-le-Marcheix, seigneuries de Chérignat, Coudert et Crozant, comté de Dun-le-Palleteau, seigneuries d'Espagnat, Fayolle, Hautefaye, La Baconaille, La Tour-Sainte-Austrille, La

Villeneuve et Malloret ; baronnie de Malval, seigneurie de Matroux, vicomté du Monteil, seigneurie du Moutier-Malcard, Nouziers et Peyrat-le-Château, baronnie de Peyrusse, fief des Saignes, baronnie de Saint-Léger-la-Montagne, seigneuries de Sazeyrat, Soulier-Dognon et Terreil, 41 art., xv°-xviii° ss. — (Il paraîtra plus tard un complément pour les seigneuries d'Aubepeyre, Aubusson, Fayolle, Felletin, Grandsaigne, la Pouge, Monteil-au-Vicomte, Pimpérigeas et Saint-Domet).

Titres de familles par ordre alphabétique des noms (environ 600) : Ajasson de Grandsaigne, Allemagne, Andrivon, Arfeuille, Artaud, Aubusson, Aufaure, Aufrère, Augay, Augier, Bandy, Baret, Barthon de Montbas, Basty, Bataille, Beauchamp, Beaufils, Beausson, Becaine, Belujon, Beragne, Bernard, Bernut, Berthier, Bertrand, Besse, Blondon, Boiron, Boissier, Bonnet, Bonnyaud, Bordas, Bouard, Bouchard, etc., etc.; art. 42 à 1153, xiii°-xviii° ss. — Il paraîtra plus tard un complément comprenant environ 130 noms de familles nouveaux, des xvi°-xviii° siècles : Abzac, Aigurande, Ajasson, Albert, Alexandre, Amathieu, Arfeuille, d'Assy, Aubaisle, Auboux, Aubusson, Audier, Audoux, Augay, Augier, Auteloup, Bandy, Baraillon, Barbançois, Barbe, Baret, Barland, Barrabant, Barthon, Basty, Baudet, Bayle, Beaufort-Canillac, Beaufranchet, Beaulne, Beausson, Bellat, Benoist, Béraud, Bertucat, Besse, Bizon, Blanchard, Blandin, Blondon, Bonnet, Bonneval, Bonneville, Bonnot, Bonnyaud, Bontemps, Borbon, Bord, Botte, Bouchard, Boucher, Boudet, Bouillot, Bonnain, Bourdin, Bourdoiseau, Bouys, Boyer, Boyron, Brachet, Bradde, Bridiers, Brineau, Brousse, Brugier, Brunet, Busseuil, Camus, . . . Chorllon, . . . Couturier de Fournoue, Cujas, . . . Dalesme, . . . Divernoresse, . . . Esmoing, Evrard, . . . Foucaud de Saint-Germain, . . . Goyon, Jallasson, . . . Jollieton, . . . Laboreys

Notaires d'Aubusson : les Cartaud et les Méaulme, art. 1154 à 1261, xvi°-xviii° ss.

Inventaire publié par MM. Richard, L. Duval et Autorde.

— Notaires d'Ahun : Evrard, Moreau, Ravon, 1627-1712, 14 liasses.
Notaires de Chénerailles : Babille, Béraud, Blondon, xvii° siècle, 3 liasses.
Notaires de Jarnages : Delestang, Guéret, Guingue, Martinet, Meillet, Thibord, Valentin, 1600-1734, 7 liasses.

Ce fonds des notaires contient, en outre, une douzaine de liasses provenant de divers notaires. Il est destiné à s'augmenter indéfiniment.

Communes et municipalités : Aubusson, Bellegarde, Boussac, Chénerailles, Evaux, Felletin, Guéret (et quelques autres représentées par un ou deux documents); xiii°-xviii° siècles, 20 liasses.

Confréries et corporations laïques : à Bourganeuf et Felletin ; xviie-xviiie siècles, 0 liasses.

Série F. — (Néant).

Série G. — Bureau des décimes de Guéret : 1605-1722, 2 liasses. Officialités de Chénerailles et Guéret : 1602-1790, 11 liasses. Chapitres et collégiales d'Aubusson, la Chapelle-Taillefert, Crocq, Guéret : xive-xviiie siècles, 7 liasses.

Églises paroissiales d'Ahun, Aigurande, Ajain, Alleyrat, Anzème, Arfeuille-Chatain, Arrènes, Ars, Aubignac, Aubusson, Auge, Augères et 270 autres ; chacune formant une seule liasse (sauf Felletin qui comprend 13 liasses) : xve-xviiie siècles.

Prieurés-cures d'Ahun, Alleyrat, Anzème, Arnet, Aubusson, Azérables et 50 autres ; chacun formant une seule liasse : xvie-xviiie siècles.

Communautés de prêtres d'Ahun, Aubusson, Auzances, Beaumont de Felletin, Bourganeuf, Chénerailles, Guéret, Royère, Saint-Léonard (?), Sermur, la Souterraine, Vallières ; xive-xviiie siècles, 63 liasses.

Chapelles de Bord, Bordessoulle (commune de Saint-Maurice), Notre-Dame de la Borne, Bridiers et Saint-Jean de Cros, Chabanne (commune de Saint-Pierre de Fursac), Dognon (commune de Versillac), l'Ermitage près la Souterraine, la Roche-Nouzil (commune de Saint-Sébastien ?), Mainsat, Monteil-Degélas, Montlevade, Pierrefolle, les Places (commune de Fresselines), Pont-de-la-Roche, Sainte-Catherine et Saint-Barthélemy, Saint-Germain de Bénévent, Saint-Hubert près Sainte-Feyre, Saint-Jean de Vitrac, Saint-Léger de Lafat, Saint-Léger-Bridereix, Sainte-Magdeleine de Bourganeuf, Sainte-Nicolas de Mainsat : xviie-xviiie siècles.

Vicairies de la Bonne-Arnaude à . . . . . ., Masnouet à Maisonnisses, Notre-Dame de Pitié de Saint-Antoine à Ars, Sainte-Anne à Saint-Pardoux, Sainte-Catherine à Chénerailles, Sainte-Catherine à Cressat, Sainte-Catherine de Murat à Saint-Médard, Sainte-Catherine-la-Basse au Moutier-d'Ahun, Saint-Côme et Saint-Damien à Vallière, Sainte-Elisabeth à Bénévent, Saint-Georges à . . . . . ., Saint-Jacques et Saint-Philippe à Ahun, Saint-Jean et Saint-Cloud à la Celle-Dunoise, Saint-Laurent de Ribeircix à Poussanges, Saint-Louis à Saint-Victor, Sainte-Marguerite au Moutier de Felletin, Sainte-Quitterie à Saint-Yrieix-la-Montagne, Sainte-Trinité à Crocq, Sainte-Valérie à Saint-Georges-Nigremont : xvie-xviiie siècles.

Préceptories de Chiroux (Chapelle-Taillefer), Montzéjaud, Orivaulx, Poulignac. xviiie siècle.

Série H. — *Abbayes* du Moutier d'Ahun, d'Aubepierre, Aubignac, Bénévent, Bonlieu, Bonnaigue, Prébenoit, Sainte-Valérie de Chambon (et quelques autres non situées sur le territoire de la Creuse, comme la Colombe, Grandmont, le Palais, Port-Dieu, la Règle et Saint-Augustin de Limoges) : xiiie-xviiie siècles, 180 liasses environ.

Inventaire en cours de publication. Les art. 1 à 232 ont paru par les soins de M. Autorde.

Prieurés conventuels de Blossac, Guéret, les Ternes : xiie-xviiie siècles, 105 liasses.

Prévôtés de Chambon, Evaux, Moutier-Rozeille, Saint-Vaury, la Souterraine : xive-xviiie siècles, 18 liasses.

Couvents de Pourloux (Carmes), Boisféru (Cordeliers), Aubusson (Récollets), Guéret (Jésuites et Récollets), la Cellette (Cordeliers) : xvie-xviiie siècles, 6 liasses.

Commanderies de l'ordre de Malte relevant du grand prieuré d'Auvergne à Bellechassaigne, Blaudeix, Bourganeuf, Chambéraud, Charrières, Farges, Feniers, la Croix-au-Bost, la Forêt-du-Temple, Lavaufranche, Maisonnisses, Monteil au Temple, Morterolle, Nabeyron, Paulhac, Reilhac, Sainte-Anne, Viviers : xive-xviiie siècles, 80 liasses.

Série I. — (Néant).

Série L. — Non encore inventoriée.

Série Q. — Non encore inventoriée.

CREUSE. — II. Archives communales

Aubusson : 75 art.; xive-xviiie ss. *Invent.* publié par M. L. Duval.

Bourganeuf, Boussac, Guéret, Felletin : aucun renseignement précis sur ces dépôts.

CREUSE. — III. Archives hospitalières

Aubusson : 19 art., xve-xixe ss. — Bénévent : 34 art., xve-xviiie ss. — Bourganeuf : 11 art., xvie-xixe ss. — Boussac : 9 art., xviiie s. — Felletin : 9 art., xviie-xviiie ss. — Guéret : 78 art., xviie-xviiie ss. — Mainsat : 1 art., 1788. — La Souterraine : 27 art., xviie-xviiie ss. — *Invent.* publié par M. L. Duval.

.

— Catalogue des manuscrits conservés dans les dépôts d'archives départementales, communales et hospitalières, publié par le Ministère de l'Instruction publique, 1886. (Corrèze, p. 38; Creuse, p. 68; Haute-Vienne, p. 292; Gouzon, p. 325; Saint-Yrieix, p. 358; Tulle, p. 362.)

HORS DU LIMOUSIN

Paris : Archives du Ministère des affaires étrangères.

Le Limousin étant compris, pour certaines affaires, dans le ressort du secrétaire d'État des affaires étrangères, partie de l'histoire administrative de notre province se retrouve dans ce dépôt. Cf. les art. 1404, 1682 et 1700 de l'*Inventaire sommaire* (1883).

Le fonds dit *Correspondance de Rome* contient de nombreuses pièces relatives surtout à la nomination des évêques. M. L. Guibert en a tiré d'importants renseignements pour l'histoire de la destruction de Grandmont. L'inventaire de ce fonds n'est pas encore publié.

Paris : Archives nationales.

1. — Fonds de la maison de Bouillon, à cause de la vicomté de Turenne réunie au domaine royal en 1738.

Justel et après lui Baluze en ont tiré une centaine et demie d'actes, imprimés dans l'*Hist. généalog. des maisons d'Auvergne et de Turenne* du premier (1645), et dans l'*Hist. généalog. de la maison d'Auvergne* du second (1708, t. II).

Voy. la consistance de ce fonds dans l'*Invent. sommaire des Archives nationales* (1871. p. 627 et 636). On en retrouvera le détail sous un autre classement dans les pages suivantes.

2. — Fonds de la maison de Bourbon, à consulter pour l'histoire de la Marche.

Voy. l'*Inventaire* publié par MM. Huillard-Bréholles et Lecoy de la Marche, cité plus loin.

3. — Fonds du Parlement de Paris.

Voy. l'*Inventaire* publié par Boutaric, *Actes du Parlement de Paris*, 1254-1328, 2 vol. in-4°, contenant environ 150 pièces relatives au Limousin, à la Marche, aux villes et seigneuries de Tulle, Comborn, Ventadour, Brive, Uzerche, Saint-Léonard, Saint-Junien, le Dorat, etc. — et les *Olim* publiés par le comte Beugnot, contenant les arrêts de la cour du roi de 1254 à 1318. 4 vol. in-4°.

4. — Fonds divers confisqués après la Révocation de l'édit de Nantes et sous la Révolution, ou provenant des anciennes secrétaireries d'État et des comités de la Révolution. — En voici le détail suivant l'ordre alphabétique des séries, d'après l'*Inventaire sommaire* de 1871, rectifié, aussi souvent qu'il a été possible, par l'*État sommaire* de 1891.

F¹⁰. 222. Mémoire sur l'engrais des bœufs en Limousin et pays adjacents, par Juge. xvııı° s.

F¹⁴. 154, 155, 165-170. Documents relatifs aux ponts et chaussées de la Généralité de Limoges, 1740-89. Mémoire de Trésaguet sur les chemins.

F¹⁴. 705, 1192, 1214. Documents relatifs aux rivières de la Généralité de Limoges : la Corrèze, 1776-91 ; la Vézère, 1753-91.

F¹⁷. 1344. Documents sur les écoles centrales de la Haute-Vienne, de la Creuse et de la Corrèze, les élections, le personnel administratif, l'administration générale, etc.

Anc. F⁴⁰. 26. Régiment dit du Limousin, 1786-91. (Ne figure pas dans l'*Etat* de 1891.)

G⁷. 345-353. Correspondance des intendants de la Généralité de Limoges avec le pouvoir central, 1678-1728.

G⁹ (anc. O²). 547, 570 et 576 (¹). Abbaye de Grandmont.

G⁹ (anc. O²). 618. Eglise d'Ahun.

G⁹ (anc. O²). 623. Abbaye de Bonlieu.

G⁹ (anc. O²). 624. Religieuses de Bonnesaigne.

G⁹ (anc. O²). 625. Séminaire de Brive.

G⁹ (anc. O²). 631. Religieuses bénédictines du Dorat.

G⁹ (anc. O²). 635. Eglise de Guéret.

G⁹ (anc. O²). 639. Cathédrale de Limoges, abbaye des Alloix, religieuses de Notre-Dame.

G⁹ (anc. O²). 668. Collège de Tulle, Carmes et Feuillants.

H. 1588 (anc. 4782). Mémoire de M. de Bernage sur la Généralité de Limoges, 1698 (²).

H. 1588 (anc. 4783). Affaires extraordinaires de l'intendance de Limoges, 1689-1713.

J. 1088. Titres de la baronnie de Combraille provenant du château de Mercuriol, 1252-1386.

K. 176 et 184. Affaires portées en la Chambre des comptes de Paris pour la ville de Limoges, le chapitre du Dorat, les Augustins de Mortemart.

K. 616. Pairies de Mortemart et de Noailles.

K. 692ᵃ. Etats provinciaux du Limousin, 1486-1787. (Ne figurent pas dans l'*Etat sommaire* de 1891.)

---

(1) Ces trois articles appartiennent aux archives de la Commission des réguliers et de la Commission des unions qui lui fut substituée en 1780. M. L. Guibert en a tiré la substance pour son livre sur la *Destruction de l'ordre et de l'abbaye de Grandmont*, 1877.

(2) A été publié par A. Leroux, *Doc. hist. sur la Marche et le Limousin*, t. II.

K. 898. Levée des impôts en Limousin, 1478-1661.

K. 1170. Privilèges et libertés de Beaulieu, xv⁰ s. — Mémoire de 1698 sur la Généralité de Limoges (cf. ci-dessus H. 1588). — Notes géographiques sur les juridictions féodales du Limousin, xviii⁰ s.

K. 1180-1183. Affaires de l'intendance de Limoges et de la vicomté de Turenne, xvii⁰-xviii⁰ ss.

K. 1190. Affaires de la Marche. — Mémoire pour servir à l'hist. du comté de la Marche, par Mallebay de la Mothe, 1766 (1).

K. 1217. Notes géographiques sur quelques juridictions féodales du Poitou et du Limousin, xviii⁰ s.

KK. 1213. Concordat entre le vicomte de Turenne et les habitants de la vicomté, 1550 al. 1557.

KK. 1212. « Informations et procédures faictes contre ceulx de la Ligue de la trahison et conspiration faicte contre la ville de Limoges pour la tirer hors l'obeyssance de Sa Majesté, oct. 1589. » — In-4⁰ de 908 pp. analysé par M. L. Guibert, *la Ligue à Limoges*, (1884).

L. 735. Affaires de l'évêché de Limoges.
L. 746.   »   »   de Tulle.
L. 907.   »   des abbayes de Limoges.
L. 1010.   »   »   de Tulle.

M. 222. Oratoriens de Beaulieu.

M. 288, 289, 299, 313. Comptes et dépenses des vicomtes de Turenne, 1531-32.

M. 295. Privilèges, libertés et franchises de la vicomté de Turenne (²).

M. 298. Inventaires des meubles du château de Turenne, 1615-40.

M. 525 (dossier Roquelaure n⁰ 1). Mémoire sur la mouvance de la vicomté de Turenne, xvii⁰ s.

MM. 693-694. Jugements prononcés par les intendants de la généralité de Limoges, en matière d'anoblissements, xvii⁰-xviii⁰ ss.,

MM. 716. Cartulaire de Beaulieu (³).

MM. 749. Papiers de la famille de Mortemart.

NN. Cartes et plans de la Marche et du Limousin et des départements qui en ont été tirés.

O¹. 597. Décisions de Turgot comme intendant du Limousin, xviii⁰ s.

O¹. 2063. Manufacture de porcelaine de Limoges, xviii⁰ s.

P. 474 à 481, 512. Aveux et dénombrements transmis par les tré-

---

(1) A été imprimé en 1767, in-16 de 128 pp.
(2) Publ. en 1640 [par Ch. Justel ?] et de nouveau en 1658.
(3) Publ. par M M. Deloche dans les *Documents inédits de l'Hist. de France*, 1859.

soriers de France à la Chambre des comptes de Poitou, pour l'élection de Guéret et la généralité de Limoges, xvii-xviii° ss.

P. 773 38-39 et 43-44. Déclarations de francs-fiefs pour la généralité de Limoges, les élections de Bourganeuf et de Guéret et pour Evaux.

P. 988. Etat du domaine royal dans la généralité de Moulins (dont dépendaient la Haute-Marche et la Combraille), 1733.

P. 1233. Etat du domaine royal dans la généralité de Limoges, 1743.

P. 1170, 1204, 1236. Droits casuels dans la généralité de Limoges, 1723-45.

P. 1170, 1179, 1207. Droits casuels dans la généralité de Moulins (dont dépendaient la Haute-Marche et la Combraille), 1730-56.

P. 1787, 2024-2028. Echanges de la terre d'Aubusson, de celles de Pompadour et de la Rivière entre le roi et les seigneurs.

P. 1863, 1864. Evaluation des terres de Pompadour, Bret, Saint-Cyr-la-Roche, la Rivière, échangées par le duc de Choiseul avec le roi, 1764.

P. 2050, 2051. Comptes des domaines du roi dans la généralité de Limoges, 1789-90.

P. 2961, 2962. Comptes des domaines du roi dans la généralité de Moulins (dont dépendaient la Haute-Marche et la Combreille), 1789-91.

P. 5304 à 5417. Etats des finances de la généralité de Limoges, 1750-1789.

PP. 45. Inventaire des hommages et aveux de la Chambre de Languedoc, comprenant le Poitou....., le Limousin, la Marche, 1374-1662.

PP. 56. Inventaire des francs-fiefs des généralités de Limoges et Moulins.

PP. 75. Bureau des finances de Limoges : inventaires de 1679-1736.

Q. 152, 169. Remboursements d'offices sur le territoire actuel de la Corrèze et de la Creuse, xvii°-xviii° ss.

Q¹. 137 à 151. Titres domaniaux de la vicomté de Turenne, 1250-1745.

Q¹. 137 à 139, 141 à 146. Domaine royal dans le département actuel de la Corrèze.

Q¹. 168. Domaine royal dans le département actuel de la Creuse.

Q¹. 1615 à 1621. Domaine royal dans le département actuel de la Haute-Vienne.

Q¹. 152. Eaux et forêts dans le département actuel de la Corrèze.

Q¹. 169. Eaux et forêts dans le département actuel de la Creuse.

Q¹. 363-371. Titres des domaines et duchés de Berry et de Châteauroux situés dans les départements de la Creuse et de la Haute-Vienne.

Q³. 27. Rôles des droits de francs-fiefs à Limoges, 1674-97.

Q³. 93. Rôles de taxes sur les eaux et fontaines, xvii-xviiiᵉ ss.

Q³. 151. Rôles du rachat des rentes à Limoges, 1693-94.

R¹. 37-40. Titres historiques et généalogiques de la maison de Turenne, xii-xviiiᵉ ss.

R². 430-513. Vicomté de Turenne, xiiᵉ-xviiiᵉ ss.

R³. 77-83. Terres du prince de Conti en Combraille et en Limousin.

S. 3234. Abbaye d'Uzerche.

S. 3240. Moutier-d'Ahun, abbaye de Bonlieu, prieurés de Nouzerines et Chambon-Sainte-Valérie.

S. 3305. Abbaye de Bonnesaigne et prieuré de Blessac.

S. 4847. Ordre de Saint-Lazare en Limousin.

S. 7485. Déclarations ecclésiastiques de 1790 pour le diocèse de Limoges.

T. 31, 32, 34. Papiers de la famille des Cars.

T. 77. « Extrait des extraits des actes concernant la noblesse du Limousin dont on a eu communication et dont les originaux sont conservés dans les archives des églises de ce pays et dans les chartriers de seigneurs particuliers, très propre à la composition d'un nobiliaire de cette province ». 1752, papiers Bourdeau de Lalande.

T. 115, 1107. Papiers de la famille de Mortemart.

T. 193. Papiers de la famille de Noailles.

T. 256, 383, 658, 1093. Papiers de la famille de Rochechouart.

T. 265. Papiers de la famille de Bourbon-Busset.

T. 372, 718. Papiers de la famille d'Argentré.

T. 717. Papiers de la famille d'Espagnac.

T. 720. Papiers de la famille des Montiers-Mérinville.

(¹) TT. 237. Protestants de Turenne, xviiᵉ siècle.

TT. 258. — de Limoges, 1686-87.

TT. 259. — d'Aubusson, 1567-1685.

TT. 259. — d'Argentat, 1604-82.

TT. 261. — de Rochechouart, 1681.

U. 978. Abrégé de l'histoire des vicomtes de Turenne en dix chapitres, fait en 1711, suivi d'un mémoire de M. Cochin sur un projet de lettres présenté en 1722 concernant la confirmation des privilèges de la vicomté de Turenne.

X¹ᵃ. 9210. Grands jours de Limoges, xvᵉ s.

Z¹ᵇ. 677 (anc. 676). Cour des monnaies de Limoges : comptes, 1422-1749; procédures, 1648-57.

---

(1) Beaucoup de documents de cette série ont été imprimés dans nos *Nouv. documents historiques sur la Marche et le Limousin*, 1887, — et *Choix de documents historiques....* 1891.

Z¹ᵒ. 165-169. Comptes des trésoriers de l'extraordinaire des guerres relativement à la maréchaussée.

Z¹¹. Titres domaniaux du comté de Limoges et du comté de la Marche.

Z³. 248. Assises de l'abbaye de Beaulieu, xiv⁰ s.

ZZ¹. 493-512. Notaires et tabellions de la vicomté de Turenne, 1470-1541.

AD. Iᴮ X. Apanage du comte d'Artois, comprenant le Limousin, 1773-87.

AD. Iᴮ I. Bureau des finances de Limoges, ayant dans ses attributions la voirie, xvii⁰-xviii⁰ ss.

AD. Iᴮ VI. Affaires militaires : régiments de Limousin, Marche, Ségur.

AD. Iᴮ XVI. Police : confiscation des denrées.

— Catalogue des manuscrits conservés aux Archives nationales, 1892. (Quelques articles seulement intéressent la Marche et le Limousin.)

.

Rome : Archives du Vatican.

Voy. les publications indiquées plus loin, sous la rubrique *Actes pontificaux concernant le Limousin.*

Londres : Archives d'État dites de la Tour de Londres.

Une partie des richesses de ce dépôt a vu le jour :
Dans les *Fœdera, conventiones et litteræ* de Rymer ;
Dans les *Illustrative letters of the reign of Henry III* ;
Dans les *Rotuli litterarum clausarum* ;
Dans les *Rotuli litterarum patentium* ;
Dans les *Rotuli chartarum*.

Toutes ces publications contiennent des textes relatifs à la domination anglaise en Limousin.

Cf. J. Delpit, *Collect. génér. des doc. français qui se trouvent en Angleterre*, 1847.

.

Pau : Archives départementales. Fonds de la vicomté de Limoges, série E, inventoriée, nᵒˢ 600 à 881.

Toulouse : Archives départementales. Fonds du Collège Saint-Martial, série D, non inventoriée.

Bordeaux : Archives départementales. Fonds du Parlement, série B, non inventoriée. — Fonds de la généralité de Bordeaux, série C, inventoriée. — Série D. Les archives de l'Université de Bordeaux ont été détruites en 1585.

Lyon : Archives départementales. Fonds de Malte, série H, non inventoriée. (M. A. Vayssière en a extrait quelques pièces pour son histoire de l'*Ordre de Saint-Jean-de-Jérusalem ou de Malte* en Limousin, 1884.)

.˙.

Les archives des départements limitrophes de l'ancien Limousin sont à consulter, savoir :

— Celles de la Charente pour les localités de Lesterps, Confolens, Chabanais etc., qui ressortissaient au diocèse de Limoges, et pour l'élection d'Angoulême en tant que relevant de la généralité de Limoges ;

— Celles de la Dordogne pour le Nontronnais qui a fait partie du Limousin primitif et formait un archiprêtré du diocèse de Limoges ;

— Celles du Lot pour la partie quercinoise de la vicomté de Turenne ;

— Celles du Cantal pour les relations commerciales de Mauriac avec le Bas-Limousin, et pour l'histoire de la Xaintrie qui était dans la mouvance de Saint-Géraud ;

— Celles du Puy-de-Dôme pour la Combraille, qui dépendait féodalement de l'Auvergne depuis la fin du xiie siècle. D'ailleurs, la Marche et le Limousin étaient, depuis 1557, compris dans le ressort de la Cour des aides de Clermont ;

— Celles de l'Allier pour la Haute-Marche et la Combraille, qui étaient de la généralité de Moulins ;

— Celles du Cher puisque Bourges était la métropole de Limoges et de Tulle et avait juridiction directe sur l'abbaye de Beaulieu. Malheureusement les archives de l'archevêché ont brûlé en 1859. Le baron de Girardot a signalé brièvement, dans les *Annales archéologiques* de Didron (IV, 102 et ss.), les actes qui, dans les trois dépôts d'archives de Bourges, concernent les diocèses de sa province ecclésiastique ;

— Celles de l'Indre pour l'abbaye de la Colombe et maint territoire de la Basse-Marche relevant de l'élection du Blanc ;

— Celles de la Vienne pour les localités du Limousin qui suivaient la coutume du Poitou, pour les trois grandes enclaves poitevines du diocèse de Limoges (Rochechouart, Bridiers, Bourganeuf), qui relevaient de la sénéchaussée de Montmorillon, et pour l'élection de Confolens qui englobait la vicomté de Rochechouart.

Enfin on ne saurait oublier que Limoges a entretenu des relations, fort suivies à certaines époques, avec la Rochelle, Montpellier, le Puy et Lyon, soit comme villes d'université, soit comme villes de commerce. Les archives de ces localités devront donc être consultées.

2. — BIBLIOTHÈQUES

A consulter : les Catalogues généraux de la Bibliothèque nationale, des autres bibliothèques de Paris et des bibliothèques de province.

— Bibliothèques communales de Tulle (deux), Brive (treize), Guéret (vingt-trois) et Limoges (trente-neuf).

Les manuscrits, dont la quotité vient d'être indiquée, proviennent pour la plupart d'anciennes maisons conventuelles.

Voir le *Catal. gén. des mss. des bibliothèques des départements*, t. XIII (p. 182), t. IV (p. 99 et 101) et t. IX (p. 441). — Les autres volumes de cet important catalogue fournissent sur le Limousin de nombreuses indications qui ont été recueillies par M. Eug. Dramard dans le *Bull. de Limoges*, t. XLIII.

— Bibliothèque communale de Poitiers.

A. Liasse de notes diverses, copies de bans et arrière-bans, documents généalogiques relatifs à la province de Marche, formée par M. de la Porte, xixe s. (no 341 du catalogue).

B. Collection de Dom Fonteneau (seconde moitié du xviiie s.), à consulter pour la Basse-Marche et les enclaves poitevines du Limousin.

Table chronol. par M. Rédet, dans *Mém. de la Soc. des antiq. de l'Ouest*, 1839 et 1855. Cf. le tome XXV du *Catal. général des mss. des bibliothèques des départements*, nos 455 à 543, *passim*.

Cette collection contient (t. 24, 29, 30, 31, 45 et 66) la copie des nombreux manuscrits laissés par Pierre Robert, sieur de la Villemartin, lieutenant général au siège du Dorat, † 1658. (Cf. notice par Eug. Lecointre dans *Mém. de la Soc. des antiq. de l'Ouest*, 1845.) Les mss. originaux de Pierre Robert appartenaient dès avant 1846 (*Bulletin* de Limoges, I, 60) à l'abbé J.-B.-L. Berthaud, mort évêque de Tulle en 1878. Ils ont été vendus après lui à un bouquiniste de Lyon et sont aujourd'hui disséminés. Un seul a été conservé en Limousin. C'est un sommaire de l'histoire de la Marche dont nous avons donné des extraits dans les *Mém. de la Soc. des sciences de Guéret*, 1891.

— Bibliothèque nationale :
1. Manuscrits provenant de l'abbaye de Saint-Martial (1730).
Voy. L. Delisle, *Le Cabinet des manuscrits de la Bibl. nat.*, I, 387-398, et M. l'abbé Arbellot, dans le *Bull. de Limoges*, XXXIV, 284. Cf. le tome XLIII.

2. Cabinet des titres.
On y trouve, particulièrement dans les carrés de d'Hozier, les preuves de noblesse de la plupart des familles féodales du Limousin et de la Marche. Mais la table de ces documents n'a pas encore été faite. (Cf. ci-dessous le n° 10.)

3. Fonds divers.
Voy. dans le *Cabinet historique*, 1861-62, l'indication des pièces originales sur le Limousin et la Marche.

4. André Duchesne, † 1640.
Collection de pièces manuscrites et de copies dont beaucoup intéressent le Limousin.
Il existe un inventaire ms. de cette collection.

5. Le président Doat, seconde moitié du xvii° s.
A utilisé les archives des châteaux de Pompadour et Lubersac. Le vol. 248 de sa collection contient les titres relatifs aux vicomtes de Limoges.
Voir le *Cabinet historique*, III, 2° partie, et la *Bibl. de l'Ec. des Chartes*, XXXII.

6. Dom Claude Estiennot de la Serre, † 1690.
Les registres 12746 à 12748 de sa collection (fonds latin) contiennent les copies qu'il prit dans sa visite aux principaux chartriers du Limousin, en 1675, pour préparer la publication du *Monasticon gallicanum*.

7. F. R. de Gaignières, † 1715.
Collection de copies de pièces, faites au xvii° siècle (fonds franç.).
Les tomes 183, 184, 185, 186 et 643 sont remplis de transcriptions fournies par Léonard (et non Jean) Bandel et dom Pradilhon. D'Hozier en a inséré un certain nombre dans son *Armorial de France*. Nous en avons publié plusieurs dans les *Archives hist. du Limousin*, I et IV. Cf. le *Cabinet historique*, XXII et XXIV.
Bandel a puisé dans les archives des monastères d'Ahun, Dalon, Meymac, la Règle, Uzerche, Saint-Junien, Saint-Augustin de Limoges, Saint-Martin de Limoges, Saint-Martial de Limoges, Eymoutiers, Bonlieu, Lesterps, Grandmont, Solignac, les Ternes, les Jacobins de Limoges, Nouic, l'Artige, Aureil, Chambon-Sainte-Valérie, Saint-Angel, Glandier, et dans celles du chapitre cathédral de Limoges. — Dom Pradilhon a puisé dans celles de Saint-Martial et Saint-Martin de Limoges, des Cordeliers et du chapitre cathédral

de Limoges, de Bonlieu, d'Uzerche, de Glandier, Tulle, Treignac et Eymoutiers.

8. Etienne Baluze, † 1718.

Ses *Armoires* se composent de 384 volumes. M. René Fage en a extrait sous forme analytique ce qui concerne la Marche et le Limousin. (*Les Œuvres de Baluze cataloguées et décrites* : complément, p. 33.)

Cf. le Catalogue général de la collection Baluze, dressé par M. L. Delisle (dans la *Bibl. de l'Ec. des Chartes*, XXXV) ; le *Cabinet historique*, t. VII, et les *Analecta juris pontificii*, 1869, livr. 88, col. 176. — La Bibliothèque nationale possède (fonds franc., nouv. acquis., n°ˢ 5018 à 5028) d'anciens catalogues manuscrits des collections de Baluze.

9. Antoine Lancelot, † 1740.

Sa collection de documents généalogiques renferme beaucoup de pièces relatives à la Marche.

Il en existe un inventaire ms. par M. de Wailly.

10. Dom Villevieille, fin du xviiie s.

Collection de copies de pièces (170 vol. et cartons), conservée auj., depuis 1810, au Cabinet des titres.

Une analyse développée des pièces qui proviennent du chartrier de Rochechouart (de 1027 à 1502) a été publiée dans l'*Hist. de la maison de Rochechouart* par le général comte de Rochechouart (1859, t. II, p. 277 à 334, in-4°). En 1874-76 MM. H. et A. Passier ont publié en 5 fascicules in-4° (2 vol. et demi), sous le titre de *Trésor généalogique de dom Villevieille*, les titres concernant les familles dont le nom se range sous la lettre A. Il ne semble pas que le Limousin ait rien à glaner dans cette publication.

11. Dom Claude-Joseph Col, correspondant du comité Moreau ([1]), † 1795.

Recueil des archives de la province du Limousin, 1769 et ss., mss. lat. 9193-9199 de la Bibl. nationale.

Voy. M. L. Guibert, *le Bénédictin dom Col en Limousin*, dans *Bull. de Tulle*, 1884, p. 280. A compléter par une lettre de 1785 (*ibid.* 1887, p. 245), qui démontre qu'à cette date dom Col travaillait encore en Limousin. Cf. l'*Invent. des mss. de la coll. Moreau*, par M. Omont, 1891, *passim*.

([1]) Concurremment avec Dom Deschamps et Pierre de Chiniac, lieutenant général de la sénéchaussée d'Uzerche. (Voy. *Revue internat. de l'enseignement*, 1884, p. 398, et mieux encore X. Charmes, *le Comité des travaux historiques*, t. I, *passim*.)

3. — COLLECTIONS PRIVÉES

HAUTE-VIENNE

— Grand séminaire de Limoges. Collection contenant entre autres les recueils mss. de l'abbé Joseph Nadaud († 1775) et de l'abbé Martial Legros († 1811).

Voy. le catalogue rédigé par M. L. Guibert, *Bull. de Limoges*, t. XXXIX, en 205 art., sous six rubriques : manuscrits de l'abbé Nadaud, mss. de l'abbé Legros, registres et documents provenant de l'évêché de Limoges, ouvrages et fragments provenant de l'abbaye de Grandmont, livres ayant appartenu à diverses églises, communautés et confréries de Limoges, mss. provenant du séminaire de Limoges ou des autres établissements à la fondation desquels a eu part M. de Maledent de Savignac.

M. Clément-Simon possède, de son côté, sept mémoires mss. des abbés Nadaud et Legros (300 pp. in-folio), dont il a promis le relevé (*Bull. de Brive*, 1894, p. 62).

— Soc. archéologique et historique du Limousin. Catalogue par A. Leroux dans le *Bulletin de Limoges*, XXXVI, p. 335 et ss.

— Chambre des notaires de l'arrond. de Limoges. Catalogue sommaire dans le *Tarif* de la dite chambre, 1846, p. 128 à 144.

— La plupart des études de notaires du département.

— Plusieurs bureaux des domaines.

— Collections privées de MM. : feu Astaix à Limoges, Tandeau de Marsac à Brignac, des Montiers-Mérinville au Fraysse, les héritiers de M. de Peyramont à Peyrat, les héritiers de M. Cramouzaud à Eymoutiers, et de M. Lacoste à Saint-Yrieix (¹).

— Collection de M. Nivet-Fontaubert, de Limoges.
Notice et inventaire sommaire par A. Leroux, dans le *Bulletin de Limoges*, XXXIX, 559.

---

(1) Cf. dans le *Limousin historique* d'A. Leymarie (1837, I, 39) la mention d'une importante collection aux mains de M. G. Labordcrie.

— Collection Aug. Bosvieux.
Inventaire sommaire par J. de Cessac. Cf. ci-dessus, p. 4.

— Archives du château de Nexon.
Inventaire sommaire par A. Leroux, dans le *Bulletin de Limoges*, XXXVII, 308.

— Archives du château de la Planche près Saint-Hilaire-Bonneval.
Catalogue sommaire des registres provenant du bureau des trésoriers de Limoges dans l'*Invent. des Arch. dép. de la Haute-Vienne*, série C., introd., p. iv.

CORRÈZE

— Soc. des lettres, sciences et arts de Tulle.

— Soc. scientifique, historique et archéologique de Brive.

— La plupart des études de notaires du département.

— Plusieurs bureaux des domaines.

— Château de Bach : Archives limousines de M. Clément-Simon, contenant plusieurs milliers de pièces.

— Collections privées de MM. : feu Joseph Brunet (passée au petit séminaire de Servières), Champeval, de Costa, Meilhac, de Montaignac, de Montbrial, Dr Morély, abbé Pau, etc.
Voy. J.-B. Champeval dans le *Bull. de Limoges*, XXXVI, 317.

CREUSE

— Collections privées de MM. C. Pérathon à Aubusson, J. de Cessac au Mouchetard près Guéret.

HORS DU LIMOUSIN

— Archives du château de Vésigneux, près Saint-Martin-du-Puits (arr. de Clamecy, Nièvre).
On y trouve les titres de la maison de Bourbon-Busset, qui étaient, avant la Révolution, à Châlus (*Bulletin de Limoges*, XXXIX, 664.)

— Archives du château de Meilhan (Cher).
Possèdent les titres de la famille de Rochechouart-Mortemart.

4. — RECUEILS GÉNÉRAUX

DE DOCUMENTS HISTORIQUES

— Le P. Labbe, S. J., † 1667.
Alliance chronologique de l'hist. sacrée et profane, 1651, 2 vol. in-4°.

Le tome I contient, d'après un ms. de Peteau, les opuscules de Bernard Gui sur la fondation de Grandmont, Saint-Augustin de Limoges et l'Artige.

Le tome II, intitulé *Mélanges curieux*, contient diverses pièces relatives à Saint-Yrieix, le Dorat, Saint-Etienne de Limoges et quelques extraits de la chronique de Geoffroy de Vigeois.

— Le P. Labbe, S. J.
Nova bibliotheca manuscriptorum, 1657, 2 vol. in-folio.

Le tome I contient : Chronicon aquitanicum quod ab aliis dicitur fragmentum chronicæ Lemovicensis ; Breve chronicon Lemovicense seu Aquitanicum ; Bernardi Guidonis tractatus de sanctis ; ejusdem de sanctis Lemovicensibus ; ejusdem tractatus de Stephano Obazinæ, Gaufrido, Rogerio et Auberto.

Le tome II contient : les chroniques primitives de Limoges, Adémar de Chabannes, Bernard Gui, Geoffroi de Vigeois.

— Etienne Baluze, † 1718.
Vitæ paparum Avenionensium, 2 vol. 1693.

Le tome I contient plusieurs vies des papes originaires du Limousin : Clément VI, Innocent VI, Grégoire XI [1].

Le tome II renferme une trentaine de pièces qui concernent le Limousin : bulles, lettres, chartes de donation, testaments, etc. Pour plus de détails sur le contenu des œuvres de Baluze, voy. M. René Fage, *les Œuvres de Baluze, cataloguées et décrites*, 1882 et 1884.

---

[1] La vie de l'antipape Grégoire VIII, Maurice Burdin, originaire du Bas-Limousin, mort vers 1123, a été publiée par Baluze dans ses *Miscellanea*, édit. ital., I, 137.

— Etienne Baluze.
Histoire généalogique de la maison d'Auvergne.

Le tome II (1708) ne compte pas moins de 200 pièces sur le Limousin. 125 sont extraites du trésor des chartes de Turenne et intéressent très souvent la Combraille. Les autres sont tirées des cartulaires de Tulle et de Saint-Etienne de Limoges, des archives de l'église de Saint-Yrieix, des cartulaires de Bonlieu, d'Obazine, d'Uzerche, des titres de la maison de Ventadour, etc.

— Th. Rymer, † 1713.
Fœdera, conventiones, litteræ et cujuscunque generis acta publica inter reges Angliæ et alios quosvis imperatores, reges, etc. — Londres, 1re édit., 1704-16, 17 vol. in-folio ; 2e édit., 1727-35, 20 vol. in-folio. Contient de nombreux actes relatifs au Limousin sous la domination anglaise, de 1154 à 1204, de 1250 à 1286, de 1361 à 1372.

— DD. Martène et Durand.
Thesaurus anecdotorum, 1717, 5 vol. in-f°.

Dans l'ensemble des collections bénédictines, ce recueil est le plus riche en documents diplomatiques sur le diocèse de Limoges. C'est aussi le seul qui ait puisé au chartrier de Grandmont.

— Denis de Sainte-Marthe.
Gallia christiana.

Le tome II (1720), qui renferme les diocèses de Limoges et de Tulle, contient une soixantaine de documents (*instrumenta*) pour la période du moyen-âge. La seconde édition de ce volume, parue en 1873, est un peu plus riche.

— Huillard-Bréholles et Lecoy de la Marche.
Titres de la maison ducale de Bourbon, 1867-74, 2 vol. in-4°. Riches en documents sur la Marche, qui faisait partie de l'apanage des Bourbons.

— *Archives historiques du Poitou.* 1872 et ss.

Contiennent un certain nombre de documents relatifs à la Basse-Marche et aux enclaves poitevines du diocèse de Limoges.

— Aug. Molinier.
Correspondance administrative d'Alfonse de Poitiers.

Le tome I (1894), relatif aux années 1268-70, renferme une vingtaine de pièces qui concernent principalement la Marche.

*

— Christophe Justel, † 1649.
Histoire généalogique de la maison de Turenne. 1645.

Contient un grand nombre d'extraits de chroniques et de cartulaires, publiés depuis lors pour la plupart intégralement.

— Etienne Baluze.
Historiæ Tutelensis libri tres, 1717.
Contient en appendice 320 pièces, de 821 à 1005, col. 308 à 800. Il y en a 88 d'antérieures à l'an 1000. Outre de nombreux actes de donation relatifs à l'église de Tulle, Baluze a publié trois sermons d'Adémar de Chabannes (994), des bulles, des lettres, des relations d'événements, des constitutions et statuts ecclésiastiques, des extraits de cartulaires limousins, etc.

— Achille Leymarie, archiviste, † 1861. (Cf. une notice dans le *Bulletin de Limoges*, XI, 129.)
Le Limousin historique, t. I, 1837-38 ; t. II, 1838-39. (Inachevé ; il n'en a paru que trois livraisons, 112 pages.)
Contient des statuts de corporations, des inventaires de meubles, quelques ordonnances, des coutumes locales, des forléaux, etc.
Épuisé depuis longtemps, ce recueil mériterait d'être réédité. En tenant compte d'une erreur de pagination, qui fait que l'on passe de la page 235 à la page 336, et en supprimant les extraits du *Cartulaire du consulat* et des *Registres consulaires*, les poésies des troubadours et généralement tous les documents qui ont été réimprimés depuis lors intégralement ou en meilleur lieu, il serait possible de réduire une nouvelle édition du *Limousin historique* à un volume de 300 pages.

— Emile Ruben et Louis Guibert.
Registres consulaires de Limoges, de 1504 à 1790, 5 vol. parus : 1867, 1869, 1884, 1889 et 1893. Le sixième et dernier volume est en préparation.
Outre la chronique locale, dont nous donnons plus loin les rubriques, outre les délibérations proprement dites, ces registres contiennent la copie d'un grand nombre d'actes émanés des pouvoirs publics.

— Alfred Leroux.
Documents historiques bas-latins, provençaux et français concernant principalement la Marche et le Limousin (avec le concours de MM. E. Molinier et Ant. Thomas), 2 vol. 1883 et 1885.
Le tome I contient : un obituaire de saint Martial, une brève chronique du prieuré d'Aitavaux, un inventaire des reliques du dit prieuré, un fragment des règles du dit prieuré, un supplément au recueil des inscriptions du Limousin, 106 chartes des ix*-xv* ss., six bulles des xii*-xiv* ss., divers statuts ecclésiastiques des xv*-xvii* ss. (Saint-Yrieix, Guéret, Bellac, Moutier-d'Ahun).

Le tome II contient : deux cartulaires de l'aumônerie de Saint-Martial, une assiette d'impôt sur le pays de Combraille (1387), des extraits de la chronique de Pierre Foucher, des extraits du premier registre consulaire de Rochechouart, des extraits du premier registre consistorial de Rochechouart, le mémoire de M. de Bernage sur la généralité de Limoges, des documents divers pour servir à l'histoire des collèges classiques de la Marche et du Limousin.

— Alfred Leroux et Aug. Bosvieux.
Chartes, chroniques et mémoriaux pour servir à l'histoire de la Marche et du Limousin. 1886.

Contiennent 123 chartes et pièces diverses des xe-xviie ss., dix chroniques des xve-xviie ss., trois journaux personnels et les mémoriaux des visites pastorales de 1762-63.

.·.

— Recueil des Archives anciennes du Limousin ([1]).

I (1887). — Alfred Leroux. *Nouveaux documents historiques...*, comprenant : 1° Doléances des corporations et corps constitués de Limoges ; 2° documents relatifs aux églises réformées de la Marche et du Limousin ; 3° Historica ; 4° Bernardi Guidonis catalogus episcoporum Lemovicensium continuatus ; 5° pièces diverses ; 6° chroniques de la confrérie du Saint-Sacrement de Limoges.

II (1890). — Abbé A. Lecler. *Chroniques ecclésiastiques du Limousin*, comprenant : 1° Relation de ce qui s'est passé à l'établissement de l'hôpital général de Limoges, de la mission et du séminaire des Ordinands, et à la fondation du petit couvent de Sainte-Claire (avec pièces à l'appui) ; 2° extraits de la chronique des FF. Prêcheurs de Limoges ; 3° chronique des Ursulines de Limoges (avec pièces à l'appui) ; 4° chronique des Ursulines d'Eymoutiers ; 5° chronique des Ursulines de Tulle ; 6° tableau ecclésiastique et religieux de la ville de Limoges, par Bullat ; 7° petite chronique du chapitre de Saint-Léonard ; 8° chronique paroissiale de Thouron.

III (1891). — Alfred Leroux. *Choix de documents historiques sur le Limousin*, comprenant : 1° Fragment de la règle du prieuré des Ternes ; 2° obituaire du prieuré des Ternes ; 3° extraits des re-

---

([1]) Fondée en 1887 par MM. A. Leroux et R. Fage sous le titre d'*Archives historiques de la Marche et du Limousin*, cette collection est passée en 1891 sous la direction de la « Société des Archives historiques du Limousin » et publie des documents relatifs à tout l'ancien Limousin (Creuse, Haute-Vienne, Corrèze).

gistres capitulaires de Saint-Etienne de Limoges ; 4° statuts et règlements de diverses confréries ; 5° documents relatifs aux églises réformées du Limousin (suite); 6° nouveaux extraits du registre des assemblées de la Société d'agriculture de Limoges ; 7° pièces diverses ; 8° comptes et budgets de la Généralité de Limoges.

IV (1892). — René Fage, abbés Lecler et Granet, etc. *Documents divers sur le Limousin*, comprenant : 1° Chronique d'Evrard, notaire d'Ahun ; 2° chronique de Brigueil-l'Aîné ; 3° délibérations du bureau des finances de Limoges ; 4° état des paroisses de la vicomté de Rochechouart en 1785 ; 5° documents relatifs aux états de la vicomté de Turenne ; 6° extraits historiques par dom J.-B. Pradillon de Sainte-Anne (A. Leroux) ; 7° pièces diverses relatives à Peyrat-le-Château (P. Cousseyroux) ; 8° carnets de voyage de Michel et Antoine Collas, tapissiers de Felletin (C. Pérathon) ; 9° pièces diverses relatives à Eymoutiers (J. Dubois) ; 10° cahiers de doléances des prêtres d'Ussel et des paroissiens de Pouzac en Bas-Limousin (J.-B. Champeval) ; 11° pièces diverses (Guibert, Autorde, Arbellot, etc.)

V (1893). — René Fage et abbé Granet. *Documents divers sur le Limousin*, comprenant : 1° Documents relatifs aux états de la vicomté de Turenne (suite); 2° obituaire de Saint-Martial (complément); 3° obituaire du prieuré des Alloix (A. Leroux) ; 4° recueil d'actes pour servir à l'hist. ecclésiastique du Limousin ; 5° état par paroisses de la vicomté de Rochechouart en 1785 (suite); 6° registres d'hommages de la seigneurie de Boussac (A. Thomas); 7° pièces diverses (A. Leroux, A. Rosvieux, E. Dramard, Fray-Fournier, A. Lecler, J.-B. Champeval).

VI (1895). — Alfred Leroux. *Nouveau choix de documents historiques*, comprenant : 1° Nouveaux extraits des registres capitulaires de Saint-Etienne de Limoges, 1621-1771 ; 2° les Annuæ litteræ du collège des jésuites de Limoges, XVII° s.; 3° chronique paroissiale de Magnac-Laval, 1692-1707 ; 4° documents divers sur Magnac-Laval, XVII°-XVIII° ss.; 5° documents relatifs au flottage et à la canalisation des rivières du Limousin, 1754-1786 ; 6° documents relatifs aux droits de pêche et de flottage sur les rivières du Limousin, XVII°-XVIII° ss.; 7° rapport sur les routes royales du Limousin en 1790 ; 8° extraits du livre-journal d'un chanoine de l'Artige ; 9° nouveaux extraits du registre consulaire de Saint-Yrieix ; 10° transactions entre les habitants de Pierrebuffière et leurs seigneurs ; 11° nécrologes de Solignac; 12° pièces diverses.

— Recueil des Archives révolutionnaires du Limousin (¹) :

I (1889). — [Alfred Leroux]. *Doléances paroissiales de 1789*, comprenant celles de Châlus, Eymoutiers, une paroisse voisine d'Eymoutiers, Miallet, Oradour-Saint-Genest, Rochechouart, Saint-Léonard, Uzurat-lez-Limoges et une paroisse de la Basse-Marche non dénommée; comprenant en outre trois écrits politiques du temps, publiés à l'occasion de la convocation des Etats.

II (1891). — A. Fray-Fournier. *Inventaire des documents manuscrits et imprimés de la période révolutionnaire conservés aux Archives départementales de la Haute-Vienne*, comprenant : le fonds du département, le fonds des six districts, le fonds des administrations cantonales, le fonds des sociétés populaires et celui des comités de surveillance (art. 1 à 885).

III (1892). — A. Fray-Fournier. *Inventaire des documents conservés aux Archives départementales*, comprenant : un complément au fonds du département et des sociétés populaires, puis le fonds du tribunal criminel et des tribunaux de district, le fonds du tribunal du département et des tribunaux correctionnels, le fonds des justices de paix, des notaires et des greffes d'insinuations (art. 886 à 1122). Cet inventaire est suivi d'une *Bibliographie de l'histoire de la Révolution dans la Haute-Vienne* (382 art.).

IV (1893). — A. Fray-Fournier. *Cahiers de doléances suivis de documents et notices sur les députés de la Haute-Vienne à l'Assemblée constituante de 1789*. Ce fascicule comprend : 1° les doléances des paroisses de la Bretagne, Champnétery, La Croisille, Saint-Basile, Saint-Mémin, Saint-Sylvestre, Saint-Ybard, Saint-Yrieix ; 2° les doléances du tiers-état de Bellac, du bureau des finances de Limoges ; 3° des documents divers relatifs à la convocation des Etats généraux.

— G. Clément-Simon.

Archives historiques de la Corrèze, ancien Bas-Limousin. Recueil de documents inédits, avec notes et commentaires, depuis les origines jusqu'à la fin du XVIIIe siècle. Tome I, sous presse.

Ce recueil, publié d'abord dans le *Bulletin de Brive* (1889 et ss.), contient des textes fort importants pour l'histoire politique du Limousin pendant la guerre de Cent ans. Il reproduit en outre le pouillé de Nadaud pour ce qui concerne le Bas-Limousin.

---

(1) Placée depuis 1891 sous la direction de la « Société des Archives historiques du Limousin », cette collection s'appelait jusqu'au tome III *Archives révolutionnaires de la Haute-Vienne*.

Les recueils de Baluze, des Bénédictins et des Bollandistes (autres que ceux qui ont été énumérés ci-dessus) contiennent un certain nombre de pièces d'origine limousine, dont quelques-unes pourront être citées dans les pages suivantes. On en peut dire autant des Bulletins des sociétés historiques de nos trois départements limousins, du Bulletin du Comité des travaux historiques, et de la plupart des histoires et monographies relatives au Limousin, telles que : les *Annales du Limousin* par B. de Saint-Amable, la *Destruction de l'ordre de Grandmont* par M. Guibert, *Tulle et le Bas-Limousin* par M. Clément-Simon, *la Prise de Tulle* par M. R. Fage, *Chalucet* et la *Commune de Saint-Léonard de Noblat* par M. L. Guibert, les *Histoires* de villes par MM. Aubugeois de la Ville du Bost, C. Pérathon, P. Granet, etc.

5. — AUTEURS

De l'Antiquité et du haut Moyen-Age qui ont parlé du Limousin

Jules César, 1ᵉʳ s. av. J.-C.
Strabon, 1ᵉʳ s. av. J.-C.
Pline le naturaliste, 1ᵉʳ s. ap. J.-C.
Ptolémée, IIᵉ s. ap. J.-C.
L'auteur de l'inscription de Lyon, IIᵉ s. ap. J.-C.
L'auteur de la *Table* dite de *Peutinger*, IIIᵉ s.
L'auteur de l'*Itinéraire* d'Antonin, IIIᵉ s.
L'auteur de la *Liste des cités de la Gaule* (fin du IVᵉ s.), attribuée à tort à Magnon le grammairien.
L'auteur du *Libellus provinciarum*, IVᵉ s.
L'auteur de la *Notitia provinciarum*, 396 (¹).

* *
*

Sidoine Apollinaire, *Epistolæ*, Vᵉ s. (²).
Fortunat, *Carmina historica*, VIᵉ s.
Grégoire de Tours, *Hist. ecclesiastica*, VIᵉ s. (³).
Les continuateurs de Frédégaire, VIIᵉ et VIII ss. (⁴).

---

(1) La plupart de ces historiens et géographes figurent dans E. Cougny, *Extraits des auteurs grecs concernant la géographie et l'histoire des Gaules*, 6 vol.: dom Bouquet, *Recueil des historiens des Gaules*, t. 1.

(2) Pour les éditions des auteurs du haut moyen-âge, voy. G. Monod, *Bibliographie de l'Hist. de France* (1888).

(3) M. L. Ayma a donné en 1844, dans le *Bull. de la Soc. d'agriculture, sciences et arts de Limoges*, la traduction des passages de l'*Historia* relatifs au Limousin.

(4) Edit. de la Soc. de l'hist. de France, ou encore édit. de MM. Omont et Collon dans la Collection de textes pour servir à l'étude et à l'enseignement de l'histoire.

6. — VIES DES PRINCIPAUX SAINTS

DU LIMOUSIN

A consulter :

Les PP. Bollandistes, *Acta sanctorum*, 1643 et ss., 56 vol. in-folio parus. Outre les vies de saints, énumérées ci-après, on trouve aussi dans cette collection des documents relatifs aux translations, miracles, reliques, etc.

Les PP. Bollandistes, *Catalogus codicum hagiographicorum latinorum antiquiorum saeculo XVI, qui asservantur in Bibliotheca nationali Parisiensi*, 3 vol.

Les PP. Bollandistes, *Analecta Bollandiana*, 1882 et ss.

Potthast, *Bibliotheca medii œvi historica*. Wegweiser durch die Geschichtswerke des europaeischen Mittelalters, 1862 et 1868.

U. Chevalier, *Répertoire des sources hist. du moyen-âge* : I. *Bio-bibliographie*.

Bruno-Krusch, *Catalogue des saints de l'époque mérovingienne*, dans Wattenbach, *Deutschlands Geschichtsquellen*, 1885, t. I. Cite, bien à tort, les *Vies des saints* publ. par la maison Ardant, de Limoges.

De Mas-Latrie, *Trésor de chronologie*, 1889, p. 605 et ss.

Notre bibliographie a été dressée, autant qu'il a été possible, sur le vu des documents. Si nous avons trouvé d'abondants secours dans les publications suivantes, nous avons pu les compléter et les rectifier sur bien des points :

Jean Collin, *Hist. sacrée de la vie des principaux saints... du diocèse de Limoges*. Limoges, 1672.

Jean Collin, *Florilegium sacrum Lemovicense*. Limoges, 1673.

Bonaventure de Saint-Amable, *Hist. de saint Martial*, 3 vol. 1675-1685.

*** *Vies des saints du diocèse de Tulle*. Tulle, 1887.

Les Bénédictins de Saint-Maur et leurs continuateurs, *Hist. littéraire de la France*, 1733 et ss. 31 vol. parus.

— Vita sti Alpiniani († fin du III° siècle ; fête 27 avril et 30 juin), publ. par Labbe, *Bibl. nova*, II, 472, et les Bollandistes, 1675, III, 480. Cf. Collin, p. 119, et l'*Hist. littér. de la France*, VI, 416.

Translatio reliquiarum sti Alpiniani à Ruffec-sur-Creuse (non en 805 ou 845, comme on l'a cru jusqu'ici, mais vers 855 (1), publ.

---

(1) R. de Lasteyrie, *Comtes et vicomtes de Limoges...*, p. 20.

par les Bollandistes (III, p. 485). Il existe une autre version de cette translation dans le vol. 262 des armoires de Baluze.

— Vita beati Amandi anachoretœ († vers 500 ; fête 25 juin et 16 oct.), publ. par Labbe, *Bibl. nova*, II, 481, d'après un ms. tronqué, et les Bollandistes, 1845, VII, 835.

— Vita sti Arcdii *sou* Arigii (saint Yrieix, † 591 ; fête 25 août), composée peu après la mort du saint et publ. par Surius (2ᵉ édit., IV, 918), Mabillon (AA. SS., sœc. I) et les Bollandistes (V, 178).

Autre vie attribuée à Grégoire de Tours (?) et publ. dans les différentes éditions des *Œuvres* de ce chroniqueur ; publ. aussi par Mabillon (*Anal.* 108 ; nouv. édit., IV, 194), les Bollandistes (V, 182) et dom Bouquet (*Hist. de Fr.*, III, 412).

Cf. Collin, p. 350, « ... tirée des anciens légendaires des abbayes de Saint-Martial, de Grammont, de Glandiers et autres », — et Bonaventure de Saint-Amable, III, 181 et 214.

Voy. aussi Surius (*Vitæ*, 1618, *pars* VIII, 267), Ruinart dans sa préface aux *Œuvres* de Grégoire de Tours (1699, n° 81), Foncemagne dans l'*Hist. Acad. Inscript.* (1733, VII, 278) et l'*Hist. littér.* (1735, III, 364 et 408).

Généalogie de Saint-Yrieix, apocryphe. Voy. les *Annales Francor.* du P. Lecointe, anno 591, n° 6.

Testament de saint Yrieix, signalé par Labbe (*Mél. curieux*, II, 404) ; publ. par le *Gall. christ.* (II, Instr. 117), par Mabillon (*Anal.*, p. 208), par Ruinart, dans l'appendice aux *Œuvres* de Grégoire de Tours, p. 1308, et par Pardessus (*Dipl.*, I, 136). Traduit par M. Arbellot dans *Bull. du Limousin*, XXIII, 174. Cf. Barbier de Montault, *Invent. du testament de saint Yrieix*, dans *Bull. du Limousin*, XXXVI, 247. C'est à tort que le P. Lecointe (*Ann. Franc.*, l. c.) considère ce testament comme apocryphe.

— Vita sti Aureliani, episcopi Lemovicensis († fin du iiiᵉ siècle ; fête 8 mai), publ. par Surius (1617) et les Bollandistes (1760, II, 285).

Cf. Oudin, *De script. Ecclesiæ* (1722, I, 72) et Schœnmann (*Bibl. pat. lat.*, 1792, I).

— Vita sti Balsemii (saint Baussange, vᵉ siècle ; fête 23 oct.), publ. par Labbe, *Bibl. nova*, II, 509.

— Vita sti Baumadi († viᵉ s. ; fête 4 août), publ. par Baluze dans sa *Disquisitio de sanctis Claro, Laudo, Ulfardo, Baumado* (1656, réimpression dans le *Bull. de Tulle*, 1881, 326 et ss.) Cf. les Bollandistes, 1733, I, 334.

— Vita sti Baumiri *seu* Baomiri (saint Baumir ou Baumar, † vi° s.; fête 4 août), dans Labbe (*Bibl. nova*, II, 508) et fragmentairement dans dom Bouquet, III, 430.

— Vita sti Calmini (saint Calmin, Calmine ou Carmery, † vii° s.; fête 19 août), publ. par les Bollandistes, 1737, III, 750. Cf. l'*Hist. littér*. XII, 433.

— Vita sti Clari, episcopi et martyris († vers 804; fête 4 nov.), publ. par Baluze dans sa *Disquisitio de sanctis Claro, Laudo*, etc. (1656, réimpression dans le *Bull. de Tulle*, 1881, 326 et ss.) Cf. l'*Hist. Tutellensis* du même, pp. 33 et ss.

— Vita sti Eligii (saint Eloi, † entre 659 et 665; fête 1ᵉʳ déc.), publ. par Surius (2° édit., VI, 700) et fragmentairement par Duchesne (*Hist. Fr.*, I, 627) et dom Bouquet (III, 522).

Autre vie composée par saint Ouen, publ. par Labbe (*Bibl. nova*, II, 517, le prologue seulement), d'Achery, (*Spicil.*, V, 156) et Ghesquier (AA. SS. Belgii, 1785, III, 198).

Cf. les *Remarques* sur la vie de saint Eloi par Levasseur (vers 1630), Oudin (*De script. Eccl.*, 1722, I, 1618), Fabricius (*Bibl. medii ævi*, 1734, II, 276), l'*Hist. litter.* (1735, III, 595), Herzog, *Real-encyclopædie*, IV, 174. Pour plus de détails, voy. U. Chevalier, *Répertoire*, et Krusch, ouv. cité.

Les miracles de saint Eloi.

Poème franç. du xiii° s., publ. par Peigné-Delacourt d'après un ms. de la Bodléienne. (Beauvais, Noyon et Paris, s. d., vers 1850.)

Inventio reliquiarum sancti Elegii facta anno 1183.

Dans *Anal. Bollandiana*, 1890, IX, 423.

Le *Libellus super reliquiis monasterii Sancti Petri viri Senonensis* de Geoffroy de Courlon (xiii° s., édité en 1887) prouve que l'abbaye avait introduit saint Eloi dans son calendrier et qu'elle possédait quelques-unes de ses reliques. On lit, en effet (p. 66) : *Beatus Eligius Noviomensis episcopus fuit; cujus vita virtutibus claruit, Kalendis decembris vitam obtinuit sempiternam; ad cujus sepulcrum egri sanantur quamplurimi. Capsam habemus per manus proprias ipsius fabricatam, in qua, ut dicitur et pium est credere, de corporalibus cum quibus celebrabat beatus Gregorius partiuncule conservantur.*

(P. 7) : *Capsam habemus, per manus proprias sancti Eligii fabricatam, in qua, ut dicitur et pium est credere, de corporalibus cum quibus beatus papa Gregorius et doctor missas celebrabat partiuncule conservantur.*

(P. 279) : *Calicem mirifice fabricatum aureum, in quo creditur beatissimum Eligium, Noviomensem episcopum, misteria divina celebrasse.*

— Vita sti Ferreoli, episcopi Lemovicensis († entre 500 et 507; fête 18 sept.), publ. par Labbe (*Bibl. nova*, II, 527) et les Bollandistes (1755, V, 783).

Cf. Fabricius (*Bibl. medii ævi*, 1734, II, 490)

— Vita sti Gaucherii (saint Gaucher, prieur d'Aureil, † 1130 *alias* 1140; fête 9 avril, translation 18 sept. 1194), publ. par Labbe (*Bibl. nova*, II, 560) et les Bollandistes (1675, I, 851). Voy. le ms. lat. 10891 de la Bibliothèque nationale, xiiie s.

Cf. Collin, p. 104, « ... tirée de l'ancien chartulaire de l'église de Saint-Estienne de Limoges », — et l'*Hist. littér.*, XII, 429.

— Vita beati Gaufridi (saint Geoffroy de Nho ou de Noth, près Bridiers, † 1125; fête 6 oct.), composée au xiie siècle par un moine du Chalard et publ. pour la première fois par A. Bosvieux (Guéret, 1858). Copie du xviiie siècle à la Bibl. nat. (coll. dom Col, n° 135), faite sur une autre copie de 1502.

— Vita sti Gualterii seu Gauterii, abbatis et canonici Stirpensis († 1070; fête 11 mai), composée par Marbode, archidiacre d'Angers, plus tard évêque de Rennes († 1123), publ. par les Bollandistes (1680, II, 701) et par Migne (*Patrol.* CLXXI, col. 1503).

— Vita beati Hugonis de Lacerta, ordinis Grandimontensis († 1157), composée par Guill. Dandina de Saint-Savin, dit Frère Eudes, publ. par Martène (*Ampl. coll.*, VI, 1143 et ss.). Cf. *Hist. litt.*, XV, 136, et surtout Hauréau, *Sur quelques écrivains de l'ordre de Grandmont*, dans *Not. et Extr. des mss.*, XXIV, 2e partie, 260 et ss.

— Vita sti Israelis († 22 déc. 1014 : fête 27 janv.) composée au xie siècle par Amaury, chanoine du Dorat; publ. par Labbe (*Bibl. nova*, II, 566, communic. de Pierre Robert (¹) et par Blondel (*Vie des Saints*, 1722).

Cf. aussi l'*Hist. littér.* (1746, VII, 47 et 230) et Sevestre, *Dict. patr.*, III, 638.

---

(1) « Pierre Robert [historien, lieutenant général du Dorat, † 1658], dans un traité manuscrit sur les écrivains de la basse Marche, dit qu'Israël avait composé une histoire religieuse depuis la création du monde jusqu'à l'ascension de J.-C. Cette histoire a été faussement attribuée à un Isaac, abbé de Lesterp, dans le *Nouveau glossaire* de Ducange. Cet ouvrage en vers et en langue vulgaire prouve que la langue romane était en usage avant le xiie siècle. » (Vitrac, dans les *Annales de la Haute-Vienne* de 1812). Blondel a suivi Pierre Robert. Cf. Chabaneau, *La langue et la littérature du Limousin*, p. 17 du tirage à part de la *Revue des langues romanes* (1891).

— Vita beati Juniani anachoretæ († vers 500; fête 16 oct.) composée au viii° siècle; publ. par Collin (Limoges, 1657) et par les Bollandistes (VII, 2° partie, 848).

Autre vie de saint Junien composée au xii° siècle par Frotmond, chanoine de Saint-Junien; inédite. Copie du xviii° siècle aux mains de M. Arbellot qui en a donné l'analyse en tête de ses *Documents historiques sur Saint-Junien* (1847).

Autre vie de saint Junien abrégée dans Grégoire de Tours, *Opera*.

— Vita sti Justi Cambonensis († iii° s.; fête 26 nov.). Labbe a publié (*Bibl. nova*, II, 410) un *Elogium historicum S. Justi confessoris, discipuli S. Ursini primi Biturigum antistis*.

Cf. Collin, p. 501 « .... tirée d'un vieux manuscrit de l'abbaye de Saint-Martial », — et les Bollandistes, 1723, III, 647.

— Vita sti Justi († 370; fête 25 nov.)

Cf. les Bollandistes, 1867, XII, 234, Fabricius, *Bibliotheca*, IV, 621, et l'*Hist. littér.*, I, 219.

— Vita sti Leobonis († vers 530; fête 14 oct.)

Cf. Collin, p. 455 « ..... tirée des anciens bréviaires du diocèse »; les Bollandistes, 1814, VI, 227 et *auctarium*, 1853, 44.

— Vita sti Leonardi Nobiliacensis († vers 550; fête 6 nov.), composée au viii° siècle par un auteur anonyme et abrégée par Noboas *al*. Roboas, diacre du Mont-Cassin vers 1120. L'abrégé a été publié par Surius (2° édit., VI, 121 (¹); le texte primitif par M. l'abbé Arbellot (Paris, 1863, d'après un ms. de 1522 conservé à la Bibliothèque de Limoges).

Cf. 1° l'*Epistola Walrami episcopi Naumburgensis* († 1110), publ. par Martène (*Ampl. coll.*, I, 635); — 2° le *Miroir historial* de Vincent de Beauvais (liv. XXI); — 3° la *Légende dorée* de Jacques de Voragine; — 4° le *Sanctoral* de Bernard Gui (part. IV); — 5° le *Catalogue des Saints* de Pierre de Natalibus; — 6° le *Sanctuarium* de Monbritius; — 7° les *Annales Francorum* de Lecointe (I, 743); — 8° l'*Hist. littér.* (1746, VII, 339), — et 9° beaucoup d'autres écrits, moins importants, cités par M. l'abbé Arbellot (*Vie de saint Léonard*. Paris, 1863, p. 245-247).

Miracula sti Leonardi, publ. par M. Arbellot, ouv. cité, p. 280-301.

Hymnes et proses en l'honneur de saint Léonard, publ. par

---

(1) Mss. latin de la Bibliothèque nationale, 5134 (xi° s.); 5290, 5336, 5345 (xii° s.); 5348, 5365, 5564 (xiii° s.); 5597 (xiv° s.).

J. Mone (*Hymni latini...* Fribourg, 1855) et M. Arbellot, ouv. cité, p. 301-310.

Poème, en vers allemands, consacré à l'éloge des vertus du « bon Léonard » et aux miracles qui s'accomplissent sur son tombeau, publ. par Kœpke dans la *Bibl. der gesammten deutschen Nat. Litteratur* (1852, t. XXXII, p. 557-562). Ce poème de 578 vers faisait partie d'un *Passional* allemand du xiii° siècle conservé à la Bibliothèque de Strasbourg.

Léonard d'Alesme, *Oratio in laudem D. Leonardi*. Lyon, 1534.

(Pour plus de détails, voy. U. Chevalier, *Répertoire*.)

L'abbaye de Saint-Pierre-le-Vif de Sens avait introduit saint Léonard (comme aussi saint Martial) dans son calendrier. Elle prétendait posséder le bras du premier et, dans le *Libellus super reliquiis monasterii Sancti Petri vivi Senonensis*, de Geoffroy de Courlon (xiii° s., édité en 1887, voy. les pp. 7, 10, 68 et 143), on trouve la notice suivante : *Sanctus Leonardus a sancto Remigio, Remensi archiepiscopo, baptizatus, discipulus ipsius fuit. Parentes vero Leonardi primi in palacio regis Francie habebantur. Hic tantam gratiam a rege obtinuit quod omnes incarcerati quos ipse visitabat protinus absolvebantur. Post hec Aurelianis cum fratre suo sancto Lifardo predicando devenit. Deinde fratrem suum relinquens in Aquitania predicavit. Postea heremiticam vitam ducens secum multos aggregavit. Circa vero annum Domini quingentesimum, viii° ydus novembris, migravit a seculo. De brachio ipsius reliquias habemus.*

— Vita sti Lupi, episcopi Lemovicensis († vers 637; fête 22 mai). Dans les Bollandistes, 1685, V. 171.

— Vita sti Mariani anachoretæ († 513 ; fête 19 août) publ. par Labbe (*Bibl. nova*, II, 432).

Cf. Surius, VIII, 191; les Bollandistes, 1737, III, 734, et les *Mém. de la Creuse*, VII, 107.

.·.

— Vitæ sancti Marcialis, episcopi Lemovicensis († fin du iii° s.([1]); fête 30 juin).

— *Vita antiquior*, composée par un auteur anonyme du ix° siècle. Publiée pour la première fois par M. l'abbé Arbellot dans *Congrès*

([1]) La date de 614 que donne Potthast est une erreur typographique.

scientif. de France, 1859, II, p. 107 (¹) et dans *Bulletin du Limousin*, 1892, XL, p. 298 (²), et par les Bollandistes, t. V, p. 553.

Ms. de la bibliothèque grand-ducale de Carlsruhe, n° 136 (272), milieu du ix⁰ s. (avant 846), provenant de l'abbaye de Reichenau. Voy. l'*Archiv.* de Pertz, IX, 785; Wattenbach, *Deutschlands Geschichtsquellen*, 6⁰ éd., I, 276; les *Analecta Bollandiana*, 1893, p. 465, et Ant. Thomas dans les *Annales du Midi*, 1894, 349.

Ms. du x⁰ s., fonds lat. 3851 A et 5365 de la Bibl. nat.; — ms. du x⁰ s., Farfensis 29, de la Bibl. Victor-Emmanuel; — trois mss. du x⁰ s. à la Bibl. royale de Bruxelles.

— *Vita prolixior*, composée par le pseudo-Aurélien antérieurement au xi⁰ siècle, publiée par le carme Thomas Beaulxamis dans ses *Apostolicæ hist.*, f. 153 (Paris, 1566) (³), réimprimée en 1571 et 1579, puis à Cologne en 1617 par Surius, II, 365; en dernier lieu à Londres en 1877 par M. Walter de Gray-Birch (avec fac-similé). Ordéric Vital l'a insérée en abrégé dans son *Hist. ecclés.* (Duchesne, *Hist. Normann. script.* 428, et dom Bouquet, *Hist. de Fr.* IX et ss.). Elle a été traduite en français par Maurice Ardant, *Des Ostensions*, p. 140.

Ms. de la Vaticane, fonds de la reine Christine, n° 543, xi⁰ s. (⁴); — mss. de la Bibl. nat. lat., 5354, 5572, 11749, 11757, nouv. acq.

(1) Les textes et dissertations publiés dans ce volume ont été ensuite tirés à part sous le titre : *Documents inédits sur l'apostolat de saint Martial*, 1860 (avec fac-similé).

(2) Tirage à part sous ce titre : *Etude historique sur l'ancienne vie de saint Martial.*

(3) Le prologue de l'éditeur fournit les indications suivantes : F. THOMAS BEAULXAMIS, *Parisinus, Carmelita Meldunensis, bacchalaureus theologus christiano lectori salutem in Domino. . . . . Habes Abdiæ historias apostolicas, habes et Marcialis epistolas, quæ apud Lemovicas plus mille annis latuerant, excussas. Nuper quoque cum in æde divi Marcialis Lutetiæ concionaturus essem, ipso ejusdem discipuli Domini die, oblatus est mihi liber manu exaratus adeo antiquitate confectus ut vix legi posset. Hunc cum intentius perlegissem, observavi et ex titulo et ipsa historia ab Aureliano divi Marcialis discipulo editum esse, multamque instructionis præ se ferre, adeo ut quæ a Neochristianis frivola esse ducantur, apertissime confirmet. Tum bibliopolarum officinas cum adiissem, nec ipsum aut Lutetiæ alibive impressum esse agnovissem, Abdiæ Historiæ, quæ tum forte excudebatur, adjici curavi. Hunc quæso ut dignissimum testem excipe, nec nostrum laborem dedignure. Vale.*

(4) Avec un prologue qui ne se retrouve que dans un seul des mss. de Paris : *Patebant quedam fortia impiorum gesta, quos aliquod virtutis exercitium sola seculi hujus instigavit superbia*, etc.

2170, xi° s ; 11783, 11884, 12006, etc., xii° s. Quant aux mss. des xiii° et xiv° ss., le relevé complet n'en a pas encore été fait; — ms. de la Bibl. de Tours, xi° s.; — ms. de la Bibl. du Mans, n° 217, xi° ou xii° s.; — mss. du British Museum : Additionnal mss. 17857, xii° s.; Cotton mss., Claudius A., xii° s.; Arundel mss., 169, xii° s.; Harley, 4609, xii° s.; Harley, 2804, xiii° s.; — ms. de la Sorbonne, daté de 1200, cité dans l'*Hist. de l'Acad. des Inscript.*, XXIII, p. 254.

Ms. de la Bibl. d'Arras, 307 (anc. 851), xiii° s., traduction franç. qui se retrouve dans les mss. franç. 411 et 412 de la Bibl. nat. et dans le Roy. 20 du British Museum; — ms. de la Bibliothèque d'Avignon n° 1872 (anc. 237), xvi° s. — ms. de la Bibliothèque de Nîmes, n° 477 (f° 170), sans date.

« Elie Dupin (*Bibl. auct. eccl.*, x° s., 173, 207 et 330, et *Table auct. eccl.*, I, 380) prétend que saint Odon a composé les Vies de saint Géraud et de saint Martial de Limoges. Les savants auteurs de l'*Histoire littéraire* ne parlent pas à l'article de saint Odon de cette vie de saint Martial ; on ne la trouve point parmi ses œuvres imprimées et l'abbé Nadaud avait fait pour la découvrir d'inutiles recherches. » (Arbellot, *Bull. du Lim.*, IV, 263.)

— *De sancto Martiale ut habetur in libro de gloria confessorum sti Gregorii Turonensis*, dans Surius, VII, suppl. 139, et dans les diverses éditions des œuvres complètes de Grégoire de Tours.

— Trois opuscules des *Miracula sti Marcialis*, vi°-ix° ss., publ. par Surius (1618, *pars* VI, 365); les Bollandistes, V, 553 ; dom Bouquet, III, 506, 580, et le premier de nouveau par M. Arbellot, (*Congrès scientif. de Fr.* de 1859, II, p. 171 et *Bulletin de Limoges*, XXXVI, 339.)

Mss. des ix°, x° et xi° ss. à la Bibl. nat., fonds latin 2768, 3851 et 5365.

— *Miracula sti Marcialis* anno 1388 patrata ab auctore coævo conscripta, publ. par M. l'abbé Arbellot, *Analecta Bollandiana* (1882, I, 411).

Cf. Arbellot, *Un manuscrit inédit des miracles de saint Martial*, dans *Bull. du Lim.*, 1882, XXX, 84.

Ms. du xiv° s. à la Bibl. comm. de Nîmes).

— Livre des miracles de saint Martial : texte lat. inédit du ix° s. publ. par M. Arbellot dans *Bull. du Limousin*, 1889, XXXVI, 339.

Cf. Collin, p. 250 et ss., *Recueil des miracles de saint Martial* « tirés de l'ancien manuscrit de l'abbaye de Saint-Martial et autres », — le *Registre consulaire*, I, 252, — le *Catalogus codicum hagiographicorum latinorum... in bibliotheca Parisiensi* (I, 198-209).

— Translation des reliques de saint Martial à Monjauvy. Voy. les Bollandistes dans le *Cat. codicum hagiograph.....* (t. III).

— Séquence sur saint Martial composée en 832, publ. pour la première fois par M. Arbellot, *Congrès scientif. de Fr.*, 1859, II, p. 185.

Ms. des x° et xi° ss. à la Bibl. nat., fonds lat. n°° 1240, 1119 et 887.

Autre séquence sur saint Martial composée au x° s. par Abbon de Fleury, publ. fragmentairement par Mabillon (Acta SS. VIII, 34) et par Migne (*Patrol.*, CXLI, p. 111), et en entier par M. Arbellot, *Congrès scientif. de Fr.* de 1859, II, p. 187.

Mss. du xi° s. à la Bibl. nat., fonds lat., n°° 887 et 1119.

Autre séquence sur saint Martial composée au x° s., publ. par M. Arbellot, *Congrès scientif. de Fr.* de 1859, II, p. 195.

Mss. du xi° s. à la Bibl. nat., fonds lat., n°° 1119 et 1136.

— Poème latin sur saint Martial composé par Pierre le Scolastique au x° s., fragments recueillis et publiés pour la première fois par M. Arbellot, dans *Bull. du Lim.*, VI, 145 (1857).

Ms. à la Bibl. nat., fonds lat., n° 5365.

— *Hymni in honorem* sti Marcialis apostoli et ste Valerie virginis et martyris, composées en ?..., publ. à Limoges en 1709.

Cf. Barbier de Montault, *La Légende de saint Martial dans le Bréviaire de la Trinité de Poitiers au xv° s.* dans *Bull. de Limoges*, XXXIV, 205.

— Jean Bandel, *Traité de la dévotion des anciens chrétiens à saint Martial* (Limoges, 1638, 2° édit., par l'abbé Texier, 1858); Elie Dupin (*Bibl.*, 1698, I, 536); du Verdier (*Bibl. franç.*, 1773, V, 32), l'*Hist. litt. de la Fr.*, 1773 et ss., I, V, VI, etc.

Hardouin (*Concil.*, VI) et Migne (*Patrol.*, CXLI et CXLII) renferment presque tout ce qui concerne la question de l'apostolat de saint Martial. (Voy. ci-dessous la section Conciles, la section Sermons et la section Lettres).

Cette question a été close dogmatiquement par le décret suivant :

Confirmatio apostolatus S. Martialis primi Lemovicensis episcopi. ¶ Sacra rituum congregatione emo et rmo domino cardinale Morichini relatore. ¶ Lemovicen. confirmationis elogii et cultus ut apostoli quo S. Martialis, primus Lemovicensium episcopus, hactenus gavisus est ab immemorabili tempore et ex constitutionibus apostolicis. ¶ Instante R. P. D. episcopo Lemovicensi. ¶ Romæ 1854. (Réimprimé à Limoges chez Barbou, 1855, avec pièces annexes, 92 pp. in-8°, qui donnent entre autres choses un extrait des actes des conciles de 1021, 1023, 1029 et 1031).

Cf. le chanoine Decordes, *Dissertatio* sur l'apostolat de saint Martial, publ. par Bosquet (*Hist. des Gaules*, IV, 538, par Bonaventure de Saint-Amable, I, et par les Bollandistes, t. V, de juin;

Pierre de Marca, archevêque de Toulouse, *Epistola*, publ. par les Bollandistes avec une *Dissertatio* de Papebrock (juin, V, 535 et 538);

L'abbé Arbellot, *Dissertation sur l'apostolat de saint Martial*, 1855 (copieuse);

L'abbé de Meissas, *Observations sur un récent mémoire de M. l'abbé Arbellot*. Paris, 1881;

L'abbé Duchesne, *Saint Martial de Limoges*, dans les *Annales du Midi*, 1892, IV, 289.

Parmi les adversaires de l'apostolat au premier siècle, que M. Arbellot n'a point connus (p. 7), il faut ajouter : 1° Baluze sous le pseudonyme de Maldamnat, *Remarques sur la Table chronol. de Collin* ; 2° les auteurs de l'*Hist. littéraire de la France*, I, 408 et ss.; et 3° Edmond de Blant, *Nouv. recueil des inscriptions chrét. de la Gaule* antér. au VIII° s., p. IV.

.·.

— Vita sti Martini Brivensis († IV° siècle; fête 7 août), publ. par les Bollandistes (1735, II, 412).

Acta translationis corporis sti Martini, 1453, dans Baluze, *Hist. Tutell.*, 753.

— Vita sti Menelai († vers 720; fête 22 juillet), publ. par Labbe (*Bibl. nova*, II, 591); les Bollandistes (1727, V, 308) et Mabillon (*AA. SS.*, sœc III, p. 406).

Cf. l'*Hist. littér.*, VI, 543.

— Vita sti Pardulfi, abbatis Waracti (saint Pardoux de Guéret, † 737; fête 6 oct.), composée par un contemporain, publ. fragmentairement par Hugues Ménard (dans ses *Observations sur le Martyrologe bénédictin*, 1629), puis intégralement par Labbe (*Bibl. nova*, II, 599), Mabillon (*AA. SS.*, sœc. III, *pars* I, 573), les Bollandistes (III, 433) et fragmentairement par dom Bouquet (III, 654), publiée de nouveau en 1853 par Coudert de la Villatte.

Ms. du X° siècle, auj. ms. latin 5240 de la Bibl. nat. Cf. *ibid.*, n° 3353 un autre ms. du XII° s. qui est un abrégé du précédent.

Autre vie du même, composée sur la précédente, par Ives, prieur de Cluny, vers 1101, abrégée par Bernard Gui dans ses *Vitæ sanctorum......*, publ. par Couderc de la Villatte à Guéret en 1853, d'après un ms. du XIII° siècle, auj. lat. n° 5363 de la Bibl. nat. (Cf. la *Chronique* de Geoffroi de Vigeois, ch. XXXII).

La première vie de saint Pardoux a été traduite par Couturier de la Prugne, 1710 et 1721, réédition en 1853; la seconde par Coudert de la Villatte, 1853. Cf. l'*Hist. litt.* (1738, IV, 75) et surtout la préface de Coudert de la Villatte à la *Vie de saint Pardoux*.

— Vita sti Psalmodii (saint Psalmet, † vii⁰ s.; fête 13 juin), publ. par les Bollandistes (II, 607).

Cf. Collin, p. 185, « tirée d'une vieille légende latine qui m'a esté envoyée par M. de la Pomélie, prevost d'Emoutiers, et des plus anciens bréviaires du diocèse ».

— Vita sti Ruricii I, episcopi Lemovicensis († vers 507; fête 17 oct.), tirée de la *Chronique* d'Etienne Maleu (xiv⁰ s.) et publ. par les Bollandistes (VIII, 73).

Cf. Collin, p. 500, Basnage (*Thes. monum.*, 1725, I, 370), l'*Hist. littér.* (1735, III, 49), Fabricius (*Bibl. medii ævi*, 1746, VI, 380), Dupin (*Bibl.*, III b., 600); Bruno Krusch, *De Roricio Lemor. episcopo*, en tête de l'édition des *Epistolæ*, citées plus loin.

— Vita sti Ruricii II, episcopi Lemovicensis († 553; fête 17 oct.), composée par Jean Catois *al.* Courtois, chanoine de Saint-Junien en 1471 *al.* 1461.

Cf. les Bollandistes, VIII, 75.

— Vita sti Sacerdotis, episcopi Lemovicensis (saint Sadroc, † vers 530, *al.* 720; fête 5 mai), composée par Hugues de Sainte-Marie, moine de Fleury (vers 1109) et publ. par les Bollandistes (II, 14), fragmentairement par dom Bouquet (III, 382) et en dernier lieu par M. C. Couderc dans la *Bibl. de l'Ecole des Chartes*, 1893, p. 471.

Autre vie du même, composée par Bernard Gui (xiv⁰ s.), publ. par Baluze (Tulle, 1655) et par Labbe (*Bibl. nova*, II, 661). Copie au t. 92 des armoires de Baluze.

Cf. Collin, p. 132; Baluze, *Disquisitio*, en tête de l'édition citée. Fauriel (*Hist. poésie prov.*, I, 253) parle d'une vie de saint Sacerdos écrite dans la langue du saint au ix⁰ s., mais auj. perdue. Il y en a eu une autre en dialecte périgourdin, qui existait encore au xvii⁰ s. (*Ibid.*, 216. Cf. M. C. Chabaneau, dans la *Revue des langues romanes*, XXI, 215).

— Vita sti Stephani Grandimontensis *seu* Muretensis († 1124; fête 8 fév.), composée par Gérald Itier (xii⁰ s.) et publ. par Labbe (*Bibl. nova*, II, 674), les Bollandistes (II, 203), Martène (*Ampl. coll.*, VI, 1042) et Migne (*Patrol.*, CCIV, col. 1036).

Autre vie du même, composée par Hugues de Lacerta sous ce titre : *Liber conversationis*, et publiée par Martène (*Ampl. coll.*, VI, 1118 et ss.) qui l'attribue à tort à Etienne de Liciac (¹).

(1) L'erreur n'était pas nouvelle. Dans les *Lemovici illustres* du chanoine

Autre vie du même, composée par Guill. Dandina de Saint-Savin, dit Frère Eudes ; inédite dans le ms. connu sous le nom de *Speculum Grandimontense*.

Autre vie du même, composée par Arnaud de Goth, inédite dans le ms. connu sous le nom de *Speculum Grandimontense*.

Voy. le ms. lat. 10891 de la Bibliothèque nationale, xiiie siècle, et le *Speculum Grandimont.* du Grand séminaire de Limoges, n° 68 du catalogue Guibert.

Cf. Oudin (*De script. Eccl.*, 1722, (II, 881), Fabricius (*Bibl. medii aevi*, 1746, VI, 583), l'*Hist. littér.* (1756, X, 410), Hauréau (*Sur qq. écrivains de l'ordre de Grandmont* dans *Not. et extr. des mss.* XXIV, 2e partie, 260 et ss.), Louis Guibert (*Destr. de l'ordre de Grandmont.* Limoges, 1877, p. 111 et 993).

Sti Stephani translatio et relevatio, dans Labbe, *Bibl. nova*, II, 681 et 682.

De relevatione beati Stephani, par Gerald Itier, publ. par Martène (*Ampl. coll.*, VI, 1087 et ss.) Se retrouve dans le *Speculum Grandimontense*.

— Vita sti Stephani Obazinæ († 1159 ; fête 8 mars), publ. par les Bollandistes (I, 800), Baluze (*Miscell.*, 1re édit, 1683, IV, 69 ([1]) ; édit. italienne, 1761, I, 149) et fragmentairement par Dom Bouquet (XIV, 331).

Cf. Bernard Gui, *Tractatus de Stephano Obasine fundatore*, dans Labbe, *Bibl. nova*, I, 637) et Collin, p. 74 : « ... tirée des escrits d'Anonime (*sic*), son disciple et contemporain, qui vivoit environ l'an 1174 sous Alexandre, abbé de Cisteaux ». Une traduction franç. anonyme du texte publié par Baluze a paru à Tulle en 1881.

Voy. l'*Hist. littér.*, XIV, introd. 97.

— Vita sti Theobaldi († 1070 ; fête 17 sept.), publ. par Labbe (*Bibl. nova*, II, 683).

Cf. Collin, p. 388 : « ... tirée des leçons de l'office qu'on en fait dans l'église du Dorat et de plusieurs autres anciens documents ».

— Vita sti Tillonis (saint Tillon ou Théau, † vers 703 ; fête 7 janv.), publ. par les Bollandistes (I, p. 376), Mabillon (*AA. SS. sæc.*, II, p. 904), Ghesquière (*AA. SS. Belgii*, 1789, V. 303.)

Collin (1660) on lit ceci : *Stephanus de Lissac apud inferiores Lemovicos natus in ejusdem nominis pago, scripsit res gestas S. Stephani Grandimontensis et sui ordinis institutiones monasticas, quas ex illius ore exceperat circa annum 1165.*

([1]) Il y en eut, en cette même année 1683, un tirage à part de 140 pp. in-8°. Paris, chez Muguet.

Cf. Collin, p. 1 : « ... tirée des manuscrits et anciens bréviaires de la mesme abbaye de Solignac ».

Voy. la *Chronique* de Solignac mentionnée ci-dessous; Strunck (*Westphalia sancta*, 1715, I, 319); l'*Hist. littér.* (1712, VI, 91); Hardy, *Descriptive Catalog* (1862, I, 304); Ram, *Hagiogr. belge* (1864, I, 68); Nève, *Biogr. de Belgique* (1886, IX, 380).

— Vita sti Valerici (saint Vaulry, † vers 575; fête 10 janv.), publ. par Surius (2ᵉ édit., II, 477), les Bollandistes (I, 617) et Ghesquière (*Acta SS. Belgii*, 1784, II, 213).

— Vita ste Valerie, virginis et martyris († fin du IIIᵉ siècle; fête 10 déc.), publ. fragmentairement par M. l'abbé Arbellot, dans *Congrès scientif. de Fr.* en 1859, II, 107, et par les Bollandistes, *Analecta*, VIII, 278.

Voy. le *Cat. cod. hagiograph. Paris.*, I, 196 et II, 402, d'après le ms. lat. 2768 A, de la Bibl. nationale (Xᵉ s.); copie au t. 92 des *Armoires* de Baluze.

Cf. *La vito de Mad. sainto Valerio*, en vers, 1641, dans *Bull. de Limoges*, 1847, II, 46 ; Collin, p. 677 : « ... tirée d'un vieux manuscrit de l'abbaye de Saint-Martial. »

Miracula ste Valeriæ martyris, dans *Analecta bollandiana*, t. VIII, fasc. III, 1889, d'après le ms. lat. 2768 A, de la Bibliothèque nationale.

— Vitæ sti Vedasti (saint Vaast, † 540, fête 6 fév.)

Vita antiquior seu brevior, composée avant 667, publ. par les Bollandistes (I, 794) et Ghesquière (*AA. SS. B.*, II, 138), etc., d'après un ms. du XIVᵉ s.; par M. Dehaisnes (1871), d'après un ms. du XIᵉ s., conservé à la Bibl. de Douai, n° 753.

Autre vie, composée par Alcuin. Inédite.

Traduction franç. de la vie et des miracles dans un ms. du XIIIᵉ s. à la Bibl. d'Arras, 307 (anc. 851).

Voy. Van Drival, *le lieu de naissance de saint Vaast*, dans *Mém. Acad. d'Arras*, 1872, V, 231. Cf. *Bull. de Limoges*, XXXIII, 346.

— Vita sti Victurniani († VIᵉ ou VIIᵉ s.; fête 30 sept.), publ. par Labbe (*Bibl. nova*, II, 695).

Cf. Collin, p. 423 : « ... tirée des anciens bréviaires du diocèse de Limoges », et les Bollandistes, VIII, 689.

— Vita sti Vincentiani (saint Viance, † VIIᵉ siècle; fête 2 janv.), composée par le diacre Herimbert, son contemporain ; inédite, mais elle a été traduite en français par l'abbé Jauffre, (Brive, 1669; réimpr. à Saint-Flour, 1859). Mabillon en a donné quelques extraits dans ses notes sur la vie de saint Menelée, et Marvaud l'a analysée dans son *Hist. du Bas-Limousin*, I, 62-66.

7. — VIES DE PERSONNAGES NOTABLES [1]

— Vies des troubadours, publ. en dernier lieu par M. C. Chabaneau dans l'*Histoire générale du Languedoc*, nouv. édit., t. X, 1885 :
Elie de Ventadour (p. 215), Grégoire Béchade (p. 216), Bernard de Ventadour (p. 218), Giraut de Borneil (p. 222), Bertrand de Born, I et II (p. 224 et 240), Jaucelm Faidit (p. 243), Gui d'Ussel (p. 247), Marie de Ventadour (p. 248), Ugo de la Bachellerie (p. 251).

— Légende de saint Antoine de Padoue, custode des franciscains du Limousin (xiiie s.), rédigée par frère Jean Rigaud, franciscain limousin, évêque de Tréguier († 1323). Publ. pour la première fois par M. l'abbé Arbellot (*Notice sur saint Antoine de Padoue en Limousin*, 2e édit., 1895, d'après le ms. lat. 5407 de la Bibl. nationale). Cf. le *Sanctoral* de Bernard Gui et les Bollandistes, t. II, de juin, p. 730.

— Chronica brevis de vita et moribus ac scriptis et operibus fratris Bernardi Guidonis († 1331) dans Labbe, *Bibl. nova*, II, 511 et 820. Cf. *Notices et extraits des mss.*, II, 18; *Bibl. de l'Ec. des Chartes*, XXXVII, 514, et XXXVIII, 381.

⁂

— *Vita Rogerii*, episcopi Aurelianensis, dein Lemovicensis ac demum archiepiscopi Bituricensis (Roger Lefort, fondateur du prieuré des Ternes, † 1367), composée par un moine de Bourges et publ. par Labbe (*Bibl. nova*, II, 124), les Bollandistes (VI, 119) et M. Roy-Pierrefitte, dans sa *Notice sur le prieuré des Ternes* (1863).
Voy. Baluze (*Vitæ paparum Avenion.*, 1693, I, 630) et Fabricius (*Bibl. medii ævi*, 1746, VI, 331). Cf. l'obit et l'épitaphe de ce per-

---

[1] Nous excluons de ce catalogue les Limousins dont la vie s'est passée hors de leur province. Par contre nous y faisons entrer les personnages non Limousins qui ont agi et vécu dans notre province.

sonnage dans l'obituaire du prieuré des Ternes (*Arch. hist. du Limousin*, III, p. 36.

— *Vita Petri Castellani, Tutellensis episcopi* (1530-44), composée par Pierre Galland et publ. par Baluze en 1674, avec diverses pièces et annotations importantes pour l'histoire du Limousin.

— *Vie* de Suzanne de la Pomélie, dame de Neuvillars († 1616), par le P. Dusault, jésuite, publ. en 1649, rééditée en 1889 par M. de Brémond d'Ars.

— *Vie* de Bardon de Brun († 1625; fête 9 janv.), par le P. Petiot, jésuite, publ. en 1653 et de nouveau en 1668. Cf. Talois, *Oraison funèbre* de B. de B., xviie s.

— *Vie* de la mère Isabelle des Anges († 1644), par Françoise de Traslage dite sœur Sainte-Thérèse, publ. à Paris en 1658 et de nouveau à Limoges en 1876 (¹). « Le livre n'a malheureusement pas été publié tel qu'il sortit des mains de la mère Françoise dite Sainte-Thérèse; les éditeurs [de 1658] y ont ajouté et retranché, au gré de je ne sais quelles obscures passions. A un tort déjà si grave, ils ont joint celui de substituer leur rhétorique aux naïfs récits de l'humble carmélite. Sous prétexte de rectifier l'ouvrage, ils l'ont défiguré. » (P. Laforest, *Limoges au* xviie *siècle*, p. 369).

— *Vie* de Gabrielle Ruben, religieuse ursuline à Limoges, († 1657). Ms. inédit aux mains de M. l'abbé Monique, à Eymoutiers. Cf. *Bull. de Limoges*, XXXIX, 716.

— *Vie* de Marcelle Chambon dite Madame Germain († 1664), fondatrice des sœurs de la Providence, par le P. Bernardin de Tous les Saints, carme de Limoges. Ms. inédit dont la seconde partie subsiste seule aujourd'hui aux mains des Filles de la Providence à Limoges.

Autre *Vie* de la même [par le P. Fr. Roby, jésuite], publ. à Limoges [en 1770].

— *Vie* de Marie de Petiot († 1667). Ms. inédit aux mains des sœurs de Saint-Alexis, à Limoges. (Cf. Laforest, ouv. cité, ch. VII.)

— *Vie* de Martial de Malden de Savignac († 1666), composée par

---

(1) S. Francisca a S. Teresia Tralagia, virgo carmelitana, moderatrix monasterii virginum carmelit., soror Joan.-Nicolai Tralagii, prætoris Lemovic. Scripsit oratione gallica nitidissima præclarum opus de Vita ven. Elisabethæ de Angelis, spiritualis vitæ præceptionibus sanctissimis illustre (Collin, *Lemov. illustres*, p. 47).

le P. Péneré, jésuite. Ms. inédit, dont une copie aux mains des sœurs de Saint-Alexis à Limoges. (Cf. Laforest, ouv. cité, ch. VIII.)

— *Vie* de Anne-Marie de Malden de Meilhac dite la Mère du Calvaire († 1673), écrite par elle-même. Ms. inédit (série I, n° 1077 des Archives départ. de la Haute-Vienne), cité par M. P. Laforest, *ibid.*, p. 523, et par M. C. Rivain, en 1877, dans le *Relevé sommaire du contenu des liasses* des dites archives. A disparu depuis plusieurs années.

Autre *Vie* de la même sous le titre de *Mémoires sur la Mère du Calvaire*, par Pierre Mercier. Ms. inédit aux mains des Filles de Sainte-Claire à Limoges. (Cf. Laforest, ouvr. cité, 500 et 534.)

Autre *Vie* de la même par le P. Péneré, jésuite. Ms. inédit aux mains des sœurs de Saint-Alexis à Limoges. (Cf. Laforest, ouv. cité, 520, et d'une façon générale le ch. IX.)

— *Vie* de Fr. de Lafayette, évêque de Limoges († 1676), par le P. Milsonneau, jésuite. Ms. inédit. (Cf. Sommervogel, *Anonymes et pseudonymes*, au nom). M. Laforest (ouv. cité, p. 208) parle d'une *Vie* inédite de Mgr Lafayette, qu'il semble attribuer à l'abbé Legros.

— *Vie* de Gabriel Ruben, théologal d'Eymoutiers, supérieur de l'Oratoire de Limoges, († 1693).
Ms. inédit en la possession de M. l'abbé Monique, à Eymoutiers (Voy. *Bull. de Limoges*, XXXIX, 715). M. l'abbé Arbellot n'a pu connaître ce ms. en composant sa *Notice sur Gabriel Ruben*, 1881.

— *Vie* de Françoise-Gabrielle de Douet, religieuse à la Visitation de Limoges, xvii° s.
Ms. n° 1228 de la Bibliothèque de Marseille.

∴

— Joannis Cordesii, ecclesiæ Lemovicensis canonici, Elogium, autore Gabriel Naudeo, 1643 (En tête du *Catalogue de la bibliothèque de Decordes*).

— Discours funèbre sur la vie et la mort du R. P. Lejeune, prêtre de l'Oratoire († 1672), par G. Ruben, prieur de Villeneuve. Limoges, 1674. (C'est une véritable biographie de 216 pages, in-8°).

— Louis III de Rechignevoisin de Guron, évêque de Tulle († 1693). Courte *Autobiographie* rédigée pour Baluze qui l'a utilisée dans son *Hist. Tutellensis*. Publiée intégralement par M. Tamizey de Larroque dans *Bull. de Tulle*, 1885, p. 285 et ss.

— Jules Mascaron, évêque de Tulle († 1703). Courte Autobiographie rédigée pour Baluze qui l'a utilisée dans son *Hist. Tutellensis*. Publiée intégralement par M. Tamizey de Larroque dans ses *Notes pour servir à la biographie de Mascaron* (Agen, 1803).

— Charles du Plessis d'Argentré, évêque de Tulle, † 1740. Son Éloge par l'abbé du Masbaret, dans les *Mémoires de Trévoux*, février 1743, p. 223 et ss.

— Discours sur la vie et la mort, le caractère et les mœurs de M. d'Aguesseau, conseiller d'Etat [ancien intendant de la Généralité de Limoges, 1666-69], par Henri-François Daguesseau, son fils. Paris, 1720.

— Autobiographie d'Etienne Baluze († 1718), publ. par M. de Chiniac en tête de l'*Hist. des capitulaires*, 1770.

— Mémoires sur la vie et les ouvrages de Turgot, par Dupont de Nemours (Paris, 1782) — et Biographie de Turgot, par Condorcet (Londres, 1786).

— Vies de Mme Desmarais du Chambon († 1700) et de Mlle Desmarais, sa fille, écrites par l'abbé Labiche de Reignefort, leur contemporain, et publ. à Limoges en 1820.

— Eloge de M. de Martignac, par Poumeau de la Pouyade (discours de rentrée de la Cour d'appel de Limoges, 1821).

— Autobiographie d'Elie-Joseph Lefebvre, secrétaire général de la Haute-Vienne, 1752-1847. Publ. par A. Leroux dans le *Bull. de Limoges*, XLI, p. 313 et ss.

8. — ANNALES, CHRONIQUES, HISTOIRES

D'ORIGINE LIMOUSINE

A consulter : *Potthast, Bibliotheca medii œvi*, déjà citée ; U. Chevalier, *Répertoire des sources*, déjà cité ; Bénédictins de Saint-Maur, *Hist. littéraire de la France*, déjà citée. — La *Bibliothèque historique* du P. Lelong n'offre plus guère de secours pour le Limousin.

A. — Fragments d'Annales primitives

Anonymes : *Annales Lemovicenses seu Chronicon Lemovicense breve ab anno 538 ad annum 1037*, dans Labbe (*Bibl. nova*, I, 332), — *ab anno 687 ad annum 1060*, dans Martène (*Thesaurus*, III, 1400 à 1402), et dom Bouquet (*Hist. de Fr.*, III, 316, IX, 82, X, 177), — *ab anno 818 ad annum 1060*, dans Pertz (*Monum. Germaniæ*, II, 250). — Potthast considère, à tort, ces *Annales* comme tirées des *Annales de Sainte-Colombe*, de Sens.

B. — Annales et Chroniques de divers monastères et églises de Limoges au Moyen-Age [1]

— Anonymes : *Chronicon Aquitanicum ab anno 834 ad annum 1025*, dans Labbe (*Bibl. nova*, I, 291) [2], — *ab anno 830 ad annum 1028*, dans Chifflet (*Hist. de l'abbaye de Tournus*, anno 1664) [3], Martène (*Thesaurus*, III, 1448) [4], dom Bouquet (*Hist. de Fr.*, VII, 223) [5] et Pertz (*Monum. Germaniæ*, II, 252) [6].

[1] A noter que les *Annales* et *Chroniques* publiées dans le *Recueil des Historiens de France* par dom Bouquet n'y figurent que par extraits. Les éditeurs ont laissé de côté toutes les mentions d'un caractère exclusivement local.

[2 et 3] Sous le titre de *Chronicon aquitanicum quod ab aliis dicitur Fragmentum chronicæ Lemovicensis*.

[4, 5 et 6] Sous le titre de *Breve chronicon Normannicum seu Britannicum*.

— Adémar de Chabannes, moine de Saint-Martial, de Limoges, et de Saint-Cybard, d'Angoulême († vers 1034).

Chronicon Aquitanicum et Francicum seu Historia Francorum, depuis Clovis jusqu'à l'année 1028. L'auteur transcrit d'abord les *Gesta regum Francorum*, la continuation de Frédégaire et les *Annales royales*. Il compile ensuite et complète les fragments d'annales primitives cités ci-dessus.

Publ. sous forme d'extraits par Pithou (*Scriptores, coæt.*, p. 416 ; *Scriptores veteres*, XI, 74, et XII, ... (1). Duchesne (*Scriptores*, II, 632, et IV, 80 ; *Hist. Normannorum*, p. 19), Besly (*Hist. des comtes du Poitou*, 1647), Labbe (*Bibl. nova*, II, 151-175), Mabillon (*Annales sanct.*, sœc. V, 871), dom Bouquet (*Hist. de France*, II, 514, V, 184, VI, 223, VII, 225, VIII, 232, X, 144), Pertz (*Monum. Germaniæ*, IV, 123) et Migne (*Bibl. univ.*, CXLI).

Publ. séparément par dom Pierre de Saint-Romuald, feuillant, (Paris, 1652), sous ce titre : *Historiæ Francorum seu Chronici Ademari Engolismensis Epitome*.

Les recueils ci-dessus mentionnés, sauf ceux de Pertz et de Migne, ne donnent pas le texte véritable d'Adémar, mais un texte allongé par un interpolateur qui vivait vers 1150. (Voy. la préface de Waitz dans la collection Pertz.) Le texte véritable d'Adémar se trouve dans le ms. latin 5927 de la Bibliothèque nationale (xi° s.) Il n'y en a pas encore d'édition intégrale.

L'*Archiv* de Pertz mentionne (1839, VII, p. 137), puis décrit (1843, VIII, p. 574) un ms. de la chronique interpolée conservé à la bibliothèque universitaire de Leyde (fds Voss, n° 15), lequel ms. aurait appartenu à Adémar. Voyez aussi dans le *Neues Archiv* de Pertz (1882, VII, p. 630) un article de M. O. Holder-Egger, *Notizen von S. Eparch in Angoulême und S. Martial in Limoges*. Ce sont des extraits de chartes de donation inscrits dans les marges des f° 139-144 du dit ms. par une main du xi° siècle, et fort précieux pour l'histoire du Périgord et de l'Angoumois. Un seul de ces extraits concerne le Limousin : *Ipso anno [MXXVIII], xv Kal. decembris, nocte sabbathi inlucescentis, levatum est corpus beati Marcialis apostoli et portatum ad locum qui dicitur ad Montem Gaudii* (auj. Monjauvy) *et in sua ecclesia positum, et hæc est translatio ejus tercia. Tercio vero die, hoc est secunda sabbathi quod est xiii Kal. decembris, consecrata est ecclesia Salvatoris mundi ab episcopis xi. Altare Salvatoris consecraverunt simul omnes et celebrav[erunt] missam*. Cf. d'ailleurs pour ce

---

(1) Pithou, *Script. coæt.*, p. 6; Duchesne, *Script.*, II, 68, et Schilter, *Script.*, n° V, p. 45, donnent le deuxième des trois livres, sous ce titre : *Monachus Engolismensis de vita Karoli*.

même fait Geoffroi de Vigeois et Bernard Itier, cités plus loin.

Sur Adémar de Chabannes et les mss. de sa chronique, voy. Lacurne de Sainte-Palaye (*Mém. de l'Acad. des inscript.*, II, 280), Waitz (*Jahrbuecher fuer wissenschaft. Kritik*, 1837, II, 708), M. Arbellot (*Bulletin de Limoges*, XXII, 104; développement d'un art. de la *Biographie limousine*, par le même, 1857) et M. Duplès-Agier (*Chron. de Saint-Martial*, introduction).

— Adémar de Chabannes.

Commemoratio abbatum Lemovicensium basilicæ sancti Martialis apostoli, de 848 à 1029; continuée de 1029 à 1074 par Hélie de Ruffec, et de 1074 au milieu du xv° siècle par divers auteurs anonymes, de moins en moins discrets.

Publ. par Labbe (*Bibl. nova*, II, 271) et Duplès-Agier (*Chroniques de Saint-Martial de Limoges*, p. 1 à 13 pour le texte d'Adémar; p. 13 à 27 pour les diverses continuations).

— Pierre du Barri, abbé de Saint-Martial († 1174).

Au témoignage de Geoffroi de Vigeois (ch. LXIX), il avait composé un recueil des événements remarquables survenus de son temps. Ce recueil ne nous est pas parvenu.

— Bernard Itier († 1225).

Chronicon Lemovicense, qui s'ouvre par une compilation d'Adémar de Chabannes et de Geoffroi de Vigeois. Publ. par les continuateurs de dom Bouquet (*Hist. de Fr.*, XII, 452, XVIII, 223 et ss., 798 et ss.) (¹) et par M. Duplès-Agier (*Chroniques de Saint-Martial*, p. 28.)

Mss. lat. 5064 et 7927 de la Bibl. nationale; Reg. 857 de la Vaticane décrit par M. A. de l'Epinois (1874), dans Duplès-Agier (*Chron. de Saint-Martial*, p. LXXI) et par l'*Archiv* de Pertz (1874, XII, 310). Ce dernier ms. contient le texte de la loi salique et de la loi des Alamans. — Copie du xvii° s. dans dom Estiennot (*Fragments de l'hist. d'Aquitaine*, I.)

— Etienne de Salviniec († ?).

Chronicon Bernardi continuatum usque ad annum 1264, publ. comme dessus (XXI, 756) et par M. Duplès-Agier (p. 120).

— Hélie de Breuil († ?).

Chronicon Bernardi continuatum usque ad annum 1297, publ. comme dessus (XXI, 756) et par M. Duplès-Agier (p. 123).

---

(1) Le fragment intitulé *De dissidio circa electione abbatis S. Martialis*, 1215, avait été publié déjà par Baluze, *Miscell.*, VI, 522.

— Anonymes de Saint-Martial, publiés d'après le ms. lat. 11019 de la Bibliothèque nationale pour la Société de l'histoire de France par M. Duplès-Agier (*Chroniques de Saint-Martial de Limoges*, 1874) (1) :

A. Chronique allant de 1235 à 1284 (Duplès-Agier, p. 154 et ss.). L'éditeur l'attribue au moine Hélie Autenc, † 1284. Il prétend (p. LVIII) qu'elle s'arrête à l'année 1284, mais il n'a publié que jusqu'à l'année 1277.

B. Chronique allant de 1274 à 1284 et 1315 (Duplès-Agier, p. 172 et ss. Cf. *Hist. de France*, XXI, 802, et *Hist. littér. de la France*, XXI, 749, pour le passage relatif à la venue de Philippe IV à Limoges en 1285). — Commencée par Hélie Autenc, elle a été continuée à partir de 1285 par plusieurs auteurs anonymes. Elle est précédée, dans le ms. orig., de la chronique de Gérard de Frachet qui s'arrête à 1268 (D.-A., p. LVIII).

C. Chronique allant de 1235 (et non 1251) à 1299. (Duplès-Agier, p. 184 et ss. Cf. *Hist. de France*, XXI, 807.)

D. Chronique allant de 1207 à 1310 et 1320 (Duplès-Agier, p. 130 et ss. Cf. *Hist de France*, XXI, 807 et ss.). M. D.-A. conjecture que l'auteur pourrait bien être Simon de Châteauneuf, moine et chantre de Saint-Martial, originaire de Saint-Junien, † 1320, qui aurait écrit en 1310. Les mentions relatives aux années suivantes jusqu'à 1320 seraient l'œuvre de plusieurs moines de Saint-Martial.

— Anonymes de Saint-Martial, publiés d'après divers manuscrits de la Bibliothèque nationale :

A. Chronique allant de 804 à 1370.

Elle paraît avoir été composée vers cette dernière date. Quoique écrite très vraisemblablement en latin, elle ne nous est connue que par une traduction en dialecte limousin du xvi° siècle, conservée par une copie de Gaignières (ms. 17118).

Publ. par M. Duplès-Agier, *Chroniques de Saint-Martial*, 1874, p. 149 et ss.

B. Mentions annalistiques, « écrites par des moines contemporains des événements et à une époque très rapprochée de celle où ils se sont accomplis. »

Ces mentions se rapportent aux années :

.... 848 ....

---

(1) Sur cette publication voy. M. R. de Lasteyrie dans la *Biblioth. de l'Éc. des Chartes*, XXXV, 296.

Cf. les rectifications proposées par M. J.-B. Champeval dans le *Bulletin de Limoges*, XLII, p. 367 et ss.

....
.... [1080], ... 1095,
1101, 1105.................. 1178, 1180 [1183], 1102, 1104,
1200, 1202, 1203, 1217, 1219, 1225, 1228, 1230, 1241, ...
.... 1263, 1264, 1272, 1278, 1280, 1290, 1204.......
1300, 1301, 1302, ... 1303, 1364, 1376, ...
1404, ... 1439, 1442, ...
.... 1520 (¹), ...
.... 1658 ....

Publ. par le même, *ibid*, p. 180-216. Cf. p. LIX.

C. Mentions annalistiques, tirées des marges de manuscrits provenant de Saint-Martial et conservés auj. à la Bibliothèque nationale.

Rassemblées par M. Duplès-Agier et publiées par les soins de J.-B. Champeval dans le *Bulletin de Limoges*, XLII, p. 304-358.

— Mentions et fragments annalistiques, tirés de divers manuscrits de Saint-Martial conservés aux Archives départementales de la Haute-Vienne :

A. Relation des passages de Charles VII et du dauphin Louis à Limoges en 1439, des mêmes et de la reine France en 1442, publié d'après le registre de la pitancerie (H. 468), par A. Leroux dans la *Bibl. de l'Ec. des Chartes*, 1883, p. 303. — Cette relation avait été publiée déjà quatre fois par divers éditeurs, et même une cinquième par Duplès-Agier d'après une copie très fautive de dom Estiennot. Il y en a une traduction française par l'abbé Legros dans la *Gazette de Limoges* de 1776, p. 38, 47, 51, 55, 59 et 62.

B. Mention de l'année 1440, relatif à un hommage rendu par le vicomte de Turenne à l'abbé de Saint-Martial (et non de Saint-Martin), publiée d'après le registre de la pitancerie (H. 468) par M. L. Guibert dans le *Bulletin* de Brive, VI, 331 (²).

C. Mentions des années 1494, 1519 (³), 1552 et 1684, tirées d'un registre de la trésorerie de Saint-Martial (H. 5492) et publiées par A. Leroux dans *Chartes, chroniques et mémoriaux pour servir à l'hist. de la Marche et du Limousin*, p. 238-239.

— Pierre Coral, prieur de Saint-Martin-lez-Limoges dès 1247, puis de Tulle à partir de 1276, mort en 1285 (⁴).

(1) En français. Le reste est en latin.
(2) L'acte d'hommage publié *ibidem*, 330, est rendu à l'abbé de Saint-Martial et non à l'évêque de Limoges.
(3) En latin. Le reste est en français.
(4) Quelques extraits des chroniques qui suivent ont été publiés récemment dans le t. XXVI des *Monumenta Germaniæ*. Comme ils ne concernent que l'histoire générale, nous n'avons pas à les mentionner ici.

Chronicon S. Martini Lemovicensis sive majus chronicon Lemovicense, depuis 608 jusqu'à 1276, avec quelques additions jusqu'à 1342, publ. fragmentairement par Baluze (*Miscellanea*, édit. Mansi, I, 231), puis par les continuateurs de dom Bouquet (XII, 454, XVIII, 238, et XXI. 761). Extraits dans Justel (*Hist. généalogique de la maison de Turenne*, preuves, 31 et 34), et Labbe (*Abrégé royal de l'alliance chronologique*, II, 661), sous ce titre fautif : « *Extraicts de la chronique ms. de Sainct-Martial de Limoges* ».

Mss. latins 218, 3ᵉ suppl. (XIIIᵉ s.), et 5452 (XVᵉ s.) à la Bibliothèque nationale.

— Anonyme. *Majoris chronici Lemov. primum supplementum sive breve chronicon summorum pontificum*, de 1240 à 1294. (XXI, 788 et ss.) Ne concerne en rien le Limousin.

— Anonyme. *Majoris chronici Lemov. secundum supplementum sive breve chronicon episcoporum Lemovicensium*, de 1235 à 1294. (XXI, 790 et ss.)

— Anonyme. *Majoris chronici Lemov. tertium supplementum sive breve chronicon abbatum S. Martialis*, de 1226 à 1339. (XXI, 791 et ss.)

— Pierre Coral. *Majoris chronici Lemov. quartum supplementum sive chronicon abbatiæ S. Martini*, de l'origine du monastère à 1276, avec une addition de 1296, postérieure à la mort de Pierre Coral, XXI, 793 et ss. (Cf. *ibid.* 798 A, le passage relatif à Aymeric de la Serre, que M. Arbellot a publié de nouveau dans son livre sur la *Cathédrale de Limoges* (1883, p. 25, note.)

— Anonyme. *Majoris chronici Lemov. quintum supplementum de pretiis annonæ*, de 1167 à 1274. (XXI, 800 et ss.)

— Gérard de Frachet, religieux au monastère des Jacobins de Limoges, † 1271 ([1]).

Chronicon usque ad annum 1270, publ. par les continuateurs de dom Bouquet (XXI, p. 3 à 6). *Nihil fere aliud est nisi collectitium indigestumque opus, ubi perturbatione temporum sermonisque rusticitate rerum gestarum narratio plerumque laborat* (Guigniaut).

([1]) Cf. la *Biographie limousine*, au nom. — Nous n'avons pas à mentionner ici ses *Vitæ fratrum ordinis Predicatorum*. Nous rappellerons seulement qu'il en existe au British Museum (sous le n° 32579) un ms. du xvᵉ s. récemment signalé, et que cette œuvre a été en 1867 l'objet d'une étude (qui a échappé à Potthast et à l'abbé U. Chevalier) dans la *Quellensammlung der badischen Landesgeschichte*, de Mone, t. IV.

Les *Annales de la Haute-Vienne* (1812, p. 411) contiennent la notice suivante par l'abbé de Vitrac : « Jean de Nigella ou de Nesle (xiii° s.), médecin du roi Charles [I°' de Sicile] et chapelain du pape, a composé une chronique limousine restée en manuscrit. Ducange (*Gloss. lat.*) en parle au mot *Pœnitentes*, et Robert (*Gallia christ.*, p. 26, 338 et 446). On croit que c'est une copie de la copie (*sic, corr.* chronique) de Gérald Frachet, ainsi que l'on peut s'en convaincre par la lecture du ms. n° 6107, bibliothèque Colbert. Voy. Echard, *Script. ord. Predic.*, t. I, p. 200 ». — La conjecture de Vitrac résulte en effet clairement du passage de Quétif-Echard auquel il renvoie. Nous ferons en outre remarquer que l'*Hist. littéraire de la France*, qui nomme Jean de Nesle comme médecin du roi Charles (XXIV, 471), ne lui attribue aucun écrit.

Labbe a publié (*Bibl. nova*, II, 734-732, *sic*) un *Opusculum de Aquitania*, de César à 1271, où il est quelquefois question du Limousin. Bonaventure de Saint-Amable considérait cet *Opusculum* comme un abrégé de la chronique de Gérard de Frachet.

— Anonyme du monastère des Jacobins.
Chronicon Gerardi de Fracheto usque ad annum 1328 continuatum, publ. par les continuateurs de dom Bouquet (XXI, 6 à 70, et XXIII, 178) (¹).

— Bernard Gui (ou Guyon), du monastère des Jacobins, † 1331 :
A. *Historia fundationis conventuum ordinis Prædicatorum*, publ. par dom Martène (1729, *Ampl. collectio*, VI, p. 463 et ss. : Limoges; p. 490 et ss. : Brive ; p. 518 et ss. : Saint-Junien). — Baluze avait déjà publié (*Vitæ paparum Avenion.*, I, 654) le passage de cette *Historia* qui mentionne la venue de Clément V à Limoges en 1306.

B. *Notitia provinciarum et domorum ordinis predicatorum*, publ. par extraits dans les *Hist. de France*, XXIII, 183.

C. *Fundatio et priores conventus FF. PP. Lemovicensis*, de 1219 à 1335, publ. par M. l'abbé Douais dans le *Bulletin* de Limoges, XL, 261-282.

D. *Catalogus episcoporum Lemovicensium*, du premier siècle jusqu'à l'année 1293. Rédigé vers 1320, publié par Labbe (*Bibl. nova*, II, 265), et par les continuateurs de Dom Bouquet (XXI, 754).

E. *De fundatione et progressu monasterii S. Augustini Lemovicis*, publ. par Labbe (*Alt. chron.*, I, 612 et *Bibl. nova*, II, 277).

Le *Libellus de ordine predicatorum*, commencé par Etienne de

---

(1) M. S. Bougenot a appelé récemment (dans le *Bull du Comité des travaux histor.*, 1892, p. 9) l'attention sur un ms. de cette chronique qui existe à la Bibliothèque impériale de Vienne sous le n° 631.

Salagnac, du diocèse de Limoges, et développé par Bernard Gui (dans dom Martène, *Ampl. collectio*, VI, 308, et les continuateurs de dom Bouquet, XXI, 735), concerne quelquefois le Limousin.

Le *Chronicon regum Francorum* de Bernard Gui contient incidemment quatre ou cinq mentions relatives au Limousin (*Hist. de Fr.*, XXI, 690).

Pour les manuscrits de Bernard Gui dispersés à Rome, Paris, Montpellier, Toulouse, Munich, Bordeaux, Agen, Le Mans, voy. Baluze, t. 93 de ses *Armoires*; — L. Delisle, *Notices et extraits des manuscrits* (1879, t. XXVII, 2ᵉ partie, p. 169-452) ; — Potthast, *Bibliotheca medii ævi*, au nom ; — Ant. Thomas dans les *Mélanges d'archéologie et d'histoire* publiés par l'Ecole française de Rome (1881) ; — Aug. Molinier, *Catalogue de la bibliothèque publique de Toulouse* (1885).

— Anonymes du chapitre cathédral de Saint-Etienne de Limoges (IXᵉ-XVIᵉ ss.) :

A. *Chronicon S. Stephani Lemovicensis* de 830 à 1271, publ. par Labbe dans *Abrégé royal de l'alliance chronologique* (tome II avec ce nouv. titre : *Eloges historiques et Mélanges curieux*, pp. 478, 621, 626, 660, 661). Cf. le *Bulletin* de Limoges, XXXII, 140, pour les parties qui concernent le Limousin. — C'est une compilation sans originalité, dérivée surtout du *Chronicon aquitanicum*, de la *Chronique* de Pierre Coral et de celle de Geoffroi de Vigeois.

B. *Catalogus episcoporum Lemovicensium continuatus*, de 1348 à 1519. C'est une continuation de celui de Bernard Gui, entreprise au commencement du XVᵉ siècle, publ. pour la première fois par A. Leroux, *Nouv. documents historiques sur la Marche et le Limousin*, 1887, p. 267 à 273.

— Chronique de la confrérie du Saint-Sacrement de Limoges, XIVᵉ et XVᵉ siècles.

Mentionnée au XVIᵉ siècle, auj. perdue. Voy. plus loin.

C. — Annales et Chroniques
de divers monastères et églises du Limousin
au Moyen-Age

— Bernard Gui (Cf. ci-dessus p. 60).

1° *De fundatione ordinis Grandimontensis in diocesi Lemovicensi*, publ. par Labbe (*All. chron.*, I, 608 et *Bibl. nova*, II, 275).

(1) Pour la continuation de ce catalogue, voyez ci-dessus n°

2° *Priores Grandimontenses.* La *pars ultima* seule a été publiée par les continuateurs de dom Bouquet (XXI, 781). Mss. latin 4977 et 5020 de la Bibliothèque nationale.

— Anonymes de l'abbaye de Grandmont.

1° *Notes historiques sur l'abbaye de Grandmont,* xii° siècle, dans les *Speculum Grandimontense* encore inédit (1).

2° *Historia brevis priorum Grandimontensium,* de la fondation de l'abbaye jusqu'à 1330, publ. par dom Martène, 1729. (*Ampl. coll.*, VI, 114 et ss.)

3° *Historia prolixior priorum Grandimontensium,* de la fondation de l'abbaye jusqu'à 1318, publ. *ibid.*, 123 et ss.

Dès 1657, Labbe avait publié dans sa *Bibl. nova,* II, 320, un fragment d'une chronique de Grandmont, relatif aux années 1096 et 1221. Il semble qu'il y ait eu une troisième rédaction de cette histoire des prieurs de Grandmont. Un ouvrage, aujourd'hui fort rare (publié à Paris en 1658, chez Jean Henault, *Inscription antique de la vraye croix de l'abbaye de Grandmont avec un sermon de la Passion,* par M. François Ogier, prestre et predicateur), cite (page 6) une chronique de l'abbaye, comme suit : *Anno 1174, tempore Guillelmi sexti prioris Grandimontis, susceptio vivificæ crucis, pridie kalendas junii, quam prædictus rex Amalricus, cum aureo contulit phylacterio, et divina inspiratione illuminatus, eandem per Bernardum venerabilem Liddensem episcopum apud Grandimontem direxit : ubi a priore prænominato et universis fratribus, cum omni honore et devotione suscepta est; et communi prioris et fratrum consilio sancitum ut si quis vel totam crucem vel*

---

(1) Ce *Speculum,* attribué à Gérald Itier, prieur de Grandmont vers 1190, appartient aujourd'hui à la bibliothèque du Grand séminaire de Limoges. Le ms. semble du xiii° siècle. C'est un petit in-folio presque carré, de 303 feuillets, à deux colonnes, avec miniatures et lettres ornées. Il contient : 1° la Vie de saint Etienne de Muret attribuée à Guill. Dandina de Saint-Savin dit frère Eudes, connu aussi comme auteur d'une Vie du bienheureux Hugues de Lacerta ; 2° une autre Vie de saint Etienne de Muret, qui a probablement pour auteur le moine anglais Arnaud de Goth ; 3° divers extraits des œuvres du moine Grégoire ; 4° le *De revocatione beati Stephani,* de Gérald Itier; 5° l'*Explanatio libri sententiarum sancti Stephani,* par le même Gérald Itier ; 6° des mélanges de morale et des effusions sur la règle monastique. Voy. Louis Guibert, *Les manuscrits du Grand séminaire de Limoges,* nos 68, 81 et 82, dans *Bulletin de Limoges,* XXXIX, 493.

Cf. l'*Hist. littéraire de la Fr.,* XV, 135 et ss., et surtout le mémoire de M. Hauréau sur quelques écrivains de l'ordre de Grandmont (*Notices et extraits des mss.,* XXIV, 2° partie), étudiés d'après le ms. latin 17187 de la Bibliothèque nationale.

aliquid de ipsa a loco Grandimontis transmutare vel subtrahere præsumpserit, anathema sit. Les deux historiens anonymes, nommés ci-dessus, rapportent le même fait, mais beaucoup plus brièvement. En outre, ils attribuent l'envoi de la vraie croix à Manuel, empereur de Constantinople, ce qui expliquerait beaucoup mieux la longue inscription grecque que transcrit l'auteur du livre de 1658. Le nom de *rex Amalricus* se retrouve sur l'authentique transcrit dans l'*Inventaire de l'église de Grandmont*, 1666, (*Bulletin de Limoges*, VI, 17). — Peut-être retrouverait-on ce court extrait dans le *Speculum Grandimontense* analysé ci-dessus.

— Anonymes du monastère de Tulle (xiie-xve siècles).

Chronicon Tutellense, auj. perdu. Fragments relatifs aux années 1103, 1337, 1346, 1348 et 1454, publ. par Baluze (*Historia Tutellensis*, p. 448, 705, 717 et 705. Cf. le *Bulletin de Brive*, 1862, p. 171, note).

— Geoffroi de Vigeois († 1185).

Chronicon Lemovicense, publ. par Labbe (*Bibl. nova*, II, 279), dom Bouquet et ses continuateurs (X, 267; XI, 288; XII, 421, et XVIII, 211. — Justel (*Hist. généalog. de la maison d'Auvergne*, 1645, p. 22, et *Hist. généalog. de la maison de Turenne*, 1645, p. 19, 20, 22, 24 à 31); Besly (*Hist. des comtes de Poitou*, 1647, p. 460, 480, 495); Labbe (*Alliance chronolog.*, 1651, p. 588, 595 et 625) avaient déjà publié de nombreux extraits de ce *Chronicon*.

Il en existe une traduction médiocre par M. Bonnelye (Tulle, 1864).

Ms. lat. 5452 de la Bibl. nat., xive s., ne donne que des fragments. Ms. lat. 13894 de la Bibl. nat. qui a appartenu à Pardoux de la Garde (seconde moitié du xvie s.). Ms. lat. 13895 de la Bibl. nat., même date.

Copie faite en 1638 par le lieutenant civil Pierre Robert, *ex codice descripto a fratre Pardulpho de Lagarde, reliogoso monasterii Grandimontis* (aux Archives dép. de la Haute-Vienne, H. 9162).

Voy. M. l'abbé Arbellot, *Etude historique, [biographique] et bibliographique sur Geoffroy de Vigeois*, dans *Bull. de Limoges*, XXXVI, 135.

— Bertrand de Poitiers (plus exactement B. de Civray en Poitou), moine de l'abbaye de Beaulieu, (xiie siècle).

Historia monasterii Bellilocensis, ms. inédit, n° 168, du fonds Christine, à la Vaticane.

Voy. l'*Hist. littéraire de la France*, XV, 613, et la *Bibl. historique de la France*, I, 11687. M. Max. Deloche, dernier historien de

Beaulieu, paraît avoir ignoré cette chronique. Du moins il ne la cite pas dans son Introduction au *Cartulaire de Beaulieu*, bien qu'il ait emprunté (p. LXXXII) à un manuscrit de la Bibliothèque nationale le passage suivant, qui se réfère à l'année 1150 ou environ : *Bertrandus venit in pago Lemovicino in villa que vocatur Belluslocus ibique aliquando legem Dei clericis audire volentibus quasi magister edocuit.*

— Anonymes de l'abbaye d'Uzerche (VIIIe-XIVe siècles).

1° *Historia monasterii Usercensis*, de 760 à 1140, publ. par Baluze (*Hist. Tutellensis*, p. 825 et ss.), et par M. Champeval (*Bull. de Tulle*, 1887, 531); fragmentairement par les continuateurs de dom Bouquet (XIV, 334). Un passage avait été publié déjà par Baluze dans ses *Miscellanea*, II, 183. Cf. A. Leymarie, *Limousin historique*, I, 137.

2° *Chronicon monasterii Usercensis*, de 1276 à 1320, publ. par les continuateurs de dom Bouquet (XXI, 760) sous ce titre : *Willelmi Godel chronicon ab anonymo continuatum* (1).

— Bernard Gui (Cf. ci-dessus, p. 60).

De fundatione ordinis Artigie in diocesi Lemovicensi, publ. par Labbe (*Alliance chron.*, I, 614 et *Bibl. nova*, II, 278.)

— Anonyme du prieuré de l'Artige (XIIe siècle).

Brève relation de la défaite des Brabançons en 1186, tirée d'un martyrologe (nécrologe ?) de l'Artige par dom Estiennot et publ. par M. l'abbé Arbellot dans le *Bulletin du Limousin*, IV, 207. (Les *Annales françaises de Limoges*, citées plus loin placent le même fait à l'année 1184.)

— Etienne Maleu, chanoine de Saint-Junien († 1322) (2).

Chronicon Comodoliaci ad Vigennam (Saint-Junien-sur-Vienne), de 500 à 1316, publ. par M. l'abbé Arbellot (1847) et fragmentairement par les continuateurs de dom Bouquet (XXI, p. 814).

Ms. original perdu ; copie du XVIIe siècle dans la collection de dom Estiennot ; copie du XVIIIe siècle aux mains des héritiers de M. Muret de Pagnac, à Saint-Junien.

(1) La chronique même de Godel, moine à Saint-Martial de Limoges (XIIe s.) n'intéresse en rien le Limousin (Voy. le *Recueil des Hist. de Fr.*, X, XI et XIII).

(2) On ignore où naquit Maleu ; mais il est à croire qu'il était Limousin. Dans un acte de 1373 que mentionne le P. Léonard Nadaud dans son *Répertoire des titres de l'évêché de Limoges* (p. 6), nous voyons figurer feu André Maleu et sa fille, noble dame Marguerite Maleu, épouse de Raymond du Puy, possessionnés dans la paroisse Saint-Gérald de Limoges.

— Anonymes du chapitre de Saint-Junien (xive-xvie siècles).

Chronicon Comodoliaci continuatum : 1° Fragments relatifs aux années 1316, 1326 et 1405, publ. par M. l'abbé Arbellot à la suite de la chronique d'Etienne Maleu, d'après les mss. ci-dessus indiqués ;

2° Autres fragments relatifs aux années 1318-1564, conservés en substance par l'abbé Nadaud et publiés par A. Leroux, *Chartes, chroniques....*, p. 230, d'après une copie du xixe siècle.

Pour la critique de la chronique d'Etienne Maleu et de ses continuateurs, voy. les *Documents historiques sur Saint-Junien*, publ. par M. Arbellot à la suite de son édition de la dite chronique.

— Anonymes du prieuré d'Aureil (xie-xiie siècles).

Brève relation de la fondation du prieuré, insérée au xive siècle dans le cartulaire conventuel. Publ. dans notre *Invent. des Arch. dép. de la Haute-Vienne*, D. 656.

— Anonymes du prieuré d'Altavaux (1180-xive siècle).

Brève chronique du prieuré, publ. par A. Leroux (*Documents histor. sur la Marche et le Limousin*, I, 81), traduite en français par M. Blanchet, dans le *Bull. de la Soc. arch. de la Charente*, 1888, p. 328 et ss.

A rapprocher de la chronique de l'abbaye de la Couronne en Angoumois (dont dépendait primitivement Altavaux), publiée par Eusèbe Castaigne, d'après un ms. du xiiie siècle (1864). Tenir compte aussi, pour l'étude critique de cette chronique, des documents sur Altavaux publiés dans le *Bulletin du Limousin*, XXVIII, p. 241.

— Anonyme du chapitre d'Eymoutiers.

Il n'est nullement certain que le chapitre d'Eymoutiers ait tenu registre des événements locaux. Cependant Bonaventure de Saint-Amable cite (*Annales*, p. 725) les *Mémoires d'Eymoutiers* à propos de ces négociants de Limoges que Louis XI appela à Arras en 1479.

— Anonyme du chapitre du Dorat.

Chronique (apocryphe) *de la fondation du Dorat* par Clovis I, rédigée au commencement du xve siècle, vidimée pour la première fois en 1495, publ. par Besly (*Hist des comtes de Poitou*), Labbe (*All. chronol.*, II, 545), Joullietlon (*Hist. de la Marche*, II, 277), A. Leymarie (*Hist. du Limousin*, I, 341) et M. Aubugeois de la Ville du Bost (*Hist. du Dorat*, 199).

Pierre Robert, du Dorat († 1658), a prouvé la fausseté de cette chronique (voy. Leymarie, ouv. cité, I, 345), fausseté déjà soupçonnée par Labbe et admise par les auteurs du *Gallia nova*, II, 549.

— Anonyme du chapitre de Saint-Léonard.

Petite chronique de 1457 à 1468. Publ. par M. l'abbé A. Lecler dans les *Arch. hist. du Limousin*, II, p. 419.

— Anonymes de la chartreuse de Glandier.

Le *Calendarium domus Glanderii* (connu seulement par une copie qui en fut exécutée vers 1685 par dom François Petitjean (1), copie qui appartient aujourd'hui, si nous sommes bien renseigné, au petit séminaire de Servières, départ. de la Corrèze) contenait un certain nombre de mentions annalistiques, dont deux seulement se sont conservées :

1° Relation d'un miracle survenu à la chartreuse de Glandier, xv° s. — Traduction franç. par M. Joseph Brunet (dans sa notice sur *les Chartreux en Limousin*, 1860, p. 19) et par le frère C.-M. Boutrais (*la Chartreuse de Glandier*, 1880, p. 127);

2° Relation de violences commises par des nobles limousins dans la chartreuse de Glandier, 1547. — Traduction franç. par M. Joseph Brunet (art. cité, p. 28) et par le frère C.-M. Boutrais (ouv. cité, p. 185). M. Brunet place l'événement au 11 janvier, le frère Boutrais au 11 février. Les deux traductions sont indépendantes l'une de l'autre et diffèrent sensiblement dans la forme. Le frère Boutrais fait de ces nobles limousins des huguenots, quoique son texte ne le dise point.

∴

Plusieurs chartes de fondation d'abbayes (xi° et xii° ss.), publiées dans le *Gallia christiana*, présentent quelques développements historiques. Voy. particulièrement le *Liber fundationis et donationum beate Marie Dalonis* (*Gallia christ.*, II, instr. p. 201. Cf. *Hist. de France*, XIV, 101).

D. — Chroniques et Annales laïques de Limoges du XIV° au XIX° siècle

— Anonymes.

Petite chronique du consulat de Limoges, de 1370 à 1617, tirée du cartulaire du Consulat (AA. 1 des Archives communales de Limoges) et publiée par A. Leroux dans le *Bulletin du Comité des travaux*

---

(1) Sur ce point, voy. la notice, citée plus loin, de M. J. Brunet, p. 3, et l'ouv. du frère Boutrais, p. vi.

historiques, 1890, p. 215-220, et de nouveau par M. C. Chabaneau dans son édition du dit cartulaire, 1895.

— Anonymes.
Petite chronique du consulat de Limoges, de 1372 à 1543.
Orig. perdu. Copie du XVII⁰ s. dans les *Armoires de Baluze*, t. 42, f⁰ 80. Sera prochainement publiée par M. L. Guibert.

— Anonymes.
Chroniques consulaires de Limoges.
Les registres des délibérations du consulat de Limoges de 1508 à 1789 (BB. 1, 2 et 3 des Archives communales) renferment de très nombreux récits d'événements locaux, dont l'ensemble peut être considéré comme formant une chronique officielle. En voici le détail :

T. I (1867). — Entrée du duc de Bourbon (1512); Le grand pardon de la croisade (1516); Exploits des mille diables (1523); Entrée de l'abbé de Saint-Martial (1523); Réception de Mad. de Lautrec (1523); Réception du gouverneur Galiot de Lastours (1524); Procès de Simon Reys (1528); Réception d'Henri d'Albret (1529); Retour d'Espagne de la reine : réjouissances (1530); Réception du gouverneur M. de Monchenu (1532); Réception de Jean de Langeac (1533); Réception de la reine et du roi de Navarre (1537); Arrivée de la duchesse d'Etampes (1537); Grands-Jours du Parlement de Bordeaux à Limoges (1542); Entrée de la reine de France (1542); Réception de M. de Montréal, gouverneur (1543); Réjouissances pour la naissance de François II (1543); Réception de la maréchale de Pompadour (1548). *Passim* : Pestes, disettes, passages de gens de guerre, ostensions, etc.

T. II (1869). — Ostensions (1554); Affaire Pont-Briant (1554); Entrée du roi et de la reine de Navarre (1557); Passage de compagnies (1557); Processions et réjouissances à l'occasion de la paix (1559); Ermites et recluses (1559); Profanation d'une image de la Vierge (1560); Prédications protestantes (1560); Bris de croix (1560); Etats provinciaux (1560); Craintes de troubles (1562); Arrivée du comte des Cars et du comte de Ventadour (1562); Peste (1563); Réclamations des protestants (1564 et 1565); Réception de grands personnages (1570-1572); Mesures prises à l'occasion de la Saint-Barthélemy (1572); Doléances du Limousin (1574); Réjouissances à l'occasion de l'avènement du roi (1574); Conjuration contre Limoges (1579); Mesures de précaution pendant la Ligue (1580-1581); Doléances du tiers-état limousin (1581).

T. III (1884). — Evénements locaux (1592-1593); Destruction du château de Chalucet (1593); Différend entre les médecins de Limoges

(1593); Emission de faux douzains (1593); Courses des Ligueurs (1593); Réjouissances publiques à l'occasion de la conversion du roi (1593); Affluence de pauvres à Limoges (1595); Passages de grands personnages (1597); Réjouissances publiques à l'occasion de la naissance de Louis XIII (1601); Emeute de la Pancarte (1602); Entrée d'Henri IV à Limoges (1605); Fondation du collège des Jésuites (1605); Entrée du comte de Schomberg (1623); Peste à Limoges (1631); Passage de Louis XIII (1632); Passage du duc de Ventadour (1633); Troubles de la Fronde (1648); Tentative d'établissement des Capucins à Limoges (1648).

T. IV (1889). — Obsèques de M. de Reculés, consul (1669); Service solennel pour M. de Permangle (1679); Difficultés avec M. du Saillant, sénéchal du Limousin, au sujet de sa réception solennelle à Limoges (1679); Scandale dans l'église de Saint-Martial (1608); Réjouissances pour la prise de Kehl (1703); Réjouissances pour la prise de Douai (1712); Installation du comte du Dognon, lieutenant du roi (1733); Service solennel pour le maréchal de Berwick (1734); Scandale à l'Hôtel-de-Ville (1740).

T. V (1893). — Assemblées de notables (1768 et 1769); Réjouissances à l'occasion de la paix de Versailles (1783).

.·.

— Jean Maledent l'humaniste, avocat du roi à Limoges († 1578.) *Chronique* de son temps, perdue.

Bonaventure de Saint-Amable la cite (*Annales*, III, 783), à propos de l'aliénation des joyaux d'église en 1562. — On connaît un Jean Maledent, consul de Limoges en 1593 et qui est nommé dans la *Chronique de la confrérie du Saint-Sacrement*, à l'année 1562 (p. 337 de nos *Nouv. documents historiques...*). Mais il ne paraît pas qu'il ait jamais été avocat du roi à Limoges.

— Jean-Nicolas de Traslaige, avocat au Présidial de Limoges († 1595).

Historia de Lemovicum politicorum et fœderatorum dissidiis, cum apologia politicorum adversus fœderatos. Terminée vers 1594, depuis longtemps perdue.

Voy. Collin, *Lemovici illustres*, au nom, et le *Nobiliaire limousin*, II, 278.

— Pierre Fouscher, chanoine de Saint-Etienne de Limoges ([1]).

[1] Nous rangeons les chroniques de Fouscher, Teysseuth, Razès et quelques autres ecclésiastiques, parmi les chroniques laïques, parce qu'elles n'ont pas trait spécialement à l'histoire religieuse, mais à l'histoire générale du Limousin.

Chronique de Limoges, latine et française, de 1507 à 1543, publ. par M. Émile Molinier dans les *Documents historiques sur la Marche et le Limousin*, II, p. 42.

Ms. orig. perdu; copie du xviiᵉ siècle dans la collection de dom Estiennot à la Bibliothèque nationale.

Cf. *Biographie limousine*, au nom, et *Bull. de Limoges*, XLII, 159 (1).

— Pierre de Teysseulh, chanoine de Saint-Étienne de Limoges († vers 1570) (2).

Chronique de Limoges, en français, de 1533 à 1568. Publ. par extraits dans nos *Chartes, chroniques...*, p. 253.

Ms. orig. perdu; copie du xviiᵉ siècle dans la collection de Gaignières à la Bibliothèque nationale.

. .

— Pierre de Razès, vicaire de Saint-Pierre-du-Queyroix à Limoges († vers 1651).

Chroniques de Limoges, de 1560 à 1630. Originales de 1603 environ jusqu'à 1630.

Ms. original perdu. Copie du xviiᵉ s., inédite, aux mains de M. G. Tandeau de Marsac, au château de Brignac; sera prochainement publiée par M. Henri Lachenaud.

Voy. notre *Étude critique sur les Annales françaises de Limoges*, dans les *Annales du Midi*, 1889 et 1890. C'est par suite d'une fausse indication que, dans cet article, p. 525, note 1, nous admettons dans le fonds Colbert de la Bibliothèque nationale deux exemplaires des *Antiquités* de Jean de Lavaud. Le ms. franç. 5002 est bien le *cod. Colb* 2246; mais celui-ci est lui-même le *cod. regius* 9656. Il fut « grossoyé » par Mᵉ Grégoire Alb[iac], et non Albert, comme nous l'avons dit.

— Anonymes.

Chroniques de Limoges [de Razès] continuées jusqu'à 1644 (?) et 1718.

1ʳᵉ continuation: copie du xviiᵉ siècle, inédite, aux mains de M. G. Tandeau de Marsac; — 2ᵉ continuation: ms. perdu; fragments

---

(1) Fouscher figure: dans une liste des membres de la confrérie de N.-D.-la-Joyeuse *alias* N.-D.-des-Pastoureaux, liste qui semble avoir été rédigée entre 1520-1530 (*Invent. des Arch. hospital. de Limoges*, VIᵉ fonds, B. 1), et dans un acte de 1525 rapporté dans les *Registres consulaires* (I, p. 130). — Le *Calend. lim.* de 1781, p. 49, cite Pierre Fouscher sous la date de 1561. Pierre Fouscheri, *Histoire de son tems*, 1564, est cité par Legros.

(2) Legros cite, sous la date de 1570, Pierre de Teysseulh, *Mémoire pour l'histoire de son temps*, ms.

d'une copie de dom Col dans les *Mélanges manuscrits* de Legros (t. II).
(Voy. notre *Etude critique sur les Annales françaises de Limoges...*)

— Jean Baudel, chanoine de Limoges († 1639).
Mémoires en forme d'histoire de Limoges, des origines à 1638.

Ils ont été cités jusqu'ici sous le titre d'*Annales* ou *Chroniques* mss. de Limoges, ou encore, bien à tort, sous celui de *Manuscrit de 1638*. C'est d'abord une amplification du *Recueil des antiquités* de Lavaud jusqu'en 1538, puis un résumé des *Registres consulaires* et des *Chroniques* de Razés jusque vers 1620. De cette dernière date jusqu'à 1638, ces *Mémoires* ont la valeur d'une chronique originale.

Copie de 1717, cotée M. 18, à la Bibliothèque communale de Limoges, avec quelques additions et interpolations jusqu'à 1670, publiée en 1872 par MM. Ruben, Achard et Ducourtieux. Antérieurement à cette édition, on n'avait publié que de courts fragments de la partie ancienne.

(Voy. notre *Etude critique sur les Annales françaises de Limoges...* Cf. le *Bulletin de Limoges*, XXXVI, 276).

— [Jean Allouveau, curé de Jourgnat].
Petite chronique limousine, de 1638 à 1650 (1).

Ms. de la Bibliothèque communale de Limoges cité en 1851 par M. Aug. Du Boys (*Poésies de Jacques Dorat*, pp. vii, 47 et 41), mais auj. perdu.

— Les sieurs Goudin, de Limoges (xviie s.).
Continuation des *Annales de Limoges*, de 1638 à 1690.
Publiée par A. Leroux dans *Bulletin de Limoges*, XXXVIII, 176-189.

— Pierre Mesnagier († vers 1676).
Chronique de Limoges, des origines à 1676; commencée vers 1640. Elle reproduit d'abord les trois premiers livres des *Antiquités de Limoges*, de Jean de Lavaud, jusqu'à 1370; mentionne quelques faits relatifs au Limousin, des années 1571, 1582, 1594 et 1598; commence une chronique d'Aquitaine de 1583 à 1651; reprend la chronique du Limousin pour les années 1625, 1631, 1657-1663 et plus tard pour les années 1674-1676. Elle n'a de valeur originale qu'à partir de 1630.

Ms. original inédit à la Bibliothèque communale de Limoges, M. 18.

(1) Dans l'article qu'il consacre à Jacques Dorat dans la *Biographie limousine* (1854), M. Aug. Du Boys cite de nouveau cette chronique qu'il dit s'étendre de 1638 à 1690. Mais Jacques Allouveau, à qui il l'attribue, étant mort en 1633, il y a là une nouvelle difficulté.

Quelques parties en ont été reproduites dans les notes des *Annales* dites de 1638 (édit. de 1872) et dans celles des *Registres consulaires* (t. III et IV).

(Voy. notre *Étude critique sur les Annales françaises de Limoges...*)

.·.

— Bonaventure de Saint-Amable († 1694). Cf. la notice de M. l'abbé Arbellot dans *Bull. de Limoges*, XXV, p. 1 et ss.

Annales du Limousin jusqu'en 1682. Forment le tome III de l'*Histoire de saint Martial*, 1684-85. Originales à partir de 1660 environ.

L'abbé Legros en avait composé, de 1775 à 1777, un *Abrégé* débarrassé de tout ce qui n'intéresse pas directement le Limousin, et « augmenté de la mention d'un grand nombre de faits constatés... et de notes extraites de divers livres et manuscrits ». Cet *Abrégé*, encore manuscrit, appartient au Grand-Séminaire de Limoges (n° 11).

— L'abbé Martial Legros († 1811). Cf. la notice de M. l'abbé A. Lecler en tête du *Nobiliaire limousin*.

Continuation de son *Abrégé des Annales du Limousin*, de 1683 à 1790. Elle commence à l'année où s'arrêtent les *Annales du Limousin*, du P. Bonaventure de Saint-Amable. Cette continuation n'a de valeur propre qu'à partir de 1775 environ.

Ms. orig. inédit, de 443 pages in-4°, à la bibliothèque du Grand-Séminaire de Limoges (n° 12).

— J.-J. Juge Saint-Martin († 1824). Cf. *Bull de la Soc. d'agriculture de Limoges*, 1824.

Changements survenus dans les mœurs des habitants de Limoges depuis une cinquantaine d'années. — Limoges, 1808 ; nouv. édit. 1817, in-12.

— Joseph Audouin, ancien maire de Limoges († vers 1849).

Souvenirs d'un octogénaire. Fragments dans la *Revue du Centre* (1837, p. 49 et 129) (1), dans l'*Histoire de Rochechouart* de l'abbé Duléry (1855, p. 280 et 281) (2), et dans la *Biographie limousine* (1857, p. 185) (3).

Ms. inédit aux mains de M. C. Audouin, à Limoges. Cf. le *Bulletin de Limoges*, XXXVI, 338.

---

(1) Sous ces deux titres : *Les anciens intendants* ; *La peur à Limoges en 1789.*

(2) Sous ce titre : *Exécution de la comtesse de Rochechouart en 1793.*

(3) Au sujet de *l'enterrement du chanoine Joseph Devoyon en 1790.*

E. — Chroniques et Annales ecclésiastiques de Limoges du XVIᵉ au XIX siècle

— Anonymes

Petites chroniques paroissiales de Limoges, xvie-xviiie siècles.

Nous désignons par là les mentions annalistiques que l'on rencontre fréquemment dans les registres des anciennes paroisses de Limoges. Elles ont été relevées par M. L. Guibert (*Bulletin de Limoges*, XXIX, 87 et ss.) et par MM. A. Thomas et A. Leroux dans leurs inventaires des dits registres.

— Anonymes modernes du monastère de Saint-Martial de Limoges.
(Voy. ci-dessus p. 58.)

— Anonymes modernes du chapitre de Saint-Etienne de Limoges.
(Voy. ci-dessus p. 61.)

— Anonymes

Chroniques de la confrérie du Saint-Sacrement de Limoges (¹) comprenant :

A. Une première chronique, de 1560 à 1564, relative à l'introduction du culte réformé à Limoges, aux troubles provoqués par les huguenots, à la vente des joyaux d'église et à divers fléaux des dites années. L'auteur présumé est le prêtre Jean Albin ;

B. Une deuxième chronique, relative à quelques événements de l'année 1576. L'auteur présumé est Pierre Mouret, notaire royal ;

C. Une troisième chronique, relatant la peste de 1631. L'auteur présumé est Pierre d'Alesme, avocat.

Publiées fragmentairement dans le *Limousin historique* (I, 9 et 35), dans les *Annales de Limoges* dites de 1638 (p. 344, en note), dans les *Registres consulaires* (III, 270, en note), — et intégralement dans nos *Nouv. documents historiques*... (p. 318 à 344), d'après le Livre de comptes de la confrérie (GG. 204 des Archives communales de Limoges).

D'une courte mention de la *Chronique* ms. de Pierre de Razès, il semble résulter clairement que la confrérie du Saint-Sacrement ou de la Fête-Dieu tenait registre des évènements importants dès le

(1) Cette confrérie, fondée en 1235, se « célébrait » en l'église Saint-Pierre-du-Queyroix. Elle est aussi appelée confrérie du Sacrifice, du Corps de Jésus, du Corps de Dieu et plus tard de la Fête-Dieu.

xiv° siècle. Razès dit en effet : « *Item* ce que j'ay tiré d'un cahier de la maison de ville..... de la frairie de la Feste-Dieu..... de l'année 1370. » L'extrait auquel Razès renvoie ne se retrouve plus. Mais au début de la Chronique de 1560-1561 mentionnée ci-dessus, on lit : « Parce qu'il est de coustume ancienne, comme appert par les livres ou pappiers anciens de la dicte frairie, que les bayles mettent par escript et memoire les accidens, mesmement ceulx qui portent perte a la dicte frairie, qu'adviennent en leur année, vous plaira noter qu'en nostre année 1562............ »

— Anonymes.
Annuæ litteræ societatis Jesu : collegium Lemovicense, 1598 à 1614 et 1650 à 1654.
Imprimées au xvii° siècle dans diverses villes d'Europe ; réimprimées par A. Leroux dans les *Archives hist. du Limousin*, t. VI.

— Anonyme du xvii° siècle.
Chronique des FF. prêcheurs de Limoges, de 1200 à 1658.
Originale pour les dernières années. Extraits publ. par M. l'abbé A. Lecler dans les *Arch. hist. du Limousin*, II, 121-135.

— Anonyme de 1693.
Memorialia pro conventu Lemovicensi FF. Prædicatorum, de 1219 à 1693.
Originaux pour les dernières années. Publ. par M. l'abbé Douais dans le *Bull. du Limousin*, XL, 283-350.

— Anonymes.
Chronique de la communauté des Ursulines de Limoges, du 23 nov. 1620 au 30 janv. 1689.
Publ. par M. l'abbé A. Lecler, dans les *Arch. hist. du Limousin*, II, 143-170.
Ms. orig. perdu ; copie du xviii° siècle dans les *Mélanges* mss. de l'abbé Legros, III, 289 à 306.

— Anonyme
Histoire de l'ordre des religieuses filles de Notre-Dame.
Le tome II (Poitiers, J.-B. Braud, 1700) contient des notices pleines de légendes sur la maison de Limoges fondée en 1633 (livre xxvi), sur celle de Saint-Léonard fondée en 1651 (livre xxxvi), et sur celle de Saint-Junien fondée en 1660 (livre xxxvi).
La notice sur Limoges fut commencée vers 1674 (cf. p. 181) et complétée plus tard.

— Anonyme
Chronique de la fondation du séminaire de la Mission et de celui des Ordinands, de 1657 à 1675,

Extraite d'un Répertoire de titres du séminaire de la Mission (G. 5495 bis des Archives départ. de la Haute-Vienne) et publ. dans nos *Chartes, chroniques....* p. 316.

— Anonyme [Le sieur Périère ?].
Relation de ce qui s'est passé à l'établissement de l'Hopital de Limoges, de la Mission et du séminaire [des Ordinands] par M. de Savignac, et à la fondation du petit couvent de Sainte-Claire par la R. M. Marie du Calvaire, de 1659 à 1663.
Publ. par M. l'abbé A. Lecler dans les *Arch. hist. du Limousin*, II, 3-84.
Copie du xviie s. à la Bibliothèque du grand séminaire de Limoges, n° 109. Cf. les nos 111 à 116 du catal. Guibert, qui continuent l'histoire du séminaire jusqu'en 1886.

— Jean-Philippe des Maisons, chanoine de Saint-Martial († ...?).
Journal de ce qui s'est passé de plus remarquable au monastère de Saint-Martial de Limoges, de 16.. à 17.., mentionné par le *Nobiliaire limousin*, III, 140.
Le ms., qui existait encore en 1783, semble aujourd'hui perdu.

— Anonyme du xviie s.
Chronique du séminaire des Ordinands de Limoges, 1696.
Publ. par A. Leroux, *Chartes, chroniques...* p. 325.
Ms. coté G. 44 bis des Arch. dép. de la Haute-Vienne.

— Fermin et de Vaillac, xixe s.
Notes sur l'historique du [grand] séminaire de Limoges, depuis sa fondation jusqu'en 1886.
2 vol. mss. Cf. L. Guibert, *Les manuscrits du séminaire de Limoges*, n° 111. Il y a un résumé de ces *Notes* sous le titre d'*Histoire du grand séminaire de Limoges*, n° 112.

— Anonymes
Petite chronique de la grande confrérie de Saint-Martial de Limoges au xixe siècle.
Mentions historiques, commençant à la Révolution, insérées par M. Dantreygeas, secrétaire, dans les trois registres de comptes et délibérations subsistants. Non encore publiée.

F. — Chroniques et Annales laïques de la Marche et du Limousin du XVe au XIXe siècle

— Gérald Tarneau (*Geraldus Tarnelli*), notaire († vers 1438).
Chronique de Pierrebuffière, de 1424 à 1427.

Publication de quelques lignes par J. Duroux (*Sénatorerie de Limoges*, 1811, p. 203); publication intégrale dans nos *Chartes, chroniques...*, pp. 203-237, d'après le ms. original (ancien 23, puis 9, auj. 6) de la Bibliothèque communale de Limoges.

— Anonyme.
Chronique de Tulle, en dialecte limousin.
Fragments relatifs aux années 1508, 1531 et 1532, publ. par Baluze à la suite de sa *Dissertatio de sanctis Claro, Laudo....* (1656, réimprimée en 1881 dans le *Bulletin de Tulle*, p. 320 et ss.)

— Anonyme de Saint-Léonard qui s'intitule lui-même « Un homme curieux ».
Chronique de ce qui s'est passé en Limousin, Marche et pays circonvoisins, de 1548 à 1604, commencée vers 1590.
Publ. par extraits dans nos *Chartes, chroniques...*, p. 262.
Ms. orig. perdu; copie du XVIIe siècle dans la collection de dom Fonteneau (t. XXXI).

— Les *Mémoires* de Jeanne d'Albret, vicomtesse de Limoges (édit. de Ruble, 1893), ne contiennent pas un seul mot sur le Limousin.
Ceux de Henri, vicomte de Turenne, † 1614 (édit. Buchon), ne renferment que quelques passages relatifs aux guerres civiles et aux religionnaires de la vicomté.

— Pierre et Pardoux de Jarrige, bourgeois de Saint-Yrieix († 1574 et 1637 ?).
Journal historique de la dite ville, de 1560 à 1591.
Extraits publiés par A. Leymarie (*Limousin hist.*, I, 8, 12, 13 et ss.) et par A. Bosvieux (*Bull. de Limoges*, IV, 39 et ss.) ([1]).
Publication intégrale par M. Bonhomme de Montégut (*Bull. de la Soc. arch. de la Charente*, 1867, p. 167-279).
Ms. orig. en la possession de M. de Labrouhe de la Borderie.

— Antoine de Jarrige, chanoine de Saint-Yrieix († 1656 ?).
Journal historique de la dite ville, de 1600 à 1633, d'un caractère plus personnel et plus ecclésiastique que le précédent. Publ. dans nos *Chartes, chroniques...*, p. 309.
Ms. orig. en la possession de M. Morange.

— Pierre Robert, lieutenant général au siège du Dorat († 1658).
Chronique protestante de la Basse-Marche, de 1536 à 1658, publ. dans nos *Chartes, chroniques...*, p. 276.

(1) C'est à tort que M. Bosvieux fait commencer ce journal en 1558 et que M. Leymarie place en 1551 un fait important qui appartient à l'année 1561.

Ms. orig. perdu; copie du xviiᵉ siècle dans la collection de dom Fonteneau (t. XXXI).

— Pierre Robert.
Chroniques de ce qui s'est passé en Limousin, Marche et pays circonvoisins, rédigées à partir de 1650.
1° Première chronique, de 1605 à 1638, continuant directement celle de l'Anonyme de Saint-Léonard ;
2° Nouvelle chronique, de 1598 à 1645, parallèle à la précédente qu'elle semble destinée uniquement à compléter ;
3° Dernière chronique, de 1646 à 1657, continuant la précédente.
Publiées par extraits dans nos *Chartes, chroniques...*, p. 279, 291 et 300. Ms. orig. perdu; copie du xviiᵉ siècle dans la collection de dom Fonteneau (t. XXXI).

— Alexis-Isaac Chorllon, président au Présidial de Guéret († 1700).
Mémoires personnels allant de 1635 à 1685, commencés en 1675. Véritable chronique de la région.
Ms. orig. en la possession de M. Lassare, à Guéret ; copie moderne aux Archives départementales de la Creuse, publ. par M. F. Autorde (Guéret, 1886). — Quelques extraits de ces Mémoires avaient déjà paru dans LA MARCHE, *revue mensuelle, historique et littéraire* (1861, p. 82, 95, 145).

— Pierre Vaslet, avocat en Parlement († 1734).
Annales de Briqueil. C'est une description de la ville avec mention de plusieurs événements locaux des xviiᵉ et xviiiᵉ siècles.
L'éditeur nous dit que « l'humidité et les vers se disputent le manuscrit depuis bientôt un siècle et demi ». Cette indication donne à croire que l'auteur a écrit ces *Annales* dans le premier quart du xviiiᵉ siècle, ce que confirme d'ailleurs l'examen du contenu. La date de 1779 à la page 7 doit être corrigée en 1679.
Publiées par le Dʳ Henri de Lagarde (Confolens-sur-Vienne, 1846). Réimprimées en 1892 par M. l'abbé A. Lecler dans les *Arch. histor. du Limousin*, t. IV, p. 46.

— François Bayle († ...?...).
Abrégé historique de ce qui s'est passé à Uzerche et aux environs pendant la Révolution.
Ms. inédit, cité par M. J. Brunet dans sa notice sur *les Chartreux en Limousin* (p. 46). Cf. M. de Scilhac, *Scènes et portraits de la Révolution en Bas-Limousin*, p. 96-97.

— Raymond Chirac, imprimeur, adjoint au maire de Tulle († ...?...).
*Notes sur quelques-uns des événements dont il avait été spectateur à la fin du XVIII*e siècle et au commencement du XIX*e*.
Publ. par l'abbé Niel dans l'*Annuaire du départ. de la Corrèze*, 1884.

— De Verneilh-Puiraseau, ancien préfet de la Corrèze († 1845).
Mes souvenirs de soixante-quinze ans. (Limoges, 1836, in-8°).
Sur les 434 pages du tome I (¹), il y en a environ 200 qui concernent directement le Limousin.

— Mad. Lafarge (née Marie Capelle).
Mémoires, écrits par elle-même (en 1841).
On y trouve beaucoup de détails sur la société et les mœurs du Bas-Limousin.

— François Marvaud, ancien professeur d'histoire aux collèges de La Rochefoucauld, Saint-Junien, Cognac, Périgueux, Brive, Angoulême († 1879).
Souvenirs personnels, inédits.
Voy. le *Bull. de la Soc. archéologique du Limousin*, XXXVI, p. 283.

G. — Chroniques et Annales ecclésiastiques de la Marche et du Limousin du XVIIe au XIXe siècle

— Anonyme.
Recueil des choses qui se sont passées à l'établissement du monastère des religieuses de Sainte-Claire de Tulle, 1601.
Publ. au XVIIe siècle, sans lieu ni date et sans nom d'imprimeur, in-8° de 144 pages (²). (Cité par M. Poulbrière, *Hist. du dioc. de Tulle*, p. 271.)

---

(1) L'impression du second volume, annoncée dans un journal du temps, a été en effet commencée, mais non terminée. Les feuilles tirées ont été à dessein détruites.
(2) Dans ces 144 pages sont comprises : 1° Une copie des statuts et règlements du monastère des dites religieuses, abrégés et mis en ordre par le R. P. Sylvestre Grandis, ministre provincial de la province du très saint sacrement ; — 2° Une vie de feue Mad. Françoise de Neufville, fondatrice du dit monastère.

— Anonyme.

Estat de ce qui s'est passé de plus remarquable dans l'abbaye du Moutier-d'Ahun de 1611 à 1631.

Extraits par M. Autorde dans l'*Invent. des arch. dép. de la Creuse*, II, 28.

— Dame Colombe du Saint-Esprit, première supérieure des Ursulines de Tulle († 1659).

Chronique de la dite communauté, de 1618 à 1633; continuée sous forme de *Mémorial* jusqu'en 1780.

Extraits relatifs aux premières années, publ. dans le *Bulletin de Tulle*, 1879, p. 141. Publication intégrale par M. l'abbé A. Lecler dans les *Arch. hist. du Limousin*, II, 297-330.

— Anonyme des Ursulines d'Eymoutiers.

Chronique de la dite communauté, de 1629 à 1668.

Publ. par M. l'abbé A. Lecler dans les *Arch. hist. du Limousin*, p. 205-284.

Ms. orig. à la bibliothèque du Grand-Séminaire de Limoges (n° 121), provenant de M. Henri Cramouzaud, ancien maire d'Eymoutiers, qui le tenait de sa tante, Françoise Cramouzaud, supérieure de la dite communauté à l'époque de la Révolution.

— Anonyme [Fr. Laurent Dumas, † 1678 ([1])].

Chronique de l'abbaye de Solignac, rédigée en 1661, avec additions postérieures pour les années 1664-1673.

Cette chronique a une valeur originale pour tout le second tiers du XVII° siècle. Ce qui précède est une histoire, c'est-à-dire une compilation de vies de saints et d'anciennes chroniques limousines, en vue du *Monasticon benedictinum*. On lit en tête du ms. la mention suivante :

« Copie du présent manuscrit a esté tirée, reveue et augmentée, laquelle le révérend père prieur a presté (sic) à Monsr. Colin, chanoine de Saint-Junien, ce premier mai 1658, lequel travailhe aux chroniques du Lymousin et a promis de la rendre dans deux moys. Fr. Laurent Dumas. — Il l'a rendue après l'avoir gardée un an tout entier, par les mains de Monsr. le curé du Vigen. — Despuis, assavoir l'année mil six cent soixante-cinqt, je l'ay envoyé (sic) au très révérend père supérieur général dom Bernard Audebert, et ce, par les mains du R. P. dom Claude Boytard, visiteur en la province de Gascogne, duquel je n'ay entendu aucune nouvelle. *Ad majorem Dei gloriam.* »

---

(1) Cf. le *Bull. de Limoges*, XL, p. 660.

Ms. orig., allant jusqu'à 1673, aux mains de M. l'abbé A. Lecler, à Limoges (80 ff., 20ᵉ sur 15ᶜ) (¹); — autre ms. contemporain allant jusque vers 1663, à la Bibl. nat., fonds franç. 19857 (²); copie moderne aux Archives dép. de la Haute-Vienne, fonds de Solignac, H. 9180; — ms. abrégé s'arrêtant à 1663, à la Bibl. nat., fonds lat. 12697, f° 137 et ss.

— [Le sieur Lagarde].
Relation des prisons de Brive, publiée sous ce titre : « Maison de réclusion de Brive ou apperçu des vexations exercées envers les détenus dans le ci-devant couvent de Sainte-Ursule de cette commune » de Brive.

Citée et reproduite en partie seulement par M. V. de Seilhac, (*Scènes et portraits de la Révol. en Bas-Limousin*, p. 3 et 484).

— Grégoire de la Biche de Reignefort († 1831).
Relation très détaillée de ce qu'ont souffert pour la religion les prêtres... français [et limousins] détenus en 1794 et 1795... dans la rade de l'isle d'Aix.

Paris, 1796, in-12; 2ᵉ édit., 1801; 3ᵉ édit., 1818; réimprimée par M. l'abbé A. Lecler, dans *Martyrs et confesseurs de la foi...*, 1892, I, 391 et ss. Cf. M. Fray-Fournier, *Bibliogr. de l'hist. de la Révolution*, n° 279 et M. Gazier, *Etudes sur l'hist. relig. de la Révolution franç.*, p. 237, note.

— Jean-Joseph Brival, évêque constitutionnel de la Corrèze.
Réponse au questionnaire de l'évêque Grégoire sur la situation religieuse du département de la Corrèze en 1795.

Publ. par R. Fage dans *Le diocèse de la Corrèze pendant la Révolution, 1791-1801* (Tulle, 1890).

— *Chroniques paroissiales* (³) :
1° De Felletin. Extraits historiques, de 1667 à 1676. Dans Pataux, *Felletin*, 214-218;

---

(1) Le possesseur en a commencé la publication dans le *Bull. de Limoges*, t. XLIII.

(2) Il contient deux additions relatives aux années 1670 et 1734, précédées de cette indication : « Despuis ceste année [1661], il s'est passé des choses de conséquence et en grand nombre, lesquelles sont fidellement rapportées ailleurs, dans un autre livre, et au long. » La signature Fr. Estienne Roulleau, qu'on rencontre à la suite d'une mention de 1661, semble être celle du copiste et continuateur.

(3) Cf. pour plus de détails, notre *Invent. des Arch. comm. de la Haute-Vienne*, introd., p. xxxv.

2° D'Eymoutiers. Chronique locale de 1619 à 1688, par Maxmorel, curé de Notre-Dame (dans A. Leroux, *Invent. des arch. comm. d'Eymoutiers*, GG. 1, 3 et 4) — et par messire de Saint-Georges, curé de Saint-Pierre-Château, 1741-1744 (*Ibid.*, GG. 113);

3° De Cressac, près des Ternes. Notes du sieur Doval, prieur-curé, relatives à l'extinction du prieuré des Ternes, 1777. Inédites;

4° De Saint-Sylvestre près Grandmont. Notes du sieur Boisson, curé, relatives au transfert des reliques, 1701. Dans L. Guibert, *Destruction de l'ordre et de l'abbaye de Grandmont*, p. 624;

5° De Magnac-Laval. Relation par l'abbé Beaugny, curé de la paroisse, du procès intenté aux habitants de Magnac par M. et Mad. de Fénelon, 1698-1707 (Dans A. Leroux, *Arch. hist. du Limousin*, III, 335-348). — Relation de la mort d'un possédé et notes diverses, 1692-1707 (Dans A. Leroux, *ibid.*, VI, 145-158);

6° De Thouron. Notes des sieurs Jean Deschamps et Etienne Laurier, prêtres, 1750-1792. Dans A. Leclor, *Arch. hist. du Limousin*, II, 459-473;

7° De Blond. Notes relatives aux guerres de religion, 1560 et ss. Inédites. Cf. *Bulletin de Limoges*, XL, 673;

8° D'Objat. 1664-1712, par Jean Alègre, curé. Publ. dans le *Bull. de Tulle* par M. Barbier de Montault, 1893, p. 407-418. (Cette chronique n'est à vrai dire qu'un état du mobilier, entremêlé de quelques détails historiques);

9° De Bujaleuf, xvii° s., recueillies par M. J. Dubois, non encore publiées.

9. — RÉCITS

DE QUELQUES ÉVÉNEMENTS PARTICULIERS

Ces relations, disséminées dans tant de recueils différents, mériteraient d'être réunies en un même volume, où elles seraient plus aisément consultées. — Les factums et autres mémoires juridiques des deux derniers siècles pourraient également prendre place dans cette section s'il était possible d'en dresser le relevé.

— Anonyme.
Relation de la venue d'Urbain II à Limoges, 1095.
Publiée par Besly, *Hist. des comtes de Poitou*, 1647, p. 409, *ex tabulario Lemovicensi*. Cette relation diffère sur quelques points de celle qui se trouve dans la chronique de Geoffroy de Vigeois.

— Anonyme.
Relation de la mort d'Arnaud de Clermont, évêque de Tulle, et des événements qui suivirent, 1337-42.
Publiée par Baluze, *Hist. Tutel.*, 705, *ex veteri codice*.

— Anonyme.
Relation de l'institution de la sainte Lunade de Tulle, en 1340.
Publ. par le P. Béril, Tulle, 1680; 2ᵉ édit., 1859, par M. M. Deloche dans les *Mém. de l'Acad. des inscriptions*, XXXII, 2ᵉ partie.
Jean Renis, curé de Saint-Salvadour, † 1687, a composé sur la Lunade un petit ouvrage dont nous ignorons le véritable caractère. (Voy. Vitrac, *Annales de la Haute-Vienne*, 11 juin 1813.)

— Anonyme.
Narratio de Tutela capta et instituta confratria sancti Leodegarii, 1346-48 (en dialecto limousin).
Publ. par Baluze, *Hist. Tutel.*, 717, *ex veteri cod. Tutelensi ms.*

— P. Bermondet et S. Boutineau, notaires à Limoges.
Notes sur les courses des Anglais en Limousin, 1361-1373 (en latin).
Orig. perdu; copie dans les manuscrits de Legros, publ. par M. L. Guibert, *Archives hist. du Limousin*, III, p. 312-315.

— Anonyme de Limoges.
Procès-verbal de la reddition de la cité de Limoges, 1370.
Dans *Bulletin de Limoges*, III, 183 Cf. XVIII, 116, et l'*Almanach limousin* pour 1860, partie histor., p. 9. — Voy. aussi le second complément à l'*Invent. des Arch. comm. de Limoges*, AA. 13.

— Anonyme de Limoges.
Relation de la trahison de Gautier Pradeau, 1420.
Cette relation est auj. perdue, mais la substance sinon le contenu tout entier semble se retrouver dans le récit de cet événement, tel que nous le donne Jean de Lavaud dans la seconde partie de son *Recueil des Antiquités de Limoges*, ms.

— Anonyme de Brive.
La venguda del rey Lois [XI] quant passet per sta viala en juin 1463 ([1]).
Publ. par Marvaud, *Hist. du Bas-Limousin* (1842, II, appendice E), et plus complètement par M. Lalande dans le *Bulletin de Limoges*, XIX, 21.
Ms. orig. perdu ; copie ancienne aux Archives communales de Brive (FF. 12). Cf. *Bulletin hist. de Brive*, 1879, p. 679.

∴

— Anonyme de Limoges.
Relation de la cérémonie des funérailles de Jean de Langeac, évêque de Limoges, 1541.
Orig. perdu ; copie dans les *Mélanges mss.* de Legros, II, 487, publiée dans la *Feuille hebdom. de Limoges*, 22 fév. 1780.

— Anonyme.
Procès-verbal de l'interrogatoire de Guillaume du Dognon, vicaire de la Jonchère, accusé de luthéranisme, 1555.
Dans Crespin, *Martyrologe*, à la date.

— Anonyme.
Relation des scènes comiques qui se passèrent au Dorat et à Bellac en 1580.
Publ. dans l'*Hist. du Dorat* par M. Aubugeois de la Ville du Bost, 1880, p. 235.

— Jean Baluze, consul de Tulle.
Récit de la prise de Tulle en 1585.

([1]) Cf. ci-dessus, p. 58, parmi les chroniques de Saint-Martial la relation de deux passages de Charles VII à Limoges, 1439 et 1442.

Publ. par MM. Clément Simon, *Tulle et le Bas-Limousin...*, p. 103,
et Réné Fage, *La prise de Tulle*, p. 115.

— Terrade, notaire à Freysselines.
Récit de la prise de Tulle en 1585.
Publ. par M. Réné Fage, *ibid.*, p. 121.

— De Brivazac, visénéchal de Tulle.
Récit de la prise de Tulle en 1585.
Publ. par M. Clément Simon, *ibid.*, p. 108.

— Anonyme marchois [peut-être le notaire Evrard, d'Ahun].
Brief discours sur la deffaicte des Huguenots advenue le 10 juin
1588 au pais et comté de la Haute-Marche [à la Chapelle-Taillefer].
Paris, Plumion, 1588 ; 2ᵉ édit. par A. Bosvieux, Guéret, 1858.
Deux autres récits de cette défaite parurent aussi à la même date,
sous un titre un peu différent, chez P. Menier J. Le Blanc. (Voy.
A. Bosvieux, *Essai bibliographique...*, p. 36) (¹).

— Anonyme.
La prinse et réduction en l'obéissance du roy des places et forteresses des Egaux et Charrières en Limosin et de la ville de Chasteau-d'Angle en Poictou, occupez par les Huguenots, par M. le vicomte
de la Guierche, gouverneur et lieutenant général pour Sa Majesté
en ses païs de la haute et basse Marche. Paris, 1588 (²).
Rare. Il y en a un exemplaire à la Bibliothèque de l'histoire du
protestantisme, R. 9063.

— Anonyme.
Discours de ce qui s'est passé au siège de Bellac et lèvement
d'iceluy, faisant mention pareillement de la deffaite des ennemis à
Montmorillon, prise d'icelle ville et autres places du Poitou.
Tours, 1591, 21 pp.

— Genébrias, consul de Bellac.
Lettre d'un consul de la ville de Bellac à M. de Turquant, inten-

---

(1) Il n'est point inutile de signaler ici la pièce suivante, d'un anonyme
du temps : « *Le siège de Sarlat [en Périgord] en 1587 par l'armée huguenote, conduite par le vicomte de Turenne*, jouxte la copie imprimée à Bordeaux par Simon Millanges en 1588. A Bordeaux, de l'imprimerie de Mathieu
Chapuis, 1688 », in-12. Réimprimé dans les *Pièces fugitives* du marquis
d'Aubais, II, en 1759, et une quatrième fois en 1833.
(2) A cette période des guerres civiles appartient l'*Avis à l'irrésolu de
Limoges*, publ. à Paris, chez Robert le Fizelier rue Saint-Jacques, à la Bible
d'or, 1589, 76 pp., in-12.

dant de la justice au pays de Lymosin, contenant le discours du siège dudit Bellac, déroute de la cavalerie du vicomte de la Guierche, prise de son canon en la ville de Montmorillon et reprise de plusieurs villes et chasteaux par M. le prince de Conty.

Tours, 1591, 45 pp. — Réimprimé en partie par l'abbé Roy-Pierrefitte dans le *Bull. de Limoges*, II, 242, et dans son *Hist. de Bellac* (1851, 202-206).

— Chastenier.
Histoire du siège de Chéneraillles, 1592.
Plaquette imprimée. C'est très vraisemblablement une relation contemporaine.

— Anonyme.
Récit véritable de ce qui s'est passé en Limosin et aux environs et particulièrement à la prise du fort d'Uzarche entre M. le duc d'Epernon et M. le comte de Schomberg, 1619.
Paris, 1619, 13 pp.

— Anonyme.
Le Limosin.
Brochure in-8° de 15 pp. s. l. ni d., signée à la fin I. M. S. D. C.
C'est un pamphlet relatif aux troubles entretenus par Marie de Médicis. La seconde moitié en est consacrée aux événements de 1619 en Limousin, au siège et à la prise d'Uzerche. Récit très animé et très piquant(1). On en connaît un exemplaire avec la date de 1622, qui est probablement une réimpression.

— Comte de Schomberg.
Lettre au roi sur la prise d'Uzerche, 13 avril 1619.
Paris, F. Morel, in-8°, 7 pp.

— [Marie de Médicis].
La quatrième lettre de la royne mère envoyée [d'Angoulême] au roi sur la prise de l'Uzarche (*sic*), le 11 avril 1619.
Paris, 1619, in-8°, 8 pp.

— Anonyme.
Récit véritable de ce qui s'est passé en Limousin et aux environs et particulièrement à la prise du fort de l'Uzarche entre M. le duc d'Epernon et M. le comte de Schomberg.
Paris, Nicolas Alexandre, 1619, in-8°, 12 pp.

(1) Nous devons ces détails à l'obligeance de M. Clément-Simon, qui possède ce pamphlet et la plupart des suivants dans sa bibliothèque.

— Anonyme.

Histoire véritable de tout ce qui s'est passé en Limosin et pays circonvoisins, fidellement rapportée par tesmoins qui ont veu et esté sur les lieux, où le lecteur verra choses rares et particulières des affaires de ce temps.

Paris, Nicolas Alexandre, 1619, in-8°, 20 pp. (Récit plus complet que le précédent.)

⁂

— Anonyme.

Relation d'un « signe merveilleux apparu en forme de procession, arrivé près la ville de Bellac en Limousin » (sic).

Impr. à Paris en 1621, réimprimée dans Migne, *Dict. des sciences occultes*, II, 845 et dans Roy-Pierrefitte, *Hist. de Bellac*, p. 230.

— Anonyme.

Solennité de la consécration de saint Ignace de Loyola... faicte à Limoges au Collège de la Compagnie de Jésus despuis le 7 d'aoust jusqu'au 15 du mesme [1622], 44 pp.

— D. Pierre Cavalier, prêtre du diocèse de Tulle.

Les dévotions et allégresses spirituelles faites à Tulle dans le Collège de la Compagnie de Jésus ou la célébration de la canonisation des bienheureux Pères S. Ignace et S. François-Xavier.

Tulle, 1622, in-8°.

— Léonard Bertrand, curé de Magnac-Bourg (?).

La conversion de M. Poylevé, premier arboutant de la R. P. R. de Limoges, 1630, sous forme de lettre au vicomte de Rochechouart et Limoges.

Paris, 1630 ; 2ᵉ édit. Lyon, 1875.

— Anonyme.

Récit véritable des choses estranges et prodigieuses arrivées en l'execution de trois sorciers et magiciens deffaits en la ville de Lymoges le 24ᵉ d'avril 1630. Limoges et Bordeaux, 1630, réimpr. à Lyon, 1875. — Cf., les *Annales. de Limoges* dites de 1638, p. 399, et Pierre Robert, *Nouv. chronique* (p. 203 de nos *Chartes, chroniques et mémoriaux*). P. Robert a certainement connu le présent récit qu'il reproduit littéralement en quelques points [1].

---

[1] Florimond de Rémond, † 1602, parle d'une sorcière de Solignac (*De la naissance des hérésies*).

— Pierre Robert († 1688).
Relation des faits qui se produisirent à Bellac à l'occasion d'une visite de Pierre Robert, lieutenant du roi, 1630.
Publ. dans l'*Hist. de Bellac* M. par l'abbé Granet, 1800, p. 330 et ss.

— Anonyme.
Narré de ce qui s'est passé touchant l'affaire de M. Boutin, ministre de Turenne, vers 1647.
Publ. par A. Leroux dans *Arch. hist. du Limousin*, III, 139.

— Pierre Lenet († 1671).
Relation des événements qui se passèrent au château de Turenne en 1650, dans Pierre Lenet, *Mémoires*, 1729, t. II, 2ᵉ partie. Reproduite en substance par M. de Verneilh-Puyraseau dans ses *Mémoires hist. sur la France*, 1830, p. 14 et ss.

— Anonyme.
Gazette de France, fondée en 1631.
Divers extraits de 1650 et 1651, relatifs aux événements de la Fronde en Limousin, ont été publ. par M. Vayssière dans *Bull. de Brive*, 1885, p. 309 et ss. Cf. *ibid.*, 1892, p. 301-308 et *Arch. hist. de la Gironde*, III, 352.

— Pierre Leau, S. J. de Tulle.
Relation de la conversion de M. de Meillars. Tulle, 1651. Voy. une deuxième version de cet événement dans la *Nouv. chronique* de Pierre Robert (p. 304 de nos *Chartes et chroniques*); une troisième dans la *Gazette de France* de 1651 (n° 124); une quatrième dans les *Annuæ litteræ societatis Jesu* (1651) ([1]); une cinquième, empruntée probablement à Pierre Leau, dans le *Nobiliaire limousin*, III, 228; une sixième dans l'*Hist. de l'ordre des religieuses filles de Notre-Dame* (t. II, Poitiers, J.-B. Braud, 1700, p. 188).

— Anonyme.
Procès-verbal des ostensions d'Arnac en 1659.
Dans le *Limousin hist.*, I, 570.

— Anonyme.
Récit de ce qui s'est passé à Limoges durant la célébration de la canonisation de saint François Borgia..., troisième général de la Compagnie de Jésus, au mois de juillet 1672. Impr.

— Anonyme.
Le triomphe du Très-Saint Sacrement ou [relation de] la proces-

---

[1] Voy. ci-dessus, p. 73.

sion célèbre qu'on fit à Limoges le jour qui finissait l'octave de la Feste-Dieu, le 20 juin 1686. — Limoges, 1680 ; 2° édit. 1876.

— Anonyme.
Relation abrégée de la prise de possession de M. de Canisy, évêque de Limoges, 1606.
Publ. par M. l'abbé Granet dans le *Bull. de Lim.*, XL, 383.

.˙.

— Eustache Lenoble-Ténelière († 1711).
Relation de la réception d'un prince prétendu grec à Ussel vers 1708.
Publ. dans *Revue rétrospective*, 2° série, VII, 150.

— Anonymes.
Mercure de France, fondé en 1714.
Extraits de 1717-33, relatifs au Limousin, reproduits par M. l'abbé Poulbrière dans *Bull. de Limoges*, XXXVII, 423-425.

— Anonyme.
Relation (sous forme de lettre) des fêtes célébrées à Tulle en 1738 pour la canonisation de saint François Régis.
Publ. dans les *Vies des saints du diocèse de Tulle*, 1887, p. 109.

— Abbé de la Motte, curé de Boussac.
Relation du transfert à Boussac d'une relique de saint Domnolet, vers 1750.
Publ. fragmentairement par M. Louis Duval dans ses *Esquisses marchoises*, p. 305-316.

— Abbé de Puy-Ferrat, grand vicaire de l'évêque de Limoges.
Notes relatives à la destruction de Grandmont, aux entours de 1770, rédigées sous l'inspiration de Mgr d'Argentré à Munster aux environs de 1800. Perdues.
Voy. L. Guibert, *Destruction de l'ordre et de l'abbaye de Grandmont*, p. 270.

— Anonyme.
Relation de ce qui a été fait au collège de Tulle pour célébrer la naissance de Monseigneur le Dauphin, 1781.
Réimprimé par M. Clément-Simon dans son *Hist. du collège de Tulle*, p. 150.

— Anonyme.
Relation des fêtes célébrées à Brive à l'occasion de la naissance du Dauphin, 1781.
Réimprimée par M. R. Fage dans *Bull. de Brive*, 1888, p. 372.

— Abbé J.-B. Vitrac.
Relation des fêtes célébrées à Limoges à l'occasion de la naissance du Dauphin, 1781, sous forme de lettre aux rédacteurs du *Journal de Paris*, suppl. du 18 déc. 1781.
Reproduite dans le *Bull. de Limoges*, VII, 93 et ss. Cf. le second complément à l'*Invent. des arch. commun. de Limoges*, AA. 14, et l'*Invent. des arch. dép.*, C. 540.

— Jacques Duroux.
Historique de la clôture du chef de saint Martial en 1785.
Dans le *Limousin hist.*, I, 452.

— Anonymes.
La Gazette des Gazettes.
Extraits de 1785, relatifs au Limousin, reproduits par M. l'abbé Poulbrière dans *Bull. de Limoges*, XXXVII, 424.

— Anonymes.
Les Nouvelles ecclésiastiques, de 1728 à 1803.
Cette feuille janséniste contient un grand nombre de faits, d'ordre ecclésiastique, concernant les diocèses de Limoges et de Tulle. Un seul, relatif à l'année 1789, a été reproduit dans le *Bull. de Limoges*, XL, 374-379.

— L'abbé de Mondésir.
Histoire ([1]) des brigandages commis dans le Limousin, le Périgord..... à la fin de l'année 1789 et au commencement de 1790.
Montauban, 1790, in-8°.
Cf. sur cet événement l'*Invent. des arch. communales d'Aubusson*, AA 3, EE 2, et de *Bellac*, FF 2; Bayle, *Abrégé hist. des faits qui se sont passés à Uzerche pendant la Révolution* (ms.)([2]); de Verneilh-Puyraseau, *Mes souvenirs*, p. 106; diverses notes du temps recueillies par l'abbé Duléry, *Hist. de Rochechouart*, p. 260 et ss.; Pierre de Witt, *La peur en 1789* (Caen, 1887); général baron de Marbot, *Mémoires*, tome I.

*
* *

— Abbé Legros.
Relation de la fête du 14 juillet 1790 à Limoges.
Publ. par A. Leroux, *Arch. histor. du Limousin*, I, p. 316.

---

(1) Ce n'est à vrai dire qu'une relation très développée.
(2) Voy. ci-dessus, p. 76.

— Anonyme.
Relation de la translation de la châsse de saint Martial, le 17 déc. 1700.
Voy. M. Fray-Fournier, *Bibliographie...*, n° 271.

— Anonyme.
Comptes-rendus des fêtes de la Raison à Limoges et Magnac-la-Montagne, an II.
Voy. M. Fray-Fournier, *Bibliographie...*, n°* 218 et 219.

— Anonyme.
Procès-verbal de la cérémonie civique qui a eu lieu [à Limoges] le 20 prairial an III... relative à la distribution des secours aux indigens des campagnes. — Limoges, 1795, 16 pp.

— Anonyme.
Procès-verbal de la fête du 14 juillet célébrée à Tulle le 25 messidor an IX.
Dans V. de Seilhac, *Hist. de la Corrèze*, append., p. 11-16.

— Anonyme.
Procès-verbal de l'ouverture du Lycée de Limoges, 8 oct. 1804. Brochure.

— Anonyme.
Procès-verbal de l'installation de l'Académie universitaire de Limoges, 26 juillet 1810. Brochure.

— Anonyme.
Procès-verbal de l'installation solennelle de la Cour impériale de Limoges, faite par M. le sénateur comte Depère, commissaire délégué de Sa Majesté impériale et royale, le 1er juillet 1811. (Limoges, Bargeas, 1811).

— [Massinguiral, vicaire général]
Relation du passage de Pie VII à Limoges en 1814. Plaquette.

— De Saint-Priest de Saint-Mur.
Procès-verbal de la fête célébrée à Tulle en 1816 à l'occasion du mariage du duc de Berry.
Dans V. de Seilhac, *Hist. de la Corrèze*, append., p. 98-111.

— Anonyme.
Relation du banquet offert à M. de Martignac par les autorités constituées et les principaux citoyens de la ville de Brive, 1821.
Dans V. de Seilhac, *Hist. de la Corrèze*, append., p. 112-119.

— Anonyme.

Procès-verbal de la cérémonie qui a eu lieu pour la pose et la bénédiction de la première pierre des constructions nouvelles du séminaire diocésain de Limoges, mars 1821. Plaquette.

— F. Favart.

Relation du procès Bedoch, ancien député, contre Mialet, avoué, 1831.

Dans V. de Seilhac, *Hist. de la Corrèze,* append., p. 84-97.

— Pierre Laforest († 1881).

Relation de l'incendie de Limoges des 15 et 16 août 1864. — Limoges, 1864, in-8°.

— Anonyme.

Programme de la procession générale du dimanche de Quasimodo 4 avril 1869, à l'occasion de l'ouverture de l'ostension septennale des saintes reliques.

Limoges, Barbou, 1869, 22 pp.

— Anonyme.

Cérémonial de l'entrée solennelle de S. G. illustrissime et révérendissime Mgr Alfred Duquesnay, évêque de Limoges, dans sa ville épiscopale, mars 1872. Impr.

— Anonyme.

Programme des fêtes de l'ouverture de l'ostension septennale du précieux chef de l'apôtre saint Martial... en 1876.

Limoges, Barbou, 1876, 40 pp.

10. — REGISTRES DOMESTIQUES

Les documents de ce genre se trouvent pour la plupart réunis dans les deux recueils de M. L. Guibert que nous citons ci-après. Mais il en existe quelques autres qui ont été ou qui seront prochainement publiés dans les Bulletins des Sociétés historiques de nos trois départements limousins. Nous signalerons également, à leur rang chronologique, ceux qui sont encore inédits, pour autant qu'ils nous sont connus.

— Louis Guibert.
Livres de raison, registres de famille et journaux individuels, limousins et marchois (avec le concours de MM. A. Leroux, P. et J. de Cessac et abbé A. Lecler), 1888. Tirés à part du *Bull. de Brive*, 1885 et ss.
Contient vingt documents de cette nature, allant de 1431 à 1804.

— Louis Guibert.
Nouveau recueil de registres domestiques limousins et marchois (avec le concours de MM. A. Leroux, J.-B. Champeval, abbé A. Lecler et Léonard Moufle), t. I, 1895. Tirés à part du *Bull. de Brive*, 1889 et ss.
Contient seize documents de cette nature, allant de 1384 à 1632.

— Papier domestique de Pierre Benoist, bourgeois de Limoges (1308).
Perdu. Mentionné dans celui d'Etienne Benoist, ci-dessous.

— Registre de famille de Jean Benoist, bourgeois de Limoges vers 1330.
Perdu. Mentionné dans celui d'Etienne Benoist, ci-dessous.

— Livres de raison d'un homme d'affaires limousin, de 1356 à 1359 et de 1366 à 1376 (en 2 vol.).
Analysé en partie par M. Clément-Simon dans le *Bulletin de Brive*, 1894, XVI, p. 147 et ss.

— Livre de raison et de reconnaissances féodales des sieurs Régis, marchands de Brive, de 1380 à 1460.

Inédit. En la possession de M. J.-B. Champeval, avocat à Figeac.

— Livre de raison et registre de famille de Pierre Esperon, juge épiscopal de Saint-Junien, de 1384 à 1417 et 1443.

Publ. dans *Nouv. recueil de registres domestiques limousins et marchois.*

— Registre de famille de Gérald Tarneau, notaire de Pierrebuffière (pêle-mêle avec la chronique de cette ville, voy. ci-dessus p. 74), de 1423 à 1438.

Publ. par A. Leroux dans les *Chartes, chroniques....*, p. 203.

— Livre de raison d'Etienne et Guillaume Benoist, bourgeois de Limoges. Commencé en 1426, il s'arrête en 1454, mais relate divers évènements à partir de 1308, d'après d'anciens livres de raison de la même famille, aujourd'hui perdus. En dialecte limousin.

Publ. par M. Louis Guibert dans le *Bull. de Limoges*, 1881, t. XXIX.

— Livre de raison des sieurs Gérald, Jean I, Jean II et Louis Massiot, négociants de Saint-Léonard, de 1431 à 1490-1496.

Publ. dans *Livres de raison limousins et marchois.*

— Livre de raison de Bernard de Lur, seigneur de Fressinet, 1441 et ss. En dialecte limousin.

Inédit. En la possession de M. Ant. Thomas, à Paris.

— Registre domestique de Guillaume et Hugues de Quinhart, bourgeois de Brive, de 1455 à 1500.

Publ. dans *Nouv. recueil.*

— Mémorial de Pierre et Jean Roquet, frères, bourgeois de Beaulieu, de 1478 à 1525.

Publ. dans *Nouv. recueil.*

— Registre de famille de Psalmet Péconnet, notaire de Limoges, de 1487 à 1502.

Publ. dans *Livres de raison.*

— Registre de famille des vicomtes de Turenne : extraits de 1497, 1526, 1528 et 1532.

Publ. par Justel dans l'*Hist. généal. de la maison d'Auvergne*, preuves, p. 235 et 255.

— Livre de raison et registre de famille des sieurs Pierre et Antoine de Sainte-Feyre, 1497-1533.... 1570-1577.

Publ. dans *Nouv. recueil.*

— Registre de famille et chronique locale des Mailliard, bourgeois de Brive, de 1507 à 1602.
Publ. par M. F. de Mailliard dans *Bulletin de Brive*, II, III, IV et V.

— Registre domestique et papier baptistaire de la famille de Gay de Nexon, de 1514 à 1522 et de 1620 à nos jours.
Publ. dans *Nouv. recueil*.

— Livre de raison de Léonard Romanet, chanoine d'Eymoutiers, et de Joseph Romanet, son frère ou neveu, de 1518 à 1581.
Publ. dans *Nouv. recueil*.

— Registre de famille des Du Noyer et des Labrunie de Martel, de 1522 à 1728.
Publ. dans *Nouv. recueil*.

— Livre de raison et registre de famille de Pierre, autre Pierre et Michel Terrade, notaires à Chaumeil, de 1548 à 1685.
Publ. dans *Nouv. recueil*.

— Registre de famille des Maurat, bourgeois du Dorat, de 1556 à 1708.
Publ. fragmentairement par A. Leroux dans *Bulletin de Limoges*, XXIX, 134-135, et intégralement par M. Louis Guibert dans *Livres de raison...*

— Registre de famille des Lemaistre-Bastide, de Limoges, de 1558 à 1748.
Publ. dans *Livres de raison...*

— Registre domestique de Joseph Singareau, de Saint-Junien, contenant un tableau généalogique de sa famille et diverses mentions historiques, xvi° siècle.
Consulté par M. Arbellot en 1847 ([1]), ce registre semble auj. perdu.

— Registre de famille et chronique locale de Jean-Etienne et Jean-Charles Baluze, de Tulle, de 1566 à 1641.
Publ. par M. L. Guibert dans *Bulletin de Tulle*, 1887.

— Papier de famille de Jean Barbou, commencement du xvi° siècle.
Perdu ; mention dans celui de Hugues Barbou, son fils, à l'année 1538.

([1]) Voy. les *Documents sur Saint-Junien*, p. 204 et 206.

— Registre de famille des Barbou, imprimeurs de Limoges, de 1507 à 1780.
Publ. par M. Ducourtieux dans le *Bulletin de Limoges*, XLI, p. 120 et ss., et XLII, p. 180 et ss.

— Registre de famille de Jacques-Clément des Flottes, seigneur de l'Eychoisier, XVIe siècle.
Perdu; mention dans celui de Hugues Barbou, à l'année 1574.

— Registre de famille des Lamy de Lurot et Lamy de la Chapelle, de Limoges, de 1568 (¹) à nos jours. Rédigé en latin jusqu'à 1733.
Extraits de 1568 à 1805, publ. dans *Livres de raison*.

— Registre domestique des sieurs Lagarde, de Tulle, de 1560 à 1648.
Publ. dans *Nouv. recueil*.

— Journal du sieur Vieilbans, conseiller au présidial de Brive et consul de cette ville, de 1571 à 1598.
Publ. dans *Nouv. recueil*.

— Registre de la famille de Salignac de Rochefort, 1571-1626.
Publ. par A. Leroux dans *Bull. de Limoges*, XXXVIII, 350-353.

— Notes domestiques d'Antoine Rymond, notaire de la vicomté de Rochechouart, de 1572 à 1620.
Publ. dans *Nouv. recueil*.

— Registre de la famille Devoyon. Commencé vers 1575.
Inédit. Au château de la Planche, près Limoges.

— Registre de famille des De Nesmond (originaires du Dorat, fixés plus tard dans la Haute-Marche), de 1575 à 1647.
Inédit; feuillets détachés aux mains de M. le comte Roger de Bony, au château de Juvet (Haute-Vienne).

— Journal historique de Jean Duboys, de 1577 à 1596, inséré dans une lièvre de l'hôpital Saint-Gérald de Limoges.
Extraits dans notre *Invent. des Archives hospitalières de la Haute-Vienne*, II. B. 11.

— Papier de famille de Jean Lestorguie, de Nonars, de 1585 à 1602.
Publ. dans *Nouv. recueil*.

---

(1) Et non 1571, comme il est dit par erreur.

— Livre de raison et registre de famille des sieurs Delaroudie, marchands d'Aixe, 1580-1644.

Ms. coté E. 7067 des Archives départementales de la Haute-Vienne.

— Registre de famille de Jeanne Boyol, comtesse de Villelume, de 1587 à 1594.

Publ. dans *Livres de raison*.

— Livre de raison de Nicolas Cornoulon, notaire à Sainte-Feyre, fin du xvi° siècle.

Inédit ; appartient à M. le comte Roger de Bony, au château de Juvet (Haute-Vienne).

— Registre de la famille Guybert, fin du xvi° siècle.

Perdu ; mention dans celui de Hugues Barbou, à l'année 1605.

— Journal personnel de M° Jean de Drouilhas, semi-prébendier d'Eymoutiers, 1580-1638.

Copie du xvii° s. aux mains de M. l'abbé Monique à Eymoutiers.

— Journal domestique d'Elie de Roffignac, seigneur de Roffignac et de la Motte d'Allassac, de janv. 1588 à sept. 1589.

Publ. dans *Nouv. recueil*.

— Registre de famille de Gérald Bramaud, notaire à Aixe, de 1590 à nos jours.

Publ. dans *Livres de raison*.

— Journal domestique de Martial de Gay, lieutenant général à Limoges, de 1591 à 1602.

Publ. dans *Nouv. recueil*.

— Journal domestique de Jacques de Sahuguet-Damarzid, écuyer, seigneur de Vialard, de 1594 à 1634.

Publ. par M. Paul Bruel dans *Bull de Brive*, 1887, p. 327-361 ([1]).

— Journal personnel de Pierre Vacherie, prêtre limousin, de 1595 à 1652.

Publ. par M. Bruel dans *Bull. de Brive*, 1887, p. 30-74.

— Livre de raison de Pierre Doumail, notaire à Gros-Chastang (Corrèze), de 1597 à 1632.

Publ. dans *Nouv. recueil*.

---

[1] « Grenade en grand volume », mentionné page 349, n'est nullement l'*Histoire des guerres civiles de Grenade*, comme le croit l'éditeur, mais le théologien espagnol Louis de Grenade, † 1588, dont les œuvres furent traduites en français au commencement du xvii° s.

— Registre de famille de Junien de Labrunye, bourgeois de Rochechouart, fin du xvi⁰ siècle et commencement du xvii⁰ siècle.
Perdu. Mentionné dans le suivant.

— Registre de famille et chronique locale des sieurs De Labrunye, de Rochechouart, de 1599 à 1792 (1).
Publ. dans *Livres de raison...*

— Papier journal des Vergnaud, de Bellac, fin du xvi⁰ siècle.
Semble auj. perdu ; mais Mallebay de Lamothe en a donné un extrait dans son *Plan pour servir à l'hist. du comté de la Marche* (1767, p. 98).

— Papier journal de Pardoux Roch, greffier de la cour royale de Saint-Yrieix, fin du xvi⁰ s.
Semble perdu. M. de Montégut en cite un extrait de 1580 dans les notes du *Journal* de Pardoux de Jarrige, p. 97.

.•.

— Registre de famille du sieur Lachau, d'Argentat. Première moitié du xvii⁰ siècle.
Mentionné par M. E. Bombal dans son *Hist. d'Argentat*, mais semble auj. perdu.

— Livre de raison et journal personnel de Guy Feydeau, consul de Bellac. Première moitié du xvii⁰ siècle.
Voy. M. l'abbé Granet, *Hist. de Bellac*, p. 84 et 148.

— Livre domestique de la famille du Burguet de Chauffailles, 1603-1703.
Publ. par M. L. Guibert dans *Bull. de Limoges*, XXXVIII, 414-417.

— Registre de famille de Jean Plaze et de François et Gaspard Deyma, d'Argentat, de 1605 à 1681.
Publ. dans *Livres de raison*.

— Papier journal de messire Prevost, curé de Lussac-les-Eglises, 1608.
Mentionné par Pierre Robert (*Nouv. chronique*, p. 292 de nos *Chartes, chroniques....*) ; semble auj. perdu.

(1) A rapprocher sur quelques points du *Registre consistorial de Rochechouart*, 1596-1835, mentionné plus loin.

— Grand « papier de raisons » d'un sieur Jarrige, de Saint-Yrieix, 1600.

Perdu.

— Livre de raison d'Antoine d'Arelh, de Beaulieu, de 1611 à 1637.

Publ. dans *Livres de raison*.

— Livre de raison du sieur Pardoux Gondinet, de Saint-Yrieix, de 1613 à 1630.

Publ. dans *Livres de raison*.

— Livre de raison du sieur Jarrige, de Saint-Yrieix, de 1619 à 1625 (1).

Publ. dans *Livres de raison*.

— Daniel de Cosnac, archevêque d'Aix, né en 1626.

Ses *Mémoires* contiennent quelques détails sur le séjour de l'auteur au château de Cosnac.

— Notes personnelles de L. Pauthut, curé de Saint-Maurice de Limoges, de 1627 à 1632.

Publ. par M. Louis Guibert dans *Bull. de Limoges*, XXIX, 93, et *Almanach limousin* de 1869.

— Livre de raison et notes domestiques de Jacques et Pierre Treilhard, de Brive, de 1627 à 1654.

Sera publ. dans *Nouv. recueil*, t. II.

— Registre de famille et chronique locale des sieurs Isaac, Alexis I et Alexis II Chorilton, de Guéret, de 1628 à 1709.

Publ. dans *Livres de raison* (2).

— Papier-journal de Jacques Bourdicaud, élu et contrôleur en l'élection de Bourganeuf, 1632, 1645.

Perdu; mentionné dans un registre paroissial d'Eymoutiers, GG. 3 de notre *Inventaire des arch. communales*, à la date.

— Livre de raison de Jean et Jérôme Texendier frères, négociants de Limoges, de 1636 à 1662.

Publ. dans *Livres de raison*...

— Journal domestique d'un magistrat du présidial de Tulle, de 1639 à 1690.

Sera publ. dans *Nouv. recueil*, t. II.

---

(1) Et non 1621, comme il est dit par erreur.
(2) Cf. ci-dessus, p. 76.

— Livre de raison et registre de famille de Jean Lachèze, sergent royal à la Joubertie (probablement arr. de Saint-Yrieix), de 1640 à 1663.

Inédit ; appartient à M⁽ᵐᵉ⁾ V⁽ᵉ⁾ Glangeau, née du Montet de Mallusson, au château du Mazet, commune de Janailhac (Haute-Vienne).

— Journal domestique des sieurs Valèze, de la Jonchère, de 1642 à 1705, avec lacune pour les 30 premières années du xviii⁽ᵉ⁾ siècle.
Inédit ; en la possession de M. Gérardin, à Limoges.

— Livre de raison de Jean Péconnet, bourgeois de Limoges, de 1644 à 1678.
Publ. dans *Livres de raison*.

— Journal domestique de Pierre Ruben, d'Eymoutiers, avocat du roi en l'élection de Bourganeuf, de 1645 à 1661.
Sera publ. dans *Nouv. recueil*, t. II.

— Journal personnel de Jean Lafosse, consul de Limoges, 1649.
Publ. par M. Louis Guibert en appendice au t. III des *Registres consulaires de Limoges* (1884).

— Papier baptistaire, de la famille Péconnet de Limoges (seconde moitié du xvii⁽ᵉ⁾ s. avec mentions régressives jusqu'à 1476).
Publiés par M. L.-A. Péconnet du Chastenet en 1804 (Limoges, Ducourtieux). Il est ainsi enlevé au *Nouv. recueil*, ... t. II, de M. L. Guibert, où il devait figurer.

— Mémorial de Jean Nicolas, marchand de Limoges, de Pierre et François Nicolas, ses fils, de Champsac, 1653-1733.
Publ. par A. Leroux dans *Bull. de Limoges.*, XXXVIII, 354-394.

— Journal personnel du sieur Courtet, prêtre de Tulle (?), de 1654 à 1661.
Sera publ. dans *Nouv. recueil*, t. II.

— Registre de contrats et papier baptistaire de Guillaume Labrunie, avocat à Martel, de 1653 à 1655.
Sera publ. dans *Nouv. recueil*, t. II.

— Registre de famille de Jean Badou, bourgeois de Bellac, de 1657 à 1695.
Sera publ. dans *Nouv. recueil*, t. II.

— Livre de raison du susdit Jean Texendier et de Jean-Baptiste Texendier, sieur de Losmonerie, son petit-fils, de 1662 à 1703.
Publ. dans *Livres de raison...*

— Journal personnel de Jean Moreau, notaire du Dorat, de 1666 à 1741.
Publ. par M. l'abbé A. Lecler dans *Bull. de Limoges*, XXIX, 170.

— Journal personnel de Vincent Fournier, curé de Magnac-Laval, de 1667 à 1693.
Cité par M. Normand, *Hist. du collège de Magnac*, p. 19 et 100.

— Mémorial et répertoire d'Antoine Reissent, curé de Goulles en Xaintrie, de 1668 à 1674.
Sera publ. dans *Nouv. Recueil*, t. II.

— Livre de raison du sieur Boynes, bourgeois de Meymac, de 1672 jusque vers la fin du xvii⁰ siècle.
Sera publ. dans *Nouv. recueil*, t. II.

— Livre de raison de Joseph Cousturier de Fournoue, receveur des consignations à Guéret, 1674.
Sera publ. dans *Nouv. recueil*, t. II.

— Mémorial des services de Martin de Fénis, sieur de la Brousse et du Touroudel, sous-brigadier des ingénieurs du roi, de 1675 à 1713.
Sera publ. dans *Nouv. recueil*, t. II.

— Notes domestiques et memento professionnel du sieur Sazerac, chirurgien et apothicaire à Nexon, de 1675 à 1718.
Sera publ. dans *Nouv. recueil*, t. II.

— Memento de Martial Robert, prêtre communaliste d'Aixe, de 1677 à 1702.
Sera publ. dans *Nouv. recueil*, t. II.

— Livre de raison de Joseph Peconnet, avocat de Limoges, de 1670 à 1716.
Publ. dans *Livres de raison*...

— Journal personnel d'un Père jésuite du Collège de Limoges, 1691-94.
Publ. par extraits dans notre *Invent. des Archives dép. de la Haute-Vienne*, série D, 154.

— Registre domestique de Bertrand Labrunie, avocat à Martel, et de Guillaume son fils, de 1680 à 1730.
Sera publ. dans *Nouv. recueil*, t. II.

— « Papier des mizes » d'un tuteur, non dénommé, des enfants mineurs de feu Claude Robert, de Saint-Germain-Beaupré, 1684-1694.

Cahier ms. de 33 feuillets in-4° en la possession de M. Emmanuel Hervy, à Limoges.

— Livre journal de M° Pierre Bigorie, juge de Bré.
Extraits de 1687-90, publ. par M. de Nussac dans le *Bull. de Brive*, 1800, p. 437.

— Registre domestique de Jacques Geoffre, de Brive, et de sa fille, de 1698 à 1774.
Sera publ. dans *Nouv. recueil*, t. II.

— Journal d'Antoine Miquel de Laborde, m° chirurgien à Jarnages, 1699-1742.
Publ. par M. J.-E. Martinet dans les *Mém. de la Soc. des sciences de la Creuse*, 1801, VII, 151.

— Mémoires de M. de Roufiniac, fin du xviie siècle.
Cités dans l'*Hist. de Brive* par quatre citoyens, p. 190.

— Registre de famille des Romanet du Caillaud, de Limoges, xviie-xviiie ss.
Inédit; en la possession de M. Romanet du Caillaud, à Limoges.

.*.

— Livre de raison de M. de la Salvanie, président trésorier de France à Limoges, de 1702 à 1709.
Mention dans *Bulletin de Tulle*, 1890, p. 546.

— Papier baptistaire de la famille David, de Limoges, de 1703 à 1809.
Sera publ. dans *Nouv. recueil*, t. II.

— Registre de famille des Gay de Nexon, sgrs du Palland et de Plument, xviiie siècle.
Inédit. En la possession du baron Gay de Nexon, au château de Vernon près de Saint-Léonard.

— Mémoire-journal d'Etienne Audebert de Fonmaubert, procureur au siège royal de Bellac, † 1741.
Perdu, mais mentionné dans l'inventaire des biens du dit sieur ; publ. dans le *Bulletin de Limoges*, t. XXXVII, p. 349.

— Registre personnel du chanoine de Loménie, curé de Saint-Aurélien de Limoges, de 1700 à 1750.

Publ. fragmentairement par M. P. Cousseyroux dans le *Limousin littéraire*, 1887.

Ms. aux mains du D' Chaumanet, à Peyrat-le-Château.

— Livre de raison de Clément Hugon, sieur de Roux, de 1706 à 1710.

Sera publ. dans *Nouv. recueil*, t. II.

— Livre journal du syndic-marguillier de la paroisse d'Orliac de Bar en Bas-Limousin, 1710-1742.

Extraits publ. dans la *Bull. de Tulle*, 1804, 531 et ss. par M. Barbier de Montault.

— Livre journal de Léonard Denard, chanoine de l'Artige, de 1718 à 1782.

Extraits dans les *Archives historiques du Limousin*, t. VI, p. 291.

— Registre de famille et journal de commerce de Léonard et Jacques Montalescot, de Saint-Léonard, de 1722 à 1820.

Sera publ. dans *Nouv. recueil*, t. II.

— Livre de raison des sieurs Leynia, de Chassagne près Uzerche, de 1724 à 1804.

Publ. dans *Livres de raison...*

— Registre-memento de Gilbert Finet, peintre et tapissier d'Aubusson, † 1745.

Quelques extraits (1727 et ss.) en ont été publiés par M. C. Pérathon dans les *Mém. de la Soc. des sciences de la Creuse* (VII, 151 et ss.)

— Registre de famille de Jean et Martial Delavergne, de Cieux, de 1727 à 1800.

Sera publ. dans *Nouv. recueil*, t. II.

— Livre de raison de Jean Mateau, de Goulles en Xaintrie, de 1729 à 1740.

Sera publ. dans *Nouv. recueil*, t. II.

— J.-F. Marmontel, 1723-1799.

Mémoires d'un père, publiés en 1800.

Une cinquantaine de pages des livres I et II ont trait à son séjour en Limousin, aux environs de 1730-1738.

— Livre de raison de la famille de Meynard, de 1731 à 1769.

Publ. par M. J.-B. Champeval dans le *Bull. de Tulle*, 1892, p. 474-479.

— Notes personnelles de Léonard Desveux et A. Lombardie, curés de la Bregère, allant de 1738 à 1783.

Publ. dans le second complément à l'*Invent. des Archives communales de Limoges*, GG. 253 et 255.

— Livre de raison de la famille Moufle, de Saint-Paul-d'Eyjeaux, de 1740 à 1825.

Sera publ. dans *Nouv. recueil*, t. II.

— David.

Mémoires contemporains, de 1740 à 1770 environ, fréquemment cités par l'abbé Legros.

Semblent perdus.

— Livre de raison du vicomte d'Auteroche, xviiie siècle.

Mentionné dans le *Bull. de Brive*, 1893, p. 77 et 79.

— Livre de raison de Joseph Leynia, juge de Beaumont : extraits de 1741 à 1801.

Sera publ. dans *Nouv. recueil*, t. II.

— Registre de famille du sieur Retouret, de Limoges, de 1746 à 1763.

Publ. dans *Livres de raison*.

— Carnets de voyage de Michel et Antoine Collas, tapissiers de Felletin, 1747-81.

Publ. par M. C. Pérathon dans les *Arch. hist. du Limousin*, IV, 289.

— Livre-journal du sieur Romanet de la Briderie, propriétaire, de 1748 à 1791.

Sera publ. dans *Nouv. recueil*, t. II.

— Journal personnel de J.-B. Plantadis, curé de Boussac, 1750.

Extrait publ. par M. Louis Duval dans ses *Esquisses marchoises*, p. 305 et ss.

— Registre de la famille Devoyon. Commencé vers le milieu du xviiie s.

Inédit ([1]). Au château de la Planche, près Limoges.

— Registre de famille d'Ambroise Périgord, sieur de la Guinaudie, subdélégué de l'intendant de Poitiers à Rochechouart, de 1751 à 1764.

Sera publ. dans *Nouv. recueil*, t. II.

---

[1] Registre différent de celui que nous citons plus haut (p. [94] et que nous avons également vu.

— Livre de comptes d'Henri Maucourant, marchand de Bourganeuf : fragments de 1758 et 1775.
Sera publ. dans *Nouv. recueil*, t. II.

— Livre de raison de J.-B. Couloumy, notaire à Saint-Pantaléon, et du sieur Beauregard, son gendre, de 1759 à 1830.
Sera publ. dans *Nouv. recueil*, t. II.

— Livre de raison de Charles-Silvain, vicomte de Saint-Georges, sgr de Fraisse, près Dornoull, 1702-1824.
Publ. dans le *Bulletin de Limoges*, XXXVII, p. 380.

— Livre de raison d'un sieur Teyssier, de Tulle : fragments de 1766 à 1769.
Sera publ. dans *Nouv. recueil*, t. II.

— Journal personnel de Pierre Laporte, maire d'Aubusson, de 1769 à 1772, sous ce titre : « Choses essentielles et utiles qui ont été faites pendant mon exercice de l'échevinat et de la mairie. »
M. C. Pérathon en a publié quelques fragments dans son *Histoire d'Aubusson*, p. 80.

— Journal personnel de Génébrias de Gouttepagnon, de Bellac, 1774 jusque vers 1830.
Extraits de 1774 à 1794 publ. par M. l'abbé Granet dans *Arch. hist. du Limousin*, IV, 380.

— Journal historique de J.-B. Niveau, notaire royal et directeur des postes à Guéret, de 1776 à 1808.
Publ. par M. F. Autorde dans les *Mém. de la Soc. des sciences de la Creuse*, 1892, VII, 406. Il est ainsi enlevé au *Nouv. recueil...*, t. II, de M. L. Guibert, où il devait primitivement figurer.

— Livre de raison de Lamy-Delurel, curé de la Roche-l'Abeille, de 1779 à 1788.
Publ. dans *Livres de raison*.

— Registre domestique de Mad. de la Roche-Aymond, 1780 ?
Inédit.

— Général baron J.-B. Marcellin de Marbot (né en 1782, † 1854).
Mémoires publiés en 1891.
Les chapitres 1 et 2 du tome I concernent la jeunesse de l'auteur, élevé en Bas-Limousin avant la Révolution.

— Livre journal d'un sieur Mémoire, intendant du comte des Cars, de 1786 à 1787.
Sera publ. dans *Nouv. recueil*, t. II.

— Registre de comptes d'un marchand du bourg de Folles, de 1788 à 1795.

Sera publ. dans *Nouv. recueil*, t. II.

— Livre journal de M. de Pestels, de 1788 à 1792.

Extraits publ. par M. de Seilhac dans *Bull. de Tulle*, 1885, p. 693.

— Registres des redevances dues au chanoine J.-B. Marchandon du Puy-Mirat, à Limoges, de 1789 à 1791.

Publ. dans *Livres de raison*.

— Récit généalogique du marquis de Saint-Chamans à ses enfants, 1790 (original pour les trente ou quarante années qui précèdent).

Publ. par M. Bombal dans *Bull. de Tulle*, 1889 et 1890.

— Livres de raison et mémoires de Madelmont, cultivateur à Sarran, près Vitrac (Corrèze), de 1798 à 1830.

M. V. de Seilhac en donne plusieurs extraits dans son *Hist. politique du département de la Corrèze*, 1888, pp. 73, 76, 126, 145, 166, 220, 286, 320, 343, 347, 447, 451, 452 et 464 et ajoute : « Madelmont a laissé de nombreux manuscrits qui fourniront un sujet d'étude curieuse et une publication intéressante pour l'histoire du département. »

11. — AUTEURS ÉTRANGERS

du moyen âge féodal et des temps modernes qui ont parlé du Limousin

— Pierre le Vénérable, xii° s. *Epistolæ*.

— Chroniqueurs anglais des xii°-xiii° siècles, à consulter pour l'histoire du Limousin, dans les *Hist. de France*, XIII.

— Guillaume de Nangis, *Chronique* et *Vie de saint Louis*, riches l'une et l'autre en renseignements sur les comtes de la Marche de la maison de Lusignan.

— Anonyme normand du xiv° s.
Chronique éditée par MM. A. et E. Molinier.
Cf. les extraits donnés dans le *Bulletin de Limoges*, XXXI, 40.

— Cabaret d'Orville, *Vie du bon duc Louis de Bourbon*, écrite vers 1429.
Il y est longuement question du siège de Brive en 1374.

— Froissart, *Chroniques*, xiv° s.

— Monstrelet, *Chroniques*, de 1400 à 1453.

— Jean Chartier, *Grandes chroniques de France*, xv° s.

— Théodore de Bèze. *Hist. des égl. réf.*, édit. Baum, II, 900.

— De Thou, *Hist. de mon temps*, de 1543 à 1607.

— Castelnau, *Mémoires* sur les années 1559-1570.

— Jean Tarde, *Chroniques de Sarlat* (A consulter pour le soulèvement des Crocquans en 1594 et la conspiration de 1605).

12. — VOYAGEURS ET GÉOGRAPHES MODERNES [1]

qui ont parlé du Limousin

On trouve dans ces récits de voyageurs la caractéristique plus ou moins développée des habitants et du pays. Il faut en rapprocher celle que donnent d'Aguesseau, intendant de la Généralité de Limoges, dans les *Discours sur la vie de M. d'Aguesseau* publié par son fils (1720), et M. de Bernage dans son *Mém. sur la Généralité de Limoges* (1698). Il faut également tenir compte des sarcasmes de Villon, Rabelais, Marot, des adversaires du poète de Dorat, Molière, dom Martène, Voltaire, Turgot, etc., sur les Limousins.

— André Thévet († 1590).
Cosmographie universelle, 1571. Au t. II, livre XIV, l'auteur signale et décrit la lionne de Saint-Martial et quelques monuments de Limoges.

— F. de Belleforest († 1583).
Cosmographie, 1575. P. 207-220 : « Du pays du Limousin et étendue d'icelui, villes et seigneuries qui y sont comprises, et de la cité et vicomté de Limoges et ancienneté de cette ville. »

— Michel de Montaigne († 1592).
Journal d'un voyage en Italie, 1580-81, publ. par M. de Guerlon en 1775. Au tome III, il est question du Limousin que Montaigne traverse à son retour d'Italie.

— Bernard Palissy († 1590).
Œuvres, passim, édit. de 1777 in-4°, ou de 1840 in-18.

— Jean Botero († 1617).
Relations italiennes, 1591.

— Gérard Mercator († 1594).
Atlas major, 1595, avec notices.

(1) Au moyen-âge la *Descriptio Galliarum* de Bernard Gui (xiv° s.) et celle de Gilles le Bouvier, dit le héraut Berry (xv° s.), méritent à peine d'être citées.

— R. Dallington, secrétaire de l'ambassadeur d'Angleterre en France, 1598.
The View of France (London, 1604).
Traduction par M. E. Emerique : *Un aperçu de la France telle qu'elle était vers 1598* (Versailles, 1803).

— Paul Merula († 1607).
Cosmographie, 1605, avec notices.

— François des Rues ou Desrues (1ʳᵉ moitié du xviiᵉ s.)
Les Antiquités des plus célèbres villes.... de France, 1608. Contiennent une description des villes du Limousin.

— André Duchesne († 1640).
Antiquités et recherches des villes (1610), 8ᵉ édit., 1668.

— Just Zinzerling (Jodocus Sincerus).
Itinerarium Galliæ (1616), traduit en 1859 par M. Thalès Bernard sous ce titre : *Voyage dans la vieille France*. — M. Ardant en a donné les parties relatives au Limousin dans le *Bulletin de Limoges*, 1863, XIII, 94.

— Claude Robert († 1637).
Gaule chrestienne, 1626.

— Abraham Golnitz.
Itinerarium belgico-latinum ou *Ulysses belgico-gallicus*, 1631. La partie qui intéresse le Limousin a été traduite par M. l'abbé Lecler dans l'*Almanach limousin* de 1875 (partie histor.), reproduit par le *Courrier du Centre* (14 janv. 1875).

— François Ranchin († 1641).
Description de l'Europe.
Au tome II, il est longuement question du Limousin, et Bonaventure de Saint-Amable a suivi cet auteur pas à pas dans ses *Annales du Limousin*, p. 35.

— Abbé Louis Coulon († 1664).
L'Ulysse françois (1643).

— Abbé Louis Coulon.
Les Rivières de France (1644), I, p. 324 ...

— L'abbé Michel de Marolles († 1681).
Mémoires, 1656, avec une suite, 1657.

— Antoine Jouvin de Rochefort([1]) († vers 1685).

([1]) Semble ne devoir pas être confondu avec Albert Jouvin de Rochefort, l'auteur du plan de Limoges.

Voyage de France (1672) formant le t. I du *Voyageur de l'Europe*. Cf. le *Bulletin du Limousin*, XXXI, p. 108 et ss.

— Jean de Lafontaine († 1695).
Lettre écrite de Limoges à Mad. de Lafontaine (1663) dans *Œuvres complètes* du poète, II, 607, rééditée dans la *Revue des chefs-d'œuvre*, 10 mars 1883.

— Dom Jacques Boyer.
Journal de voyage dans les diocèses de Clermont..., Tulle, Limoges, etc. (1710-14), publ. par M. A. Vernière (1885). — Une partie de ce journal, relative au Bas-Limousin, a été reproduite par M. René Fage dans le *Bull. de Brive*, 1886, p. 85.

— Dom Edmond Martène et dom Durand.
Voyage littéraire de deux bénédictins, 1717.
Cf. pars II, p. 9.

— Anonyme.
Les Délices de la France, ou description des provinces et villes capitales d'icelle, depuis la paix de Ryswick. 1725.
Contient une description de Limoges qui semble n'être que la reproduction sur quelques points d'une description beaucoup plus ancienne.

— François Chabrol, xviii° s.
Description de la ville de Limoges, vers 1756.
Bibl. comm. de Bordeaux, ms. n° 828.

— Anonyme.
Voyage à Limoges, 1774.
Bibl. comm. de Bordeaux, ms. n° 828.

— Etienne de Silhouette († 1767).
Voyage de France en 1729.

— Piganiol de la Force († 1753).
Nouv. description géographique et historique de la France, 1718, 5 vol.

— Guillaume Brune († 1815).
Voyage pittoresque et sentimental dans plusieurs des provinces occidentales de la France (1788).

— [Mad. Laroche].
Journal einer Reise durch Frankreich (1787).

— Arthur Young († 1820).
Voyages en France pendant les années 1787-89, traduit de l'anglais par M. Lesage (1850). Les passages relatifs au Limousin ont été reproduits par M. Henri Ducourtieux dans l'*Almanach limousin* de 1864 et par M. René Fage dans l'*Annuaire de la Corrèze* de 1879.

— [Marlin].
Voyages en France... depuis 1775 jusqu'en 1807, publ. en 1817.

— Joseph Lavallée, ancien capitaine († 1816), et Louis Brion, père et fils.
Voyage dans les départements de la France, 1792-1800, avec cartes et gravures d'une bonne exécution, et une partie historique très développée. La Haute-Vienne comprend 40 pp., la Corrèze 48, la Creuse... (?). Ans IV et V.

— Friedrich Neigebaur († vers 1860).
Schilderung der Provinz Limousin und deren Bewohner, aus dem Tagebuch eines preussischen Offiziers in französischer Kriegsgefangenschaft (¹). — Berlin, 1817, in-8°; 2° édit. 1820.
Cf. M. Louis Guibert, dans l'*Almanach limousin* pour 1881, p. 81 de la partie historique.

— G.-V. Orloff († 1826).
Voyage dans une partie de la France, 1824.

— Prosper Mérimée († 1870).
Notes d'un voyage [archéologique] en Auvergne [et en Limousin]. Paris, 1838. L'auteur a visité Guéret, Bourganeuf, Saint-Léonard, Limoges, Saint-Junien, Chalucet, Tulle, Uzerche, etc.

— E. de la Bédollière.
Le Limousin (s. l. n. d. [vers 1892].

— Gaston Vuillier.
En Limousin. 1893. (Extrait du *Tour du monde*).

(¹) C'est-à-dire *Description de la province du Limousin et de ses habitants, extraite du journal d'un officier prussien prisonnier de guerre des Français* [en 1813].

13. — PRINCIPAUX JOURNAUX LOCAUX

[Chambon, Th. de Bosmie, Chapoulaud, Vitrac aîné, Guineau-Dupré, Rivet et Lambertie, directeurs successifs]. — *Gazette de Limoges* ou *Feuille hebdomadaire de la généralité de Limoges*, 1775-1791 (surtout littéraire).

[Martin et Bourdeau d'Antony, directeurs]. — *Extraits des papiers publics*, 11 nov. 1789 — 22 juin 1791 (libéral).

[Publicola Pédon]. — *Journal du département de la Haute-Vienne*, 6 sept. 1793 — 23 août 1794 (démagogique).

[Vitrac et Guineau-Dupré]. — *Journal du département de la Haute-Vienne*, sept. 1802-1810 (gouvernemental).

[Guineau-Dupré et Sallé]. — *Annales de la Haute-Vienne*, 1810-1840 (gouvernemental).

[Leymarie et Boulgon]. — *L'Ordre*, 1841-1848 (gouvernemental).

[Leymarie, Pilon et Sarrazin]. — *La Province*, courrier de Limoges, nov. 1848 — janv. 1852 (réactionnaire).

[J.-B. Chatras]. — *Le Vingt-Décembre*, janv. 1852 — nov. 1860 (gouvernemental).

[J.-B. Chatras]. — *Le Courrier du Centre*, nov. 1860 jusqu'à présent (gouvernemental).

Pour plus de détails voy. l'*Annuaire de la Haute-Vienne* de 1854, reproduit et développé dans l'*Almanach limousin* de 1861. Voy. surtout Fray-Fournier, *Bibliographie de l'hist. de la Révolution dans la Haute-Vienne* (t. III des *Arch. révolutionnaires*, n°s 343 à 346), — et *la Presse périodique à Limoges et dans le département de la Haute-Vienne : bibliographie des journaux et revues publiés depuis 1775 jusqu'à nos jours* (en préparation).

⁂

[Abbé Jumel]. — *Le Père Duchêne de la Corrèze*, 1793, devenu plus tard l'*Observateur montagnard*.

[Planier de la Sablière, ingénieur]. — *Journal politique, patriotique et littéraire du département de la Creuse*. Du 8 août 1790 au...?

— *Echo de la Creuse*, fondé en 1807, subsiste encore.

— *La Semaine religieuse du diocèse de Limoges*, depuis 1863.

— *La Semaine religieuse du diocèse de Tulle*, depuis 1881.

14. — ACTES DES CONCILES PROVINCIAUX

Sur les actes des conciles tenus à Limoges en 848, 1020, 1031 et 1182, voir les recueils généraux de Labbe, Hardouin, Mansi, etc.

Sur le concile de 1031 voir aussi Labbe, *Bibliotheca nova*, II, 700, 783 et 797.

Sur le chapitre provincial tenu à Limoges en 1367, voir *ibid.*, 758, *Ordinationes facte... in capitulo provinciali Lemovicis celebrato ab abbatibus et prioribus claustralibus provinciarum Bituricensium et Burdegalensium anno 1367.*

A CONSULTER :

Decreta concilii provincialis patriarchalis provinciæ Aquitanicæ Biturigibus celebrati mense septembri anno Domini MDLXXXIIII. — Lutetiæ, 1586, in-12, 113 pp.

Decreta concilii provinciæ Bituricensis Claromontii in civitate Arvernorum celebrati anno MDCCCL. — Biturigibus, 1852, in-8°, 180 pp.

Concilium provinciæ Bituricensis Anicii celebratum anno Domini 1873. — Biturigibus, 1876, in-8°, 324 pp.

15. — DOCUMENTS SUR LES ÉTATS PROVINCIAUX

— Antoine Thomas.
Les Etats provinciaux de la France centrale sous Charles VII.
Le tome II (1879) est tout entier consacré aux pièces justificatives. Il y en a quarante-quatre, de 1419 à 1450, qui concernent le Limousin, la Marche et le Franc-Alleu.

— Pour les Etats du Limousin, de la Marche et de la Combraille tenus en dehors du règne de Charles VII, voy. le catalogue des sessions et l'indication des sources dans A. Leroux, *la Généralité de Limoges*, Introd. à l'*Invent. des arch. dép. de la Haute-Vienne*, série C, p. xxxvi-xxxvi. Cf. pour les Etats de 1471 l'*Hist. Tutellensis* de Baluze, p. 775, et pour les Etats de 1651 le *Nobiliaire limousin*, III, 227.

— Procès-verbal de l'assemblée de la noblesse de la vicomté de Limoges, 1513.
Bull. de Brive, XI, 71.

— René Fage.
Les Etats de la vicomté de Turenne.
Le tome II (1894) est tout entier consacré aux pièces justificatives (1467-1738)(¹), tirées pour la plupart des Archives nationales (fonds Bouillon, R. 24 et 39), de la Bibliothèque nationale ou de Collections particulières. — MM. Clément-Simon et J.-B. Champeval en possèdent d'autres encore inédites. Voy. aussi Champollion-Figeac. *Doc. hist. inédits*, III, 64.

— Assemblées provinciales de 1787 :
A. Mémoire des citoyens de la Marche ayant pour objet la demande d'états particuliers provinciaux, 1787.
Arch. nat., D, III, 68.
B. Règlements faits par le roi sur la formation des assemblées provinciales en Limousin. (12 juillet 1787).
Arch. nat. A D I B 1. Cf. l'art. suivant.
C. Dossier de pièces relatives à l'assemblée provinciale tenue en Limousin en 1787.
Invent. des Arch. du dép. de la Haute-Vienne, série C, 489. Cf. le *Bull. de Limoges*, XI, 84-106.

---

(1) Elles avaient d'abord paru dans les *Archives hist. du Limousin*, t. IV et V.

16. — DOCUMENTS

rédigés à l'occasion de la tenue des États généraux

— États généraux de 1560 :
Mention des doléances du Tiers-état limousin dans les *Reg. consul.*, II, 205.

— États généraux de 1574 :
Mention des doléances du Tiers-état limousin dans les *Reg. consul.*, II, 308 et 415.

— États généraux de 1614 :
A. Instructions du clergé du diocèse de Limoges à son évêque, député aux États généraux.
(A. Leroux, *Chartes, chroniques et mémoriaux*, p. 189.)
B. Convocation des trois ordres de la Basse-Marche.
(Granet, *Hist. de Bellac*, 325.)
C. Désignation de députés par les habitants de Laguenne.
(*Invent. des arch. dép. de la Corrèze*, E. 603.)

.˙.

— États généraux de 1789 :
A. Procès-verbaux des assemblées primaires du Limousin, dans Chassin, *le Génie de la Révolution française*. Cf. l'*Invent. des Arch. dép. de la Creuse*, C. 334, 364, 365, 405, 406, et l'*Invent. des Arch. comm. de Limoges*, AA. 6, 7, 9.
B. Procès-verbaux des assemblées des trois ordres de la Marche et du Limousin.
Arch. nat., B. III, nᵒˢ 24, 68, 73 et 73 bis. Cf. la *Feuille hebdom. de la Généralité de Limoges*, passim, et Fray-Fournier, *Cahiers de doléances*, p. 89.
C. Pour tous les préliminaires de la Révolution, voy. M. Fray-Fournier, *Bibliographie de l'hist. de la Révolution dans la Haute-Vienne* (fasc. 3 des *Arch. révolut. de la Haute-Vienne*).
D. Doléances des trois ordres de la Marche et du Limousin, par sénéchaussées.

Dans Mavidal et Laurent, *Archives parlementaires*, t. III (1868). Cf. L. Duval, *Cahiers de la Marche*, 2ᵉ partie, p. 56, 68 ; Granet, *Hist. de Bellac*, 247 ; Fray-Fournier, *Cahiers de doléances*, p. 55.

Instructions et demandes de l'assemblée du Tiers-état de la sénéchaussée de Brive (dans Mavidal et Laurent, III, 542).

Mémoire contenant les privilèges de la vicomté de Turenne, pour être joint au cahier général de la sénéchaussée de Brive. (*Ibid.*, 544).

.·.

E. Doléances des communautés et paroisses :

a. Doléances des paroisses de Châlus, Eymoutiers, une paroisse non dénommée, mais voisine d'Eymoutiers, Miallet, Oradour-Saint-Genest, Rochechouart, Saint-Léonard, Uzurat-lez-Limoges et une paroisse non dénommée de la Basse-Marche.

Publ. dans [A. Leroux], *Doléances paroissiales de 1789* (t. I des *Arch. révolut. de la Haute-Vienne*, 1889).

b. Doléances des paroisses de La Bretagne, Champnétery, La Croisille, Saint-Basile, Saint-Ménin, Saint-Sylvestre, Saint-Ybard, Saint-Yrieix.

Publ. par M. Fray-Fournier, *Cahiers de doléances* (t. IV des *Arch. révolut. du Limousin*, 1893).

c. Doléances de différentes paroisses du Bas-Limousin, en la sénéchaussée ecclés. d'Uzerche : Allieux, Allassac, Argentat, Arnac-Pompadour, Beyssac, Chabrignac, Chambéret, Chamboulive, Concèze, Espartignac, Estivaux, Lagraulière, Larche, Lascaux, L'Eglise-au-Bois, Lonzac, Manzanes, Meilhards, Objat, Orgnac, Perpezac-le-Noir, Pierrefitte, Rilhac, Rosiers, Sadroc, Saint-Bonnet-la-Rivière, Saint-Bonnet-l'Enfantier, Saint-Cirq-la-Roche, Saint-Sornin-Lavaux, Sainte-Eulalie-d'Uzerche, Saint-Jal, Saint-Pardoux-l'Ortigier, Saint-Robert et Saint-Maurice, Saint-Solve, Saint-Sornin-Lavolps, Soudaine-Lavinadière, Treignac, Uzerche, Vigeois et Voutezac.

Publ. par M. A. Hugues dans le *Bull. de Tulle*, 1888 et 1889 ([1]). Tirage à part : *Cahiers des plaintes et doléances du Bas-Limousin* (1892).

d. Doléances des villes de Guéret, Felletin, Chénerailles, Bonnat, Monteil-Guillaume et Aubusson.

Publ. par M. L. Duval, *Cahiers de la Marche* (1873).

e. Doléances des paroisses de Lourdoueix-Saint-Pierre, Saint-

---

([1]) Les doléances de la paroisse de Lonzac ont été publiées une seconde fois par M. J.-B. Champeval dans les *Arch. histor. du Limousin*, IV, 342. Mais le nom de Lonzac a été défiguré en Pouzac.

Martin-Château, Saint-Vaury, Pontarlon, La Pouge, Royère et La Royère.

Publ. par F. Autorde, *Nouv. cahiers de doléances paroissiales* (dans les *Mém. de la Soc. des sciences de la Creuse*, VII, 185). Les doléances de Royère avaient été publiées déjà par M. Z. Toumieux, *Royère*, p. 200.

*
* *

F. Doléances des corporations :

a. Doléances des grands vicaires ou semi-prébendés de l'église cathédrale de Limoges.

b. Très humbles et très respectueuses représentations que les dignitaires et chanoines de l'église de Tulle supplient Sa Majesté d'agréer, dans *Recueil de pièces*, Paris, 1789, t. II (aux Arch. dép. de la Corrèze).

c. Doléances de différents corps de Limoges : 1, Présidial ; 2, Élection ; 3, Monnaie ; 4, Juridiction consulaire ; 5, Avocats ; 6, Médecins ; 6 *bis*, Chirurgiens ; 7, Notaires ; 8, Procureurs ; 9, Bourgeois ; 10, Pâtissiers ; 11, Apothicaires ; 12, Huissiers ; 13, Imprimeurs-libraires ; 14, Orfèvres ; 15, Horlogers ; 16, Boulangers ; 17, Cordonniers ; 18, Savetiers ; 19, Tailleurs ; 20, Menuisiers ; 21, Serruriers ; 22, Perruquiers ; 23, Teinturiers ; 24, Tanneurs ; 25, Aubergistes ; 26, Maréchaux ; 27, Chaudronniers ; 28, Cloutiers ; 29, Éperonniers, Couteliers, Armuriers et Vitriers ; 30. Relieurs ; 31, Charpentiers, Charrons, Sabotiers et Maçons ; 32, Jardiniers ; 33, Agriculteurs.

Publ. par A. Leroux, *Arch. histor. du Limousin*, I, p. 1 et ss. (1887).

d. Doléances du Bureau des trésoriers de France à Limoges en 1789.

Publ. par M. Fray-Fournier, *Cahiers de doléances*, p. 65.

e. Doléances de la corporation des marchands de Bellac.

Publ. par M. l'abbé Granet, *Hist. de Bellac*, 255.

f. Doléances des prêtres d'Ussel, comm. par M. J.-B. Champeval, *Arch. hist. du Limousin*, IV, 332.

17. — ACTES PONTIFICAUX

CONCERNANT LE LIMOUSIN ([1])

A dépouiller :
a. *Regesta pontificum romanorum* jusqu'en 1304, par Jaffé et Potthast, 2ᵉ édit. par Wattenbach ;
b. *Registres des papes*, des xiiiᵉ et xivᵉ ss. (Innocent IV, Benoît XI, Boniface VIII, Nicolas IV, Honorius IV, Grégoire IX, etc.), publiés par l'Ecole française de Rome ;
c. *Regesta pontificum...* : *Clemens V*, par le P. Tosti ;
d. *Regesta pontificum...* : *Leo X*, par le cardinal Hergenrœther ;
e. Les bullaires romains, en particulier celui de Cocquelines.

— Bullaires de l'abbaye de Grandmont :
1° Au Grand séminaire de Limoges, ms. n° 83, xviiᵉ s. ;
2° A la bibliothèque communale de Chartres, ms. n° ..?.. 1580-xviiᵉ s. ;
3° A la bibliothèque communale de Tours, ms. n° 633. 1658.
Cf. l'ouvrage de M. L. Guibert, *Destruction de l'ordre et de l'abbaye de Grandmont*, 1877, qui donne, p. 637-720, un essai de reconstitution de ce bullaire et analyse 248 actes émanés de la cour de Rome de 1061 à 1775.

— Extraits des archives du Vatican relatifs au diocèse de Limoges, de 1289 à 1418, publ. par M. A. Thomas dans le *Bull. de Limoges*, XXX, 43 et ss.

— Recueil de quelques bulles relatives au diocèse de Limoges, de 1158 à 1362.
Dans A. Leroux, *Doc. histor... sur la Marche et le Limousin*, I, 259 et ss.

([1]) Il serait prématuré d'entreprendre un relevé des actes pontificaux ou royaux relatifs au Limousin, avant que le recueil général de ces actes et l'inventaire des archives provinciales ne soient achevés. Ce relevé donnera de si abondants résultats qu'ils suffiront à former un volume de la *Bibliothèque historique du Limousin*. C'est ce que nous avons prévu dans notre Avant-propos.

18. — ACTES ROYAUX

CONCERNANT LE LIMOUSIN (¹)

A dépouiller :
a. Bréquigny et Pardessus. *Table chronologique des diplômes, titres,* etc., jusqu'à 1302;

b. Bréquigny et La Porte du Theil. *Diplomata, Chartæ, Epistolæ, Leges,* etc., jusqu'à 751 ;

c. Teulet et de Laborde. *Layettes du trésor des chartes,* jusqu'à 1260 ;

d. Tardif. *Monuments historiques : cartons des rois,* jusqu'à 1789;

e. De Laurière, Secousse, etc. *Ordonnances des rois de France,* jusqu'à 1514;

f. [Picot]. *Catalogue des actes de François Ier*, 1515-1547 (Contient la mention d'environ 230 actes relatifs au Limousin et à la Marche);

g. N. Valois. *Inventaire des arrêts du Conseil d'État sous Henri IV* (Contient la mention d'environ 285 actes relatifs au Limousin et à la Marche);

h. Isambert. *Recueil général des anciennes lois françaises,* jusqu'à 1789;

i. Lettres missives et lettres closes des rois de France et de leurs représentants aux consuls des principales villes de la Marche et du Limousin (et inversement) à l'occasion des évènements du xvie siècle.

Il en subsiste un certain nombre dans les recueils généraux de documents, dans les *Registres consulaires* et dans les *Papiers de Noailles de la bibliothèque du Louvre,* publ. par Louis Paris (t. I, 1875);

j. Les recueils de documents et les inventaires d'archives mentionnés ci-dessus.

---

(1) Voy. la note de la page précédente.

19. — ACTES ÉPISCOPAUX

DEPUIS LE XVII· SIÈCLE

Ce catalogue des actes des évêques de Limoges et de Tulle est un essai, rien de plus. On a même, à partir de 1802, supprimé de parti-pris la mention des mandements et circulaires qui ne présentent pas un intérêt spécial pour l'histoire du clergé. — Les actes mentionnés se retrouvent, en placards ou en brochures, soit aux Archives de la Haute-Vienne (séries G et V), soit au secrétariat de chacun des deux évêchés limousins. Mais chacune de ces collections est fort incomplète. Le dépouillement des *Semaines religieuses* de Limoges et de Tulle a permis de combler quelques lacunes.

A. — Évêques de Limoges (¹)

O. E. relative aux confréries. 22 octobre 1654.

O. en exécution des constitutions des papes Innocent X et Alexandre VII, et en conséquence de la délibération de l'assemblée générale du clergé et des ordres de Sa Majesté, contre la secte du Jansénisme. 24 mai 1661.

O. pour la signature du formulaire envoyé par Sa Sainteté. 15 décembre 1665.

O. touchant les fêtes qui doivent être observées dans tout le diocèse. 9 avril 1667.

O. pour le règlement général du diocèse. 20 octobre 1678.

M. pour la publication des ordonnances synodales. 15 mars 1683.

O. touchant les droits que les curés doivent recevoir pour les mariages. 5 avril 1687.

L. P. pour la publication du nouveau Pastoral du diocèse. 12 février 1689.

---

(1) A. P. = Avis pastoral; C. = Circulaire; D. = Décret; I. P. = Instruction pastorale; J. U. = Jubilé universel; L. P. = Lettre pastorale; M. = Mandement; O. = Ordonnance; O. E. = Ordonnance épiscopale; R. = Règlement.

M. pour la publication du Cérémonial des religieuses de Notre-Dame. 22 février 1695.

O. touchant l'option du service et du revenu des bénéfices incompatibles et l'emploi du dit revenu. 2 août 1696.

M. pour la publication du nouveau Rituel (ou Manuel) du diocèse. 12 décembre 1697.

O. touchant le respect dû aux églises et au service divin et touchant la sanctification des jours de fêtes. 22 avril 1700.

L. P. pour la publication du nouveau Pastoral du diocèse. 21 avril 1702.

M. pour la nouvelle impression des Ordonnances du diocèse. 1er septembre 1703.

M. de MM. les vicaires généraux de Limoges pour la publication de la constitution de Clément XI (16 juillet 1705) contre les Jansénistes. 1707.

A. P. touchant l'exécution de la bulle *Vineam Domini*. 1708.

A. P. sur les devoirs du prêtre. 16 avril 1711.

M. pour faire des prières publiques afin de demander à Dieu la conclusion de la paix. 30 janvier 1712.

M. pour faire des prières publiques afin de demander à Dieu le repos des âmes de Mgr le Dauphin et de Madame la Dauphine. 14 mars 1712.

A. P. sur les devoirs du prêtre. 7 avril 1712.

M. pour faire des prières publiques afin de demander à Dieu la prospérité des armes du roi et la prompte conclusion de la paix générale. 2 août 1712.

M. pour faire chanter un *Te Deum* en actions de grâces des avantages remportés sur les ennemis à Denain, à Marchiennes, etc. 18 août 1712.

A. P. touchant l'exécution de la bulle *Vineam Domini*. 1712.

M. pour faire chanter un *Te Deum* en actions de grâces de la réduction de la ville de Douai. 25 septembre 1712.

M. pour faire chanter un *Te Deum* en actions de grâces de la réduction de Bouchain. 15 novembre 1712.

M. pour faire chanter un *Te Deum* en actions de grâces de la réduction de la ville du Quesnoy. 26 octobre 1712.

M. et I. P. pour la publication de la constitution en forme de bulle de N.-S.-P. le pape Clément XI, portant condamnation de plusieurs propositions extraites d'un livre imprimé en français et divisé en plusieurs tomes, intitulé : « *Le Nouveau Testament en français avec des réflexions morales sur chaque verset* (à Paris, 1699) et autrement : *Abrégé de la morale de l'Evangile, des Epîtres de saint Paul, des Epîtres canoniques et de l'Apocalypse, ou Pensées chrétiennes sur le texte de ces livres sacrés*, etc. » (à Paris, 1693 et 1694). 5 avril 1714.

M. pour la publication du nouveau Rituel du diocèse. 2 mars 1717.

M. au sujet de la constitution *Unigenitus*. 27 septembre 1718.

M. pour faire des prières publiques afin d'être préservés des maladies contagieuses. 18 novembre 1721.

J. U. accordé par notre S.-P. le pape Innocent XIII afin d'implorer l'assistance de Dieu, au commencement de son pontificat, pour bien gouverner l'Eglise catholique, avec M. de Mgr l'évêque de Limoges, le catéchisme du jubilé et les prières dressées par son ordre pour le gagner. 23 novembre 1721.

M. pour faire chanter un *Te Deum* en actions de grâces du sacre et couronnement du roi Louis XV. 24 novembre 1722.

M. pour la publication du jubilé du pape. 12 novembre 1724.

M. pour faire chanter un *Te Deum* en actions de grâces du mariage du roi. 23 septembre 1725.

M. pour demander par des prières publiques la bénédiction de Dieu sur la résolution que le roi a prise de gouverner l'Etat par lui-même. 2 juillet 1726.

M. pour faire chanter un *Te Deum* et ordonner d'autres prières en actions de grâces de la naissance de Mgr le Dauphin. 15 septembre 1729.

O. des vicaires généraux sur la mort de Mgr Charpin de Genétines. 7 septembre 1730.

M. portant quelques règlements, en particulier touchant les femmes qui cèlent leur grossesse. 11 décembre 1730.

M. au sujet des chapelles domestiques. 16 juin 1731.

M. pour la permission des œufs pendant le carême de 1733. 6 janvier 1733.

M. pour faire chanter un *Te Deum* en actions de grâces des heureux succès des armées du roi. 2 janvier 1734.

L. P. à MM. les archiprêtres, curés, vicaires, confesseurs et autres ecclésiastiques du diocèse. 28 décembre 1734.

M. pour obtenir un temps convenable aux biens de la terre. 22 juillet 1735.

M. pour la publication du nouveau Bréviaire du diocèse. 25 août 1736.

M. pour faire des prières publiques afin d'obtenir du beau temps. 11 octobre 1737.

M. pour la publication du nouveau Bréviaire du diocèse. 2 novembre 1737.

M. pour la publication du nouveau Missel du diocèse. 20 mars 1738.

M. pour faire des prières publiques afin d'obtenir du beau temps. 4 juillet 1738.

M. relatif aux ecclésiastiques. 9 décembre 1788.

M. des vicaires généraux sur la mort de Mgr Benjamin de l'Isle du Gast. 10 septembre 1739.

C. concernant le carême de 1740. 17 février 1740.

M. pour la permission des œufs pendant le carême de 1741. 15 janvier 1741.

M. pour la publication du nouveau Processionnal du diocèse. 10 avril 1743.

M. pour faire chanter un *Te Deum* en actions de grâces pour la conquête du comté de Nice. 28 mai 1744.

M. pour faire chanter un *Te Deum* en actions de grâces de la prise d'Ypres. 17 juillet 1744.

M. pour faire chanter un *Te Deum* en actions de grâces de la prise de Furnes et du fort de la Kenoque. 1ᵉʳ août 1744.

M. pour faire chanter un *Te Deum* en actions de grâces de la convalescence du roi. 2 septembre 1744.

M. pour faire chanter un *Te Deum* en actions de grâces de la convalescence du roi. 28 septembre 1744.

M. pour faire chanter un *Te Deum* en actions de grâces des avantages considérables remportés par le roi des Deux-Siciles sur le prince Lobkovitz, de la prise de Demont et de la fuite précipitée du prince Charles. 16 octobre 1744.

M. pour faire chanter un *Te Deum* en actions de grâces des nouveaux avantages remportés par l'armée de France, jointe à celle d'Espagne, sur celle du roi de Sardaigne, en Piémont. 13 novembre 1744.

M. pour demander à Dieu la prospérité des armes du roi et l'heureux succès de son voyage. 25 mai 1745.

M. pour faire chanter un *Te Deum* en actions de grâces de la victoire remportée à Fontenoy. 29 mai 1745.

M. pour la publication du jubilé accordé par N.-S.-P. le pape Benoit XIV. 20 juin 1745.

M. pour faire chanter un *Te Deum* en actions de grâces de la réduction de la ville et de la citadelle de Tournai. 9 juillet 1745.

M. pour faire chanter un *Te Deum* en actions de grâces de la prise de la ville et château de Gand. 29 juillet 1745.

M. pour faire chanter un *Te Deum* en actions de grâces de la réduction de la ville d'Ostende. 16 septembre 1745.

M. pour faire chanter un *Te Deum* en actions de grâces de la réduction de la ville de Nieuport. 24 septembre 1745.

M. pour faire chanter un *Te Deum* en actions de grâces de la réduction de la ville et château de Tortone. 1ᵉʳ octobre 1745.

M. pour faire chanter un *Te Deum* en actions de grâces de la réduction des villes et citadelles de Plaisance et de Parme. 15 octobre 1745.

M. pour faire chanter un *Te Deum* en actions de grâces des avantages remportés par l'armée de France, jointe à celle d'Espagne, sur l'armée piémontaise. 22 octobre 1745.

M. pour faire chanter un *Te Deum* en actions de grâces de la réduction de la ville d'Ath. 26 octobre 1745.

M. portant permission de manger des œufs pendant le carême de 1746. 30 décembre 1745.

M. pour faire chanter un *Te Deum* en actions de grâces de la réduction des villes de Bruxelles et Louvain. 15 mars 1746.

M. pour faire chanter un *Te Deum* en actions de grâces de la réduction des ville et château de Namur. 20 octobre 1746.

R. pour les honoraires des fonctions ecclésiastiques. 8 novembre 1746.

M. pour faire chanter un *Te Deum* en actions de grâces de la victoire remportée à Raucoux. 10 novembre 1746.

M. qui ordonne des prières publiques pour demander à Dieu la prospérité des armes du roi et l'heureux succès de son voyage. 20 juin 1747.

M. pour faire chanter un *Te Deum* en actions de grâces de la victoire remportée à Laufeld. 22 juillet 1747.

M. pour la visite de son diocèse. 24 février 1749.

M. pour faire chanter un *Te Deum* en actions de grâces de la paix. 10 mars 1749.

M. pour faire célébrer un service solennel pour le repos des âmes de ceux qui sont morts au service du roi pendant la dernière guerre. 17 mars 1749.

M. pour faire des prières afin d'obtenir un temps convenable aux biens de la terre. 2 mai 1751.

M. pour la mission qui se donnera à Limoges. 26 juillet 1751.

M. pour faire chanter un *Te Deum* en actions de grâces de la naissance de Mgr le duc de Bourgogne. 5 octobre 1751.

M. au sujet des processions et bénédictions du Très-Saint Sacrement pendant l'octave de la Fête-Dieu. 24 mai 1752.

M. pour faire chanter un *Te Deum* en actions de grâces de la convalescence de Mgr le Dauphin. 11 septembre 1752.

M. pour faire chante un *Te Deum* en actions de grâces de la naissance de Mgr le duc d'Aquitaine. 20 septembre 1753.

M. pour faire chanter un *Te Deum* en actions de grâces de la naissance de Mgr le duc de Berry. 12 septembre 1754.

M. pour faire chanter un *Te Deum* en actions de grâces de la naissance de Mgr le comte de Provence. 4 décembre 1755.

L. au clergé du diocèse sur la mort d'Etienne Finot, supérieur du séminaire de Limoges. 10 février 1756.

M. pour faire chanter un *Te Deum* en actions de grâces de la conquête de l'île Minorque. 4 août 1756.

M. pour faire des prières publiques en actions de grâces de la conservation du roi. 15 mars 1757.

L. E. sur la mort de Son Éminence Mgr le cardinal de la Rochefoucauld, patriarche, primat des Aquitaines, archevêque de Bourges, etc. 7 mai 1757.

M. pour faire chanter un *Te Deum* en actions de grâces de la victoire remportée près d'Hamelin. 10 août 1757.

M. pour faire chanter un *Te Deum* en actions de grâces de la naissance de Mgr le comte d'Artois. 3 novembre 1757.

M. pour faire des prières afin d'obtenir un temps convenable aux biens de la terre. 22 juillet 1758.

M. pour faire chanter un *Te Deum* en actions de grâces des victoires remportées sur les Anglais au Canada et auprès de Saint-Malo. 5 octobre 1758.

M. pour faire chanter un *Te Deum* en actions de grâces de la victoire remportée à Lutzelberg. 10 novembre 1758.

M. pour annoncer la promotion de Mgr d'Argentré à l'évêché de Limoges et faire des prières pour lui obtenir la plénitude du Saint-Esprit au jour de son sacre. 11 janvier 1759.

M. qui ordonne des prières particulières pour demander à Dieu la prospérité des armes du roi et la paix. 6 juin 1760.

M. pour faire chanter un *Te Deum* en actions de grâces des avantages remportés par l'armée du roi commandée par M. le maréchal de Broglie. 23 avril 1761.

M. pour faire chanter un *Te Deum* en actions de grâces de la paix. 27 juin 1763.

M. pour la publication d'un nouveau Rituel du diocèse. 18 décembre 1773.

M. qui ordonne des prières publiques pour le repos de l'âme du feu roi. 23 mai 1774.

M. qui ordonne qu'il sera chanté un *Te Deum* en actions de grâces de la naissance de Mgr le duc d'Angoulême. 12 août 1775.

M. pour faire chanter un *Te Deum* en actions de grâces de l'heureux accouchement de la reine. 23 décembre 1778.

L. P. pour la publication de la déclaration du roi concernant les inhumations. 14 août 1779.

M. qui ordonne des prières publiques dans toutes les églises du diocèse conformément aux intentions du roi exprimées dans la lettre de S. M. en date du 3 de ce mois. 12 septembre 1779.

M. pour la publication du nouveau Bréviaire du diocèse. 7 juin 1782.

M. pour la publication des Heures du diocèse de Limoges. 1ᵉʳ juin 1783.

M. des vicaires généraux pour faire des prières afin d'obtenir un temps convenable aux biens de la terre. 14 juin 1785.

M. des vicaires généraux pour faire des prières afin d'obtenir un temps convenable aux biens de la terre. 20 juillet 1789.

M. de l'évêque de Limoges portant adoption de l'instruction pastorale de M. l'évêque de Boulogne sur l'autorité spirituelle de l'Eglise. 15 décembre 1790.

Réponse de l'évêque de Limoges à la sommation que lui a adressée M. le Procureur général du département de la Haute-Vienne. 26 décembre 1790.

L. de M. l'Évêque de Limoges à MM. les électeurs du département de la Haute-Vienne. 6 février 1791.

O. de M. l'évêque de Limoges sur l'usurpation de son siège. 3 avril 1791.

Adoption faite par M. l'évêque de Limoges de l'instruction donnée par M. l'évêque de Langres aux curés, vicaires et autres ecclésiastiques de son diocèse qui n'ont pas prêté le serment ordonné par l'Assemblée nationale. S. d.

L. P. de M. l'Évêque du département de la Haute-Vienne. 1ᵉʳ mai 1791.

L. P. de M. l'Évêque du département de la Haute-Vienne. 14 mai 1791.

L. P. de M. l'Évêque du département de la Haute-Vienne. 12 février 1792.

L. P. de M. l'Évêque du département de la Haute-Vienne. 11 juillet 1792.

L. P. de M. l'Évêque du département de la Haute-Vienne. 8 février 1793.

***

L. P. de l'évêque à l'occasion de son installation. 6 juillet 1802.

O. pour la circonscription des paroisses et succursales et pour la nomination des curés et des desservants de la partie du diocèse comprise dans le département de la Haute-Vienne, ainsi que pour l'organisation du chapitre de la cathédrale. 11 janvier 1803.

L. P. sur les temps du carême. 3 février 1803.

M. qui ordonne qu'il sera chanté un *Te Deum* pour l'anniversaire du rétablissement de la religion catholique en France. 5 avril 1803.

M. pour l'organisation du clergé du diocèse. 20 avril 1803.

M. qui ordonne des prières pour la prospérité des armes de la République française. 10 juin 1803.

M. portant règlement pour l'établissement des fabriques dans les églises du diocèse. 15 janvier 1804.

M. qui ordonne des prières publiques en actions de grâces de l'élévation de Napoléon Bonaparte à la dignité impériale. 2 juin 1804.

M. qui ordonne des prières pour la prospérité des armes de Sa Majesté et pour obtenir de Dieu le rétablissement de la paix en Europe. 8 octobre 1805.

L. P. sur l'établissement d'un séminaire diocésain. 13 avril 1806.

D. pour la fête de l'Assomption de la Vierge et de saint Napoléon. 1er mars 1806.

M. sur les deux nouvelles fêtes religieuses fixées au 15 août, jour de l'assomption de la sainte Vierge, et au premier dimanche de décembre. 23 juin 1806.

O. relative au Message adressé par S. M. au Sénat conservateur le 4 septembre 1808. 15 septembre 1808.

M. pour la visite du diocèse. 1811.

M. pour la visite du diocèse. 1812.

M. qui ordonne des prières publiques en actions de grâces du rétablissement de Louis-Stanislas-Xavier de Bourbon sur le trône de France. 10 mai 1814.

M. qui ordonne des prières publiques en actions de grâces pour la paix générale qui vient d'être signée entre toutes les puissances de l'Europe le 30 mai 1814. 1er juillet 1814.

M. qui ordonne des prières publiques pour le succès de notre sainte religion dans le congrès général de l'Europe ouvert à Vienne, capitale de l'Allemagne. 4 octobre 1814.

M. au sujet de la mort de Louis XVI, arrivée le 21 janvier 1793. 2 janvier 1815.

M. pour la rentrée du roi dans ses Etats. 13 juillet 1815.

M. qui ordonne des prières expiatoires conformément aux pieuses intentions du roi. 13 septembre 1815.

M. qui ordonne des prières pour tout le temps de la tenue de l'assemblée des Chambres. 13 septembre 1815.

M. pour célébrer l'anniversaire de l'époque mémorable de l'entrée de Sa Majesté Louis XVIII dans ses Etats et pour obtenir les bénédictions du ciel sur le mariage de S. A. R. le duc de Berry avec l'auguste princesse Marie-Caroline, fille du prince héréditaire des royaumes de Naples et des Deux-Siciles. 23 avril 1816.

C. pour faire célébrer, conformément aux intentions du roi, un service solennel en mémoire de Marie-Antoinette. 14 octobre 1816.

M. à l'occasion de la nouvelle édition des *Œuvres de Voltaire* et de *J.-J. Rousseau*. 22 juillet 1817.

C. pour faire célébrer de nouveau un service solennel en faveur de Marie-Antoinette. 18 octobre 1817.

D. condamnant le livre intitulé : *Principes sur la distinction du contrat et du sacrement de mariage, sur le pouvoir d'opposer des empêchements dirimans et sur le droit d'accorder des dépenses matrimoniales* (1). 18 février 1818.

L. P. sur la solennité de l'ostension des reliques des saints. 1er mars 1820.

M. sur l'heureuse naissance de Son Altesse Royale Mgr le duc de Bordeaux. 1er octobre 1820.

C. annonçant l'envoi d'une proclamation du roi relative aux prochaines élections. 30 octobre 1820.

C. prescrivant des prières à l'occasion des prochaines élections et accordant 40 jours d'indulgence à tous ceux qui communieront à cette intention. 12 novembre 1820.

M. pour l'ouverture des Chambres qui aura lieu le 19 décembre 1820. 2 décembre 1820.

L. à M. le Proviseur du Collège royal de Limoges, à MM. les Principaux des collèges communaux et aux divers maîtres de pension. 8 juin 1821.

M. pour le carême de 1822. 28 février 1822.

M. des vicaires épiscopaux, le siège épiscopal vacant, sur la mort de Mgr Dubourg. 5 février 1822.

M. au sujet de la mort du pape Pie VII. 6 septembre 1823.

M. à l'occasion de l'élection du pape Léon XII. 17 octobre 1823.

M. à l'occasion de la mort de Louis XVIII. 18 septembre 1824.

M. des vicaires généraux (le siège épiscopal vacant par la démission de Mgr Jean-Paul-Gaston de Pins) pour annoncer la nomination de Mgr Prosper de Tournefort. 4 février 1825.

O. concernant les écoles primaires. 25 novembre 1825.

C. relative à la tenue des registres de baptêmes, mariages et sépultures, à la rédaction des budgets de fabrique, à l'édition d'un nouveau missel, à la surveillance des instituteurs, à l'office de saint Charles Borromée et au décès des anciennes religieuses. Décembre 1826.

M. au sujet de la mort de Léon XII. 23 février 1829.

M. pour la publication du nouveau Missel du diocèse. 20 mars 1830.

M. qui ordonne des prières pour le succès des armes du roi et pour la prospérité de la France. 31 mai 1830.

L. P. pour la publication du nouveau Pastoral du diocèse. 30 juin 1830.

(1) Par le P. Tabaraud, ex-oratorien de Limoges.

C. relative au chant du *Domine, salvum fac regem Ludovicum*. 20 février 1831.

M. pour la publication du nouveau Processionnal du diocèse. 1er octobre 1832.

A. relatif à la tenue des registres paroissiaux, à la rédaction des budgets de fabrique, etc. 14 janvier 1834.

M. pour l'ouverture des conférences ecclésiastiques dans le diocèse de Limoges. 8 décembre 1836.

L. P. adressée au clergé du diocèse à l'occasion de la visite de l'année 1839. 5 juin 1839.

L. P. pour appeler les fidèles à secourir de leurs prières l'église d'Espagne et pour publier l'indulgence en forme de jubilé accordée à cette occasion par Grégoire XVI. 5 mai 1842.

M. des vicaires épiscopaux pour l'administration du diocèse, le siège épiscopal vacant. 9 mars 1844.

M. qui ordonne une quête pour les petits séminaires du diocèse. 8 décembre 1844.

M. qui ordonne des prières à l'occasion de la mort de Grégoire XVI, et pour l'élection d'un Souverain-Pontife. 15 juin 1846.

I. P. et M. sur la solennité de l'ostension des reliques des saints, laquelle a lieu tous les sept ans dans le diocèse, et pour le carême de 1848. 15 février 1848.

M. portant règlement au sujet de l'établissement dans le diocèse de l'archiconfrérie du très saint et immaculé cœur de Marie, pour la conversion des pécheurs. 23 octobre 1848.

C. confidentielle relative à la dévotion au très saint et immaculé cœur de Marie. [S. d. — 23 octobre 1848].

M. à l'occasion du décret du Souverain-Pontife pour le dogme de l'Immaculée conception de la sainte Vierge. 20 janvier 1855.

I. P. sur la nécessité de l'étude pour le prêtre. 15 novembre 1855.

M. du chapitre cathédral, le siège épiscopal vacant, pour annoncer la mort de Mgr Buissas. 26 décembre 1856.

I. P. à l'occasion des ostensions septennales des saintes reliques. 9 février 1862.

C. sur les ostensions célébrées en avril et sur le denier de saint Pierre. 16 juin 1862.

M. portant règlement pour les exercices de l'adoration perpétuelle à Limoges. Avril 1863.

C. relative au grand incendie survenu à Limoges. 16 août 1864.

C. touchant la prohibition de publier l'encyclique du 8 décembre 1864. 7 janvier 1865.

C. pour recueillir des secours en faveur des malheureux habitants de la Guadeloupe. 31 décembre 1865.

L. P. sur le denier de saint Pierre. 10 mai 1866.

C. de l'évêque annonçant son prochain voyage à Rome. 24 mai 1867.

L. C. proposant d'ouvrir une souscription en faveur de l'armée pontificale. Octobre 1867.

M. à l'occasion des ostensions. 9 février 1869.

C. de l'évêque à l'occasion de son prochain départ pour Rome. 20 octobre 1869.

C. sur le concile du Vatican. 9 juin 1870.

C. ordonnant une quête en faveur des prisonniers français en Allemagne. 16 décembre 1870.

L. P. sur l'action de la Providence dans les événements présents et M. pour le carême de 1871. 9 février 1871.

L. P. prescrivant de renouveler la consécration du diocèse au Sacré-Cœur de Jésus. 8 juin 1871.

L. P. et M. communiquant aux fidèles une lettre encyclique de N. T. S. P. le pape Pie IX et promulguant les constitutions dogmatiques du concile du Vatican. 21 juin 1871.

C. au sujet de la souscription nationale ayant pour but de hâter la libération de la partie de notre territoire encore occupée par les troupes allemandes. 11 février 1872.

C. annonçant la tournée pastorale. 12 mars 1872.

C. annonçant la retraite pastorale au clergé du diocèse. [S. d. — 1872].

O. relative à de nouvelles attributions données à MM. les archiprêtres et doyens du diocèse de Limoges. 25 août 1872.

C. pour faire signer la pétition qui demande le maintien de l'enseignement religieux dans les écoles. 24 septembre 1872.

C. au clergé du diocèse annonçant la tournée pastorale pour 1873. 6 décembre 1872.

L. P. sur l'œuvre de l'achèvement de la Cathédrale et M. pour le saint temps du carême de 1873. 10 février 1873.

C. pour l'œuvre de l'achèvement de la Cathédrale. 29 mars 1873.

C. de M. Dissandes de Bosgenet, vicaire général, annonçant un pèlerinage à Paray-le-Monial. 2 juillet 1873.

L. P. à l'occasion d'un *Triduum* de prières publiques. 3 août 1873.

L. P. annonçant un pèlerinage général à Notre-Dame d'Arliquet pour le dimanche 28 septembre. 8 septembre 1873.

L. P. à l'occasion du prochain concile provincial (1). 8 septembre 1873.

---

(1) Qui fut tenu au Puy.

L. P. et M. ordonnant des prières publiques à l'occasion de la réunion de l'Assemblée nationale. 17 octobre 1873.

C. relative à l'organisation d'une sainte ligue de prières et de pénitences. 30 avril 1874.

L. P. invitant les fidèles à prendre part à un nouveau pèlerinage au sanctuaire de N.-D. de Lourdes. 16 juin 1874.

L. P. et M. ordonnant des prières publiques à l'occasion de la réunion de l'Assemblée nationale. 6 novembre 1874.

L. P. de l'évêque à l'occasion de la conclusion de la visite générale de son diocèse et de son voyage *ad limina apostolorum*. 22 février 1875.

L. P. et M. portant communication d'un décret de la sacrée congrégation des rites, relatif à la consécration de tous les fidèles au sacré cœur de Jésus. 30 mai 1875.

L. P. au clergé et aux fidèles du diocèse pour leur annoncer la création d'une Université libre à Paris et l'ouverture d'une souscription destinée à couvrir les frais de premier établissement. 8 septembre 1875.

L. P. communiquant au clergé et aux fidèles la lettre des évêques fondateurs de l'Université catholique de Paris; notifiant un décret de la congrégation des rites qui autorise les prières pour la France et prescrivant des prières publiques à l'occasion de la réunion de l'Assemblée nationale. 18 octobre 1875.

L. P. à l'occasion de l'ostension septennale du précieux chef de l'apôtre saint Martial et des autres saintes reliques, et M. pour le saint temps du carême 1876. 10 février 1876.

L. P. et M. à l'occasion de la pose de la première pierre des travaux de l'achèvement de la Cathédrale. 2 avril 1876.

L. P. à l'occasion de la translation solennelle des dépouilles mortelles de Mgr L. Charles du Plessis d'Argentré, ancien évêque de Limoges. 1er mai 1876.

L. P. et M. pour l'indiction du synode diocésain. 7 juillet 1876.

L. P. au sujet de l'Université catholique de Paris. 7 octobre 1876.

L. P. à l'occasion de l'entreprise des travaux de la Cathédrale. 2 février 1877.

L. P. à l'occasion des élections générales et M. prescrivant des prières publiques. 29 septembre 1877.

C. à l'occasion du centenaire de Voltaire. 25 mai 1878.

C. ordonnant des prières publiques à l'occasion de la rentrée des Chambres. 8 janvier 1879.

L. P. à l'occasion de la transformation des écoles des Frères en écoles libres. 6 août 1879.

L. P. à l'occasion du 25e anniversaire de la proclamation du dogme de l'Immaculée conception et de l'indulgence plénière accordée par S. S. Léon XIII. 21 novembre 1879.

L. P. pour les écoles chrétiennes libres. 22 décembre 1879.

I. P. à propos de la part faite à l'instruction religieuse par le nouveau règlement des écoles primaires et M. pour le saint temps du carême de 1881. 14 février 1881.

C. contenant une série d'instructions pratiques à l'adresse du clergé et des fidèles. 2 octobre 1881.

C. annonçant à MM. les curés de Limoges le rétablissement des dernières prières dans le cimetière de la ville. 23 octobre 1881.

L. P. au clergé et aux fidèles du diocèse sur la loi scolaire du 28 mars. 8 septembre 1882.

C. au clergé du diocèse sur la laïcisation de l'école. 21 novembre 1882.

C. au clergé du diocèse sur les ostensions septennales de 1883. 25 mars 1883.

L. à M. le Président de la Société des établissements scolaires de Limoges sur les œuvres diocésaines les plus urgentes. 19 juin 1883.

L. P. à l'occasion de la rentrée des classes des écoles chrétiennes libres. 21 décembre 1883.

C. au clergé et aux fidèles du diocèse, faisant un nouvel appel pour l'achèvement de la Cathédrale. 9 février 1884.

C. faisant un nouvel appel au clergé pour l'achèvement de la Cathédrale. 20 avril 1884.

C. portant règlement intervenu entre l'évêque et le préfet pour la sonnerie des cloches des églises dans le diocèse de Limoges. Février 1885.

C. à l'occasion des bourses des séminaires. 27 avril 1885.

C. accompagnant le compte-rendu et le résumé des conférences de 1884 et indiquant les sujets des conférences de 1886. 25 mars 1886.

C. accompagnant le compte-rendu annuel de l'œuvre sacerdotale et le compte-rendu des quêtes et des souscriptions recueillies en 1885, pour les œuvres diocésaines et catholiques. 29 avril 1886.

L. P. adressant un appel au clergé et aux fidèles du diocèse pour l'érection d'un autel monumental en l'honneur de l'apôtre saint Martial. 30 juin 1886.

C. accompagnant les comptes-rendus de l'œuvre sacerdotale et des quêtes et des souscriptions recueillies en 1886 pour les œuvres diocésaines et catholiques, et annonçant la retraite ecclésiastique. 4 juin 1887.

C. accompagnant la publication d'un nouveau règlement pour l'adoration perpétuelle. 10 octobre 1887.

C. à MM. les curés de Limoges au sujet de la quête annuelle en faveur des écoles chrétiennes. 27 octobre 1888.

C. et O. sur l'œuvre des séminaires. 18 janvier 1889.

O. au sujet de la fête du B. J.-B. de la Salle, 28 avril 1889.

L. P. et M. à l'occasion de la consécration des autels du monument de saint Martial. 22 mai 1889.

C. à MM. les curés de la ville épiscopale au sujet de la quête pour les écoles libres. 28 octobre 1889.

M. sur le rétablissement de l'antique confrérie de Saint-Martial. 13 mars 1890.

C. relative à la consécration de l'église de Notre-Dame d'Arliquet à Aixe-sur-Vienne. 19 avril 1890.

C. aux membres du clergé en vue de solliciter leurs offrandes pour l'érection d'un nouveau maître-autel dans la Cathédrale. 10 octobre 1890.

C. à MM. les curés de la ville épiscopale au sujet de la quête annuelle en faveur des écoles libres. 15 octobre 1890.

C. portant communication d'une lettre collective des cardinaux, archevêques et évêques fondateurs de l'Institut catholique de Paris. 15 octobre 1891.

C. à MM. les curés de la ville épiscopale au sujet de la quête en faveur des écoles chrétiennes. 20 octobre 1891.

C. prescrivant des prières à l'occasion de la rentrée des Chambres. 3 janvier 1892.

C. portant publication de la récente encyclique du pape Léon XIII aux archevêques et évêques, au clergé et à tous les catholiques de France. 25 février 1892.

C. à l'occasion d'un pèlerinage diocésain à la basilique nationale du Sacré-Cœur de Jésus, à Montmartre. 22 mai 1892.

L. P. relative au couronnement de la statue de Notre-Dame d'Arliquet, à Aixe-sur-Vienne. 15 août 1892.

C. portant publication d'une encyclique pontificale sur le Rosaire de Marie, et prescrivant la célébration d'une messe solennelle dans l'église cathédrale à l'occasion du quatre-centième anniversaire de la découverte du Nouveau-Monde par Christophe Colomb. 18 septembre 1892.

C. à MM. les curés de la ville épiscopale au sujet de la quête en faveur des écoles chrétiennes. 15 octobre 1892.

C. portant publication d'une encyclique pontificale sur la création de séminaires indigènes dans les Indes orientales et ordonnant une quête spéciale à cette intention. 8 septembre 1893.

O. au sujet des séminaires des Indes orientales. Septembre 1893.

C. à MM. les curés de la ville épiscopale, recommandant la quête en faveur des écoles libres. 17 octobre 1893.

C. à MM. les curés du diocèse au sujet des nouveaux règlements d'administration publique sur la comptabilité des fabriques. 17 janvier 1894.

M. à l'occasion du neuvième centenaire du miracle des Ardents. 17 septembre 1894.

C. à MM. les Curés de la ville épiscopale au sujet de l'Œuvre des écoles chrétiennes. 17 octobre 1894.

B. — Evêques de Tulle (¹)

O. portant indiction de synode diocésain. 27 février 1657.

O. de Martin Darche, vicaire général, pour la signature par les ecclésiastiques du formulaire contre les cinq propositions jansénistes condamnées par Innocent X et Alexandre VII. 21 mai 1661.

O. pour le chant d'un *Te Deum* à la cathédrale, le 13 novembre, à l'occasion de la naissance du Dauphin. 12 novembre 1661.

M. ordonnant l'ostension dans l'église des Feuillants des reliques de saint Sabinien et une procession au pont de la Barrière pour écarter de Tulle la maladie, qui faisait de grands ravages, et la disette, qui était imminente. 2 mai 1662.

M. portant règlement des conditions d'admission à la tonsure et aux ordres mineurs. 1664 (?).

O. concernant les fêtes à célébrer dans le diocèse. 1ᵉʳ décembre 1666.

O. de Jacques Chapelle, vicaire général, enjoignant sous peine d'interdit trois publications avant les mariages, sauf dispense épiscopale. 16 janvier 1671.

Monitoire manuscrit d'Etienne Courrèze, official, commissaire apostolique subdélégué, ordonnant aux curés de dénoncer pour excommunication ceux qui « détiennent le contenu de la bulle en forme de signification impétrée par Monseigneur l'évêque et donnée à Rome auprès de Sainte-Marie Majeure aux ides d'août ». 17 décembre 1671.

O. portant nomination de Jean Dalvy comme libraire et imprimeur de l'évêché de Tulle. 23 juin 1672.

M. prescrivant un *Te Deum*, le 3 août, pour célébrer la naissance du duc d'Anjou, et un autre le 10 pour remercier Dieu des victoires du roi. 2 juillet 1672.

---

(1) Ce catalogue des actes des évêques de Tulle a été dressé par M. l'abbé Poulbrière, auteur d'une *Histoire du diocèse de Tulle* (1884).

M. portant un abrégé de la doctrine chrétienne, à lire au prône « lentement et distinctement », avec cette sanction que l'évêque interrogera sur ce texte les populations dans sa visite [1672].

M. pour prémunir les fidèles contre le théâtre, en portant suspense *ipso facto* contre les ecclésiastiques qui s'y rendaient en grand nombre depuis quelque temps. 10 août 1672.

M. de Jean Desroches, vicaire général, enjoignant aux prêtres de se rendre au synode et de célébrer tous les lundis la messe du Saint-Esprit, à l'intention de cette assemblée, en faisant prier aussi les fidèles pour elle. 27 mars 1673.

O. aux titulaires de vicairies comme aux propriétaires de chapelles de faire les réparations voulues, à peine de déchéance dans le délai d'un mois et de saisie du temporel avec l'assistance du bras séculier. Argentat, au cours de la mission, 8 mai 1673.

M. portant indiction du synode au 12 avril. 6 mars 1674.

M. pour le carême. 30 janvier 1675.

O. portant abolition, pour cause de débauches et actions illicites, d'une prétendue confrérie de marchands de Tulle sous le vocable de sainte Elisabeth, laquelle confrérie avait des statuts non reconnus et dont certains articles étaient contraires aux bonnes mœurs. 13 juin 1678.

M. contre les Jansénistes. 27 avril 1714.

M. relatif à la publication du catéchisme diocésain, suivi d'une Instruction sur la tonsure. 12 décembre 1714.

M. contre les appelants. 7 septembre 1718.

L. P. et I. touchant la juridiction qui appartient à la hiérarchie de l'Eglise. 25 août 1731.

M. pour la visite générale du diocèse. 15 juillet 1749.

M. pour faire chanter le *Te Deum* en actions de grâces de la conclusion de la paix. 6 juillet 1763.

J. U. avec Mandement (15 avril), puis Instruction à son sujet en forme de catéchisme et prières. 1776.

L. au clergé diocésain pour l'adoption du Bréviaire et du Missel parisiens. 1er novembre et 1er décembre 1776.

M. d'entrée en fonctions de Jean-Joseph Brival, évêque constitutionnel. 9 avril 1791 (1).

L. portant adoption de l'Instruction donnée par M. l'Evêque de Langres, en date du 15 mars. Paris, 27 avril 1791.

---

(1) Ce document fut l'objet, de la part d'un anonyme qui se trouvait à Paris, auprès de l'évêque mourant (dont il annonce même la mort en P. S. et dont il devait être un vicaire général), d'une brochure critique, intitulée : *Lettre à M. Brival, curé de Lapleaux, nommé à l'évêché du département de la Corrèze, à l'occasion de son Mandement*,

M. de plainte contre les fauteurs de l'ancien état de choses et d'appel en faveur du nouveau, avec le dispositif pour le carême. 17 février 1792.

Adresse du citoyen Brival, évêque de la Corrèze, à ses diocésains, pour demander aux paroisses le sacrifice des cloches, moins une. 4 septembre 1793.

M. pour se féliciter de la fin des persécutions et des abominations, et solliciter, en s'efforçant de le montrer possible, l'accord en chacun de ses diocésains du « patriote républicain le plus zélé avec le catholique romain le plus fervent ». Duodi fructidor, an 3e..... 30 juillet 1795.

⁂

. . . . (¹).

L. P. d'appel en faveur des séminaires, avec constitution d'une association de dames pour recueillir les dons. 29 août 1823.

L. au clergé diocésain pour la réimpression diocésaine du Bréviaire de Paris. 15 avril 1828.

C. C. relatives aux conférences ecclésiastiques. 15 mars, 15 avril et 15 décembre 1840.

M. au sujet de l'addition du mot *Immaculata* à la préface de la messe de la Conception de la B. V. M., avec deux rescrits de Grégoire XVI à cet effet. 20 octobre 1840.

L. P. et M. sur l'œuvre des petits séminaires et des missions. 16 décembre 1843.

L. P. pour annoncer les exercices de la retraite. 20 septembre 1844.

Observations sur la question de la liberté d'enseignement, adressées au garde des sceaux, ministre de la justice et des cultes, pour être présentées au roi en son conseil. [S. d. — 1844].

C. pour annoncer les exercices de la retraite. 21 mai 1845.

O. avec R. pour le rétablissement des conférences ecclésiastiques. 6 juillet 1845.

C. pour le service de ceux qui succombèrent en 1830. 18 juillet 1845.

C. C. relatives aux quêtes pour les vocations. 3 août et 16 décembre 1845.

C. pour les quêtes en faveur des petits séminaires. 30 mars 1846.

C. C. pour la fête du roi. 18 avril 1846 ; 20 avril 1847.

---

(1) Supprimé par le Concordat, le diocèse de Tulle ne fut rétabli en fait qu'en 1822.

C. C. pour les conférences de 1846 (25 avril 1846); de 1847 (30 juin 1846).

C. pour une nouvelle recommandation de l'œuvre des petits séminaires. 15 mars 1847.

L. P. pour les exercices de la retraite. 8 septembre 1847.

Avis pour l'œuvre des petits séminaires. 20 octobre 1847.

C. pour la fondation d'une maison de prêtres auxiliaires. 7 novembre 1847.

C. pour le changement circonstanciel du *Salvum fac*. 7 mars 1848.

C. relative à la bénédiction des drapeaux. 9 mars 1848.

C. relative au service funèbre des victimes de février. 18 mars 1848.

C. relative aux élections. 18 mars 1848.

C. relative aux quêtes pour les petits séminaires. 12 avril 1848.

C. relative aux élections. 14 avril 1848.

C. avec envoi d'un tableau à remplir. « Pièce destinée à appuyer les observations » de l'évêque « au pouvoir pour le maintien du traitement ». 27 mai 1848.

C. pour un service funèbre demandé par le Gouvernement. 3 juillet 1848.

C. pour la retraite pastorale. 25 août 1848.

C. relative à l'œuvre des petits séminaires. 28 octobre 1848.

C. pour un *Te Deum* à l'occasion de la promulgation de la Constitution. 13 novembre 1848.

C. relative aux élections. 28 novembre 1848.

L. P. ordonnant des prières publiques pour Pie IX. 18 décembre 1848.

L. P. prescrivant de recueillir des offrandes pour le Souverain-Pontife. 20 mars 1849.

L. P. à l'occasion du concile provincial à tenir à Clermont. 1er octobre 1850.

C. pour la retraite pastorale. 4 septembre 1852.

C. relative à l'œuvre des petits séminaires. 11 octobre 1852.

M. pour le chant d'un *Te Deum* à l'occasion de la proclamation du second Empire. 8 décembre 1852.

C. pour la retraite ecclésiastique et le synode diocésain. 1er septembre 1853.

O. et R. pour la reprise des conférences ecclésiastiques. 25 mai 1854.

C. pour la retraite pastorale. 7 juin 1854.

L. P. pour la publication de la Définition de l'Immaculée-Conception de la T. S. V. 1er mars 1855.

C. pour la retraite pastorale. 10 septembre 1855.

L. P. prescrivant des prières pour l'heureuse délivrance de l'Impératrice. 16 février 1856.

C. pour le chant d'un *Te Deum* à l'occasion de la naissance du prince impérial. 18 mars 1856.

O. concernant la construction d'une église à Belpuech. 8 décembre 1856.

C. pour le chant d'un *Te Deum* demandé par le Gouvernement au 15 août. 6 août 1857.

C. pour la retraite pastorale. 6 août 1857.

R. des prières pour le chef de l'Etat. 7 février 1858.

C. pour les exercices de la retraite. Servières, le 6 août 1859.

L. P. sur le pouvoir temporel du pape. 25 février 1860.

C. pour le service funèbre de l'ex-roi Jérôme. 4 juillet 1860.

C. pour recommander le denier de Saint-Pierre. 10 février 1864.

L. P. à l'occasion du prochain concile œcuménique. 27 novembre 1869.

C. de M. Lalite, vicaire général, sur diverses matières, l'évêque se trouvant au concile. 3 avril 1870.

C. du même, à l'occasion de la publication du volume contenant les lettres de Mgr Berteaud sur l'église, la papauté et le concile. 4 avril 1870.

C. pour les prières demandées par l'Assemblée nationale. 31 mai 1871.

O. relative à l'œuvre des séminaires et des missions, précédant le compte rendu de cette œuvre. 31 octobre 1872.

L. P. à l'occasion des prières demandées par l'Assemblée nationale. 11 novembre 1872.

C. annonçant un *Triduum* avant l'Assomption, les pèlerinages aux sanctuaires du diocèse et la retraite pastorale. 1er août 1873.

M. prescrivant des prières à l'occasion du prochain concile provincial ([1]). 21 septembre 1873.

M. prescrivant les prières publiques votées par l'Assemblée nationale. 16 novembre 1874.

M. portant publication du décret de la Congrégation des rites relatif au Sacré-Cœur de Jésus. 1er juin 1875.

M. prescrivant les prières demandées par l'Assemblée nationale. 25 octobre 1875.

C. prescrivant des prières à l'occasion des élections. 7 février 1876.

C. pour les prières de rentrée des Chambres. 2 mars 1876.

([1]) Qui fut tenu au Puy.

C. pour les prières de rentrée des Chambres. 3 janvier 1877.

C. pour l'approbation de l'Association de N.-D. du Salut. 7 septembre 1877.

C. proscrivant les prières votées par l'Assemblée nationale. 5 janvier 1878.

C. relative au règlement des conférences ecclésiastiques et au programme des prochaines. 22 mai 1879.

L. P. et M. sur la situation des séminaires et le recrutement du sacerdoce. 4 novembre 1879.

C. communiquant plusieurs circulaires du ministre des cultes, relativement à l'administration temporelle des paroisses. 8 janvier 1880.

O. relative à l'examen annuel des jeunes prêtres, avec programme des matières. 7 mars 1880.

C. pour l'envoi d'un projet de nouveau tarif. 22 avril 1880.

C. prescrivant des prières pour les besoins de l'Eglise et de la France, suivie d'un acte de consécration du diocèse au Sacré-Cœur de Jésus. 13 juin 1880.

C. annonçant un pèlerinage diocésain à Lourdes. 18 août 1880.

C. pour les prières de rentrée des Chambres [1880].

C. communiquant trois lettres de l'évêque : 1° et 2° à son collègue du Puy et au Président de la République sur les décrets du 29 mars [s. d.]; 3° à l'archevêque de Paris sur la dispense du service militaire accordée aux ecclésiastiques. 4 février 1881.

C. relative à un nouveau pèlerinage à Lourdes. 5 juillet 1881.

C. promulguant le nouveau règlement de la caisse de retraite. 8 septembre 1881.

C. communiquant une lettre de Mgr Lavigerie, archevêque d'Alger, en faveur du vicariat apostolique de Tunisie, et prescrivant une quête diocésaine. Octobre 1881.

C. et R. établissant l'œuvre des églises pauvres. 11 novembre 1881.

C. annonçant la fondation d'une *Semaine religieuse du diocèse de Tulle*. 21 novembre 1881.

R. intérieur de la caisse de retraite. 1882.

L. P. sur l'athéisme et les écoles sans Dieu. 8 septembre 1882.

C. promulguant le nouveau tarif. 20 septembre 1882.

L. P. établissant l'adoration perpétuelle et M. pour le carême de 1883. 14 janvier 1883.

R. pour l'adoration, l'amende honorable et le tableau de répartition des jours. 14 janvier 1883.

C. publiant un décret de la Congrégation de l'*Index*, relatif à plusieurs manuels français d'instruction civique. 29 janvier 1883.

C. annonçant un nouveau pèlerinage à Lourdes. 2 juillet 1883.

L. P. sur les devoirs des catholiques dans les circonstances présentes. 20 janvier 1884.

C. sur les vols sacrilèges. 20 avril 1884.

C. annonçant un pèlerinage à Paray-le-Monial. 22 juillet 1884.

L. P. portant publication d'une encyclique sur la Franc-Maçonnerie. 20 janvier 1885.

L. P. et M. sur l'œuvre des séminaires. 15 mars 1885.

C. relative aux conférences ecclésiastiques. 15 février 1888.

L. P. sur la question religieuse. 2 février 1891.

L. P. sur la véritable anarchie. 21 janvier 1893.

C. communiquant le décret et les instructions ministérielles sur la comptabilité des Fabriques. 14 janvier 1894.

20. — ACTES DES POUVOIRS LAÏQUES

du Limousin et de la Marche avant la Révolution ([1])

— Correspondance des intendants de la Généralité de Limoges, 1678-1728.
(Archives nationales, G⁷ 345 à 353.)

— Correspondance de M. de Gourgues, intendant de la Généralité de Limoges, 1684-1686.
(Bibliothèque de l'hist. du protestantisme, 2 vol. in-folio.)

— Papiers de quelques intendants de la Généralité de Limoges, de 1760 à 1761.
(Archives départementales de la Gironde, C. 3797 à 3800).

— La correspondance de Turgot comme intendant de la Généralité de Limoges (1761-1774) n'a pas encore été rassemblée. Voir pourtant le t. II de ses *Œuvres*, édit. Dupont de Nemours.

.˙.

— Ordonnances des consuls de Limoges.
(Voy. les *Registres consulaires de Limoges*, signalés ci-après, p. 141).

— Ordonnances des maires et consuls de Tulle, de 1627 à 1685. Publ. par M. l'abbé Talin dans *Bull. de Tulle*, 1889 et 1890.

([1]) Le catalogue de ces actes, pour les temps antérieurs au milieu du xvıɪᵉ siècle, ne saurait être encore dressé. L'inventaire des archives départementales et communales en fournira peu à peu les éléments.

21. — ACTES DES POUVOIRS LAÏQUES

de la Haute-Vienne, de la Corrèze et de la Creuse depuis la Révolution

— Recueil des actes administratifs de la Haute-Vienne, depuis 1813.

— Recueil des actes administratifs de la Creuse, depuis 1815 ([1]).

— Recueil des actes administratifs de la Corrèze, depuis 1813.

— Registres des arrêtés des préfets de la Haute-Vienne, de la Creuse et de la Corrèze.
(Série K des Archives départementales.)

— Registres des arrêtés des Conseils de préfecture de la Haute-Vienne, de la Creuse et de la Corrèze.
(Série K des Archives départementales.)

— Correspondance administrative de la Préfecture de la Haute-Vienne.
Voy. ci-dessus, p. 6, ligne 25.
(Il existe deux collections parallèles pour les départements de la Creuse et de la Corrèze.)

— Correspondance générale du Conseil académique de Limoges.
Voy. ci-dessus p. 6, ligne 12.

([1]) Cette collection commence avec le *Mémorial administratif du département de la Creuse*, dont le premier numéro porte la date du 9 décembre 1815.

22. — DÉLIBÉRATIONS DES CORPS CONSTITUÉS

ECCLÉSIASTIQUES ET LAÏQUES

— Extraits des registres capitulaires de Saint-Etienne de Limoges, 1527-1608 et 1621-1771

Publ. par A. Leroux, t. III, 38-65, et VI, 5-98 des *Arch. hist. du Limousin*.

— Registres des délibérations du chapitre Saint-Martial de Limoges, XVIII° s.

Série H, n°° prov. 9457 et 9466 des Arch. départementales de la Haute-Vienne.

— Délibérations des moines de l'abbaye de Vigeois, 1741-1744. Signalées dans le *Bull. de Tulle*, 1890, p. 534.

— Registres capitulaires de l'abbaye N.-D. du Moutier-d'Ahun, 1667-1710.

(Arch. dép. de la Creuse, H, 15.)

— Extraits des délibérations de la Compagnie du Saint-Sacrement de Limoges, 1647-1663.

Publ. par A. Leroux, dans *Bull. de Limoges*, XXXIII, 58; et suite dans *Arch. hist. du Limousin*, I, 240.

— Extraits des délibérations du Consistoire réformé de Rochechouart, 1596-1635.

Publ. par A. Leroux, *Doc. histor.*, II, 63-132.

.•.

— Registres consulaires de Limoges ou registres des délibérations des consuls de Limoges, 1504-1790.

Publ. sous la direction de MM. E. Ruben et L. Guibert, 5 vol. 1867-1893. Le t. VI et dernier est en préparation (¹).

---

(1) Cf. ci-dessus p 67.

— Registre du consulat de Tulle, dit le Livre noir, 1491-1681.

Analyse dans le *Bull. de Tulle*, 1879, p. 206 et ss. Les délibérations proprement dites y sont d'ailleurs peu nombreuses. Cf. M. A. Hugues, *Invent. des arch. comm. de Tulle*, BB. 1.

— Registres consulaires de Tulle, 1742-1780.

Trois volumes (BB. 3, 4 et 5) analysés dans l'*Invent. des arch. comm.* par M. A. Hugues.

— Registres consulaires d'Ussel, 1603-1790.

Vingt-un volumes (BB. 1 à 21) analysés dans l'*Invent. des arch. comm. d'Ussel* par M. A. Hugues. Il y a quelques lacunes. Cf. M. Huot, *Les Archives municipales d'Ussel*, p. 111 et ss.

— Registres des délibérations de l'hôtel de ville d'Aubusson, 1705-1794.

Deux volumes (BB. 3 et 4), analysés dans l'*Invent. des arch. comm. d'Aubusson* par M. L. Duval.

— Registres des consuls de Rochechouart, 1475-1793.

Trois volumes (BB. 1, 2 et 3), analysés dans notre *Invent. des arch. comm. de Rochechouart*.

— Registres de la maison de ville de Bellac, 1648-1789.

Deux volumes (BB. 1 et 2), analysés dans notre *Invent. des arch. comm. de Bellac*.

— Livre de la maison et mairie de Saint-Yrieix-la-Perche, appelé improprement Registre consulaire, 1565-1689.

Arch. dép. de la Haute-Vienne, n° prov. E. 9311. Extraits publiés par Aug. Bosvieux dans le *Bull. de Limoges*, III, 155-160, et par A. Leroux dans les *Arch. hist. du Limousin*, VI, 297-310.

— Délibérations paroissiales du xviii° siècle.

Publ. par MM. Bellet et Touyéras dans le *Bull. de Limoges*, XXXVIII, 401 et ss., XXXIX, 650 et ss.

.*.

— Délibérations du bureau des finances de Limoges : premiers extraits, 1648-1656.

Publ. par M. l'abbé Granet dans *Arch. hist. du Limousin*, IV, 84-137.

Cf. les Doléances du bureau des trésoriers de France à Limoges, 1594 et 1745.

Impr. dans la notice sur *la Généralité de Limoges* par A. Leroux, p. XLVI, et dans l'*Invent. des Arch. dép. de la Haute-Vienne*, C. 553.

— Délibérations du bureau de l'hôpital général de Limoges, 1720-1792.

Deux volumes (E. 1 et 2), analysés dans notre *Invent. des arch. hospit. de Limoges* ([1]).

— Délibérations du bureau de l'hôpital de Guéret, 1707-1797.

Sept volumes (E. 11 à 17), analysés dans l'*Invent. des arch. hospit. de Guéret* par M. L. Duval.

— Délibérations du bureau de l'hôpital d'Aubusson, 1745-1791.

Deux volumes (E. 5 et 7), analysés dans l'*Invent. des arch. hospit. d'Aubusson* par M. L. Duval.

— Délibérations du bureau de l'hôpital de Bourganeuf, 1738-1793.

Un volume (E. 3), analysé dans l'*Invent. des arch. hospit. de Bourganeuf* par M. L. Duval.

— Registre des délibérations du bureau de l'hôpital de Boussac, 1746-1789.

Un volume (E. 3), analysé dans l'*Invent. des arch. hospit. de Boussac* par M. L. Duval.

— Registre des délibérations du bureau de l'hôpital du Dorat, 1631-1793.

Un volume (E. 1), analysé dans notre *Invent. des arch. hospit. du Dorat*.

— Registre des délibérations du bureau de l'hôpital de Saint-Yrieix, 1698-1748.

Un volume (E. 1), analysé dans notre *Invent. des arch. hospit. de Saint-Yrieix*.

— Registre des délibérations du bureau de l'hôpital d'Eymoutiers, 1787-1793.

Un volume (GG. 145), analysé dans notre *Invent. des arch. comm. d'Eymoutiers*.

— Délibérations des Doctrinaires du collège de Bellac, 1648-1765.

Analysées dans notre *Invent. des arch. comm. de Bellac*, GG. 33.

— Délibérations du bureau du Collège royal de Limoges, 1763-1792.

([1]) Un premier registre, de 1661 à 1726, signalé par M. Laforest (*Limoges au XVII° s.*, p. 496 de la 2° édit.), comme étant aux mains des religieuses de St-Alexis, n'a pu être récupéré.

Analysées dans notre *Invent. des arch. dép. de la Haute-Vienne*, D. 47.

— Procès-verbaux des assemblées de MM. les directeurs du grand Séminaire de Limoges.

4 vol. mss. Le premier va de 1748 à 1785 ; le second, de 1807 à 1834; le troisième, de 1834 à 1862; le quatrième, de 1862 à nos jours.

Voy. L. Guibert, *Catal. des manuscrits...*, n° 117.

— Extraits du registre des assemblées de la Société d'agriculture de Limoges, 1750-1785.

Publ. par A. Leroux dans *Arch. hist. du Limousin*, III, 158-297, et dans sa notice sur *la Généralité de Limoges*.

.

— Délibérations et arrêtés mss. du Directoire de la Haute-Vienne, 1790-an IV, conservés aux Archives départementales.

Voy. l'*Inventaire* de M. Fray-Fournier (L. 67 à 79).

— Délibérations et arrêtés mss. du Directoire de la Corrèze, 1790-an IV, conservés aux Archives départementales.

— Délibérations et arrêtés mss. du Directoire de la Creuse, 1790-an IV, conservés aux Archives départementales.

— Arrêtés mss. de l'Administration centrale de la Haute-Vienne, ans IV-VIII, conservés aux Archives départementales.

Voy. l'*Inventaire* de M. Fray-Fournier, L. 80-86.

— Arrêtés mss. de l'Administration centrale de la Corrèze, ans IV-VIII, conservés aux Archives départementales.

— Arrêtés mss. de l'Administration centrale de la Creuse, ans IV-VIII, conservés aux Archives départementales.

— Délibérations mss. du Conseil général de la Haute-Vienne, 1790-an II ([1]), conservés aux Archives départementales.

Voy. l'*Inventaire* de M. Fray-Fournier (L. 53 à 59) qui prépare la publication de ces délibérations sous forme analytique.

— Analyse des délibérations manuscrites du Conseil général de la Haute-Vienne, 1800-1839.

Rédigée et publiée par A. Leroux, 1892, in-8°, 410 pages.

---

(1) Cf. le *Catal. des procès-verbaux des Conseils généraux, de 1790 à l'an II, conservés aux Archives nationales et dans les Archives départementales* (1891). En ce qui touche la Haute-Vienne, les cotes relatives aux Archives départementales sont légèrement erronées.

— Procès-verbaux imprimés des délibérations du Conseil général de la Haute-Vienne, 1840 et ss.
Un volume chaque année.

— Délibérations mss. du Conseil général de la Corrèze, 1790-an II (¹), conservés aux Archives départementales.
Cinq registres.

— Délibérations imprimées du Conseil général de la Corrèze, 1837 et ss.
Un volume chaque année.

— Délibérations mss. du Conseil général de la Creuse, 1790-an II (²), conservés aux Archives départementales.
Trois registres.

— Délibérations imprimées du Conseil général de la Creuse, 1837 et ss.
Un volume chaque année.

∴

— Registres des assemblées de la Cour d'appel de Limoges. 3 reg. mss. (1° de 1811 à 1818; 2° de 1818 à 1853; 3° de 1853 à nos jours.)
Ne se communiquent pas au public.

— Délibérations du Conseil académique de Limoges, 1810 à 1844.
Arch. dép. de la Haute-Vienne, série T, six registres.

— Délibérations de la Société d'agriculture, sciences et arts de Limoges, 1822 et ss.
De 1800 à 1821, les procès-verbaux sont restés manuscrits, sauf ceux des années 1808, 1814, 1815, 1816 et 1818.

— Délibérations de la Société archéologique et historique du Limousin.
Procès-verbaux publiés dans le *Bulletin* de la dite Société chaque année depuis 1852. Cf. t. II, 134, et t. XVIII, 88.

— Délibérations de la Société de médecine de la Haute-Vienne.
Procès-verbaux publiés dans son *Bulletin*, 1852 et ss.

— Délibérations de la Société Gay-Lussac.

(1 et 2) Voir la note de la page précédente.

Procès-verbaux publiés irrégulièrement dans son *Bulletin*, 1886 et ss.

— Délibérations de la Société des Archives historiques du Limousin.
Procès-verbaux manuscrits, 1891 et ss.

— Délibérations de la Société des lettres, sciences et arts de Tulle.
Procès-verbaux publiés dans le *Bulletin* de la dite Société chaque année depuis 1878.

— Délibérations de la Société scientifique, historique et archéologique de Brive.
Procès-verbaux publiés dans le *Bulletin* de la dite Société chaque année depuis 1878.

— Délibérations de la Société des sciences naturelles et archéologiques de Guéret.
Procès-verbaux publiés dans les *Mémoires* de la dite Société depuis 1890.

.·.

— Rapports généraux sur les travaux du Conseil d'hygiène publique et de salubrité de la Haute-Vienne. In-8°, t. I-XV, 1858-1894.

— Rapports généraux sur les travaux du Conseil d'hygiène publique et de salubrité de la Creuse. In-8°, 6 vol. 1883 et ss.

— Rapports généraux sur les travaux du Conseil d'hygiène publique et de salubrité de la Corrèze.

23. — STATUTS ET RÈGLEMENTS

DE CORPORATIONS ECCLÉSIASTIQUES

I. — STATUTS SYNODAUX

A. Diocèse de Limoges

— Statuts synodaux de 1207, promulgués sous l'épiscopat de Regnaud de la Porte.
Cités par Lelong, *Bibl. hist.*, I, n° 6540, et par le *Bull. de Limoges*, XI, 151 ; semblent auj. perdus.

— Constitutions synodales du diocèse de Limoges, XIII° et XIV° s.
Publ. par M. l'abbé Lecler, *Bull. de Limoges*, XL, 142 et 151.

— Anciens statuts du diocèse de Limoges, 1310, 1379, 1428, 1492, 1499, 1502, 1506.
Publ. par M. l'abbé Lecler. *Bull. de Limoges*, XL, 122 et ss.

— Statuts synodaux de 1480, complétés en 1508.
Ms. inéd. aux Arch. dép. de la Haute-Vienne, série G, n° prov. 9993.

— Statuts synodaux de 1519, sous l'épiscopat de Philippe de Montmorency. Édition princeps 1519, dont il subsiste un exemplaire aux Arch. dép. de la Haute-Vienne, série G. Nouv. édit. au tome I, p. 300 de nos *Doc. hist. sur la Marche et le Limousin* (1883).

— Statuts synodaux de 1533, sous l'épiscopat de Jean de Langeac. C'est une réédition un peu développée des précédents. Nous n'en connaissons aucun exemplaire.

— Statuts et règlements du diocèse de Limoges, sous l'épiscopat de Raymond de la Marthonie, 1619.

— Statuts et règlements du diocèse de Limoges, sous l'épiscopat de Fr. de Lafayette, 1629. C'est une réédition, revue et augmentée, des précédents.

— Ordonnances synodales de Mgr François de Lafayette, 1673.

— Ordonnances synodales de Mgr Louis de Lascaris d'Urfé, 1678.

— Ordonnances synodales de Mgr Carbonnel de Canisy. 1703.

— Statuts du diocèse de Limoges sous l'épiscopat de Mgr P. de Tournefort, 1838 (1).

— Statuts synodaux sous l'épiscopat de Mgr Buissas. 1853.

B. Diocèse de Tulle

— Statuts ecclésiastiques et ordonnances synodales promulgués sous Arnaud de Saint-Astier, premier évêque de Tulle : 1320, 1324, 1328, 1330, dans Baluze, *Hist. Tutelensis*, 630 et ss. Ceux de 1328 figurent aussi dans le *Thes. anecd.* de Martène, t. IV.

— Statuts de 1336 sous l'épiscopat d'Arnaud de Clermont. Où ?

— Règlement pour les ecclésiastiques du diocèse de Tulle sous l'épiscopat de Jean de Genouillac, 1623.

— Statuts et règlements du diocèse de Tulle sous l'épiscopat de Louis III de Rechignevoisin, 1655.

— Statuts et règlements du diocèse de Tulle sous l'épiscopat d'Humbert Ancelin, 1692.

— Règlement touchant le service divin dans le diocèse de Tulle, 1656.
Dans *Bull. de Brive*, XI, 576.

II. — STATUTS DE CHAPITRES

— Statuts du chapitre cathédral de Limoges : 1350, 1508 (Arch. dép., n° prov. 9993), 1551.

— Statuts du chapitre de Saint-Yrieix, 1445, dans nos *Doc. histor. sur la Marche et le Limousin*, I, 276.

---

(1) « Ces statuts, après l'impression, ont été soumis à Rome. Rome ayant refusé de les approuver, l'édition tout entière a été détruite à l'exception de cinq exemplaires. »

— Statuts du chapitre de Saint-Junien : 1502, 1620.

— Règlement intérieur du chapitre d'Eymoutiers, 1603.
Publ. par M. J. Dubois, *Arch. histor. du Limousin*, IV, 311.

— Règlement pour les vicaires généraux du chapitre cathédral de Limoges, le siège vacant, 1607.
Dans *Archives histor. du Limousin*, V, 51.

III. — STATUTS D'ABBAYES ET DE COMMUNAUTÉS

— Constitutions données au monastère d'Attanum par saint Yrieix.
Elles sont tout entières contenues dans le testament de ce saint (572), publ. par Ruinart et Mabillon et traduit par M. Arbellot dans *Bull. de Limoges*. (Voy. ci-dessus p. 38, ligne 22.)

— Fragment des règles du prieuré d'Aftavaux, fin du xiie s., dans nos *Doc. hist. sur la Marche et le Limousin*, t. I, 87.

— Consuetudines S. Augustini Lemovicensis, cités sans autre indication par Ducange-Henschel, VII, 434.

— Consuetudines monasterii Solemniacensis, cités sans autre indication par Ducange-Henschel, VII, 441.

— Regula sti Stephani confessoris, auctoris et fundatoris ordinis Grandimontensis, attribuée par les érudits du xviiie siècle à Pierre de Limoges, puis à Etienne de Liciac, puis à Guill. de Trahinac (ou Treignac), enfin à Gérald Itier. M. Hauréau a montré que cette règle avait été rédigée par Hugues de Lacerta, † 1157. (Voy. *De qq. écrivains de l'ordre de Grandmont*, déjà cités.) Impr. à Dijon 1645 ([1]), à Paris 1648 ([2]), à Rouen 1671 et 1721.

— Tractatus ad fratres de disciplina et correctione morum sive Observantia perfectæ totius religionis [auctore Geraldo Iterii, monacho Grandimontensi], xiie s.

([1]) L'édition de 1643, indiquée par l'*Hist. littéraire*, X, 419, semble erronée.

([2]) Elle se trouve sous cette date avec les *Statuts, ord. Grand.*, l'*Officium sti Stephani* et les *Sententiæ sti Stephani* (que nous citons ailleurs), dans un petit recueil in-18 publié à Paris en 1650 sous ce titre collectif : *Opusculum regulæ et sententiarum seu rationum sti patris nostri Stephani*.

Ce traité a été attribué à tort depuis le xiii⁰ s. à Hugues de Saint-Victor sous ce titre : *De institutione novitiorum.* (Voy. Hauréau, *De qq. écrivains de l'ordre de Grandmont,* déjà cité.)

— De signis in ecclesia, claustro, dormitorio et refectorio quibus in ordine Grandimontensi sine silentii læsione possit unus alteri suam innuere voluntatem, xiii⁰-xiv⁰ ss., dans le Bullaire Grandmontain du grand séminaire de Limoges. Extraits dans L. Guibert, *Destruction de l'ordre et de l'abbaye de Grandmont,* p. 31.

— Statuta ordinis Grandimontensis, 1240.
Dans Martène, *Thesaurus,* IV, p. 1231.

— Statuta Grandimontensium strictioris observantiæ, 1643.
Publ. par Frémon en 1644. Se trouvent aussi dans l'*Opusculum regulæ,* cité ci-dessus, p. 149, note.

— Statuta fratrum Grandimontensium strictioris observantiæ.
Rédigés à Thiers en 1692 et imprimés à Lyon, même année.

.˙.

— Constitutions de l'archev. de Bourges pour la réforme du monastère de Tulle, 1201, 1296, dans Baluze, *Hist. Tutel.,* 584 à 592.

— Statuts des prêtres de la communauté de Bellac, 1464, 1477 et 1485.
Invent. des arch. comm. de Bellac, GG. 12.

— Statuts du prieuré de l'Artige, xv⁰ (?) s.
Invent. des arch. dép. de la Haute-Vienne, D. 903. Cf. ibid., 227.

— Fragment des règles du prieuré des Ternes, xv⁰ s.
Publ. par A. Leroux, *Arch. histor. du Limousin,* III, 5.

— Statuts des prêtres de l'église Notre-Dame d'Eymoutiers, vers 1500 (mentionnés dans *Invent. arch. comm. d'Eymoutiers,* GG. 3).

— Statuts des prêtres de l'église de Bourganeuf, 1506, dans Vayssière, *L'Ordre de Saint-Jean de Jérusalem....* p. 163.

— Statuts des prêtres de l'église de Chambéret, 1519, dans ......?

— Statuts de la communauté des prêtres de Bourganeuf, 1550, homologués en 1560, dans Vayssière, *L'Ordre de Saint-Jean de Jérusalem,* p. 173.

— Statuts des prêtres de l'église de Bellac, 1599, dans nos *Doc. hist. sur la Marche et le Limousin*, I, 203, et notre *Invent. des arch. comm. de Bellac*, GG. 12 bis.

— Statuts des prêtres du moutier de Felletin, 1603, dans Pataux, *Felletin...*, p. 234.

— Statuts des religieux du Moutier-d'Ahun, 1611, dans nos *Doc. histor. sur la Marche et le Limousin*, I, 205.

— Règlement pour la chapelle de N.-D. de Sauvagnac, 1616, dans Vayssière, *L'Ordre de Saint-Jean de Jérusalem...*, p. 191.

— Constitutions de l'abbaye de la Règle, rédigées en 1622 par Jeanne de Verthamond, approuvées par Innocent X en 1645.
Dans Legros, *Mélanges mss.*, I, 143.

— Statuts des prêtres de l'église de Beaumont à Felletin, 1625, dans Pataux, *Felletin...*, p. 208.

— Constitutions des religieuses Ursulines de Limoges, 1626. Exempl. à la Bibl. comm. de Limoges.

— Statuts et règlements des églises paroissiales Saint-Pierre-du-Queyroix et Saint-Michel-des-Lions à Limoges, 1629.

— Statuts des religieuses de Sainte-Claire de Tulle, première moitié du xviie s.
Cités par M. Poulbrière, *Hist. du dioc. de Tulle*, p. 271.

.˙.

— Règlement pour la congrégation des sœurs hospitalières de Saint-Alexis de Limoges, 1650.
La première forme, restée inédite, paraît perdue. Elle est attestée par M. Roy-Pierrefitte (*Monast. du Limousin*, art. *Hospitalières*). — Une seconde forme, du xviiie s., se retrouve dans un registre de la bibliothèque du grand séminaire de Limoges (voy. M. L. Guibert, *Bull. de Limoges*, XXII, 218 et XXXIX, 525) et dans un cahier des archives hospitalières de Limoges (voy. notre *Inventaire*, F. 26, où ce règlement est imprimé presque en entier). — Une troisième forme a été imprimée en 1804 (Roy-Pierrefitte, art. cité).

— Règlement général du séminaire de la Mission de Limoges, vers 1661.
Ms. n° 353 de la Bibliothèque de Marseille.

— Registre des visites du prieuré de Boubon, de 1653 à 1788.

C'est la série des règlements et additions aux règlements, faits par chacun des visiteurs envoyés par l'abbesse de l'ordre de Fontevraud : 1053, 1605, 1607, 1070, 1072, 1673, 1074, 1076, 1678, 1680, 1082, 1683, 1685, 1086, 1687, 1089, 1091, 1092, 1094, etc. Ms. de 499 feuillets in-4°, en la possession du curé de la paroisse de Cussac (Haute-Vienne).

— Constitutions pour les religieuses de la Providence de Limoges, 1685.
Où ?

— Règle des religieuses de Sainte-Claire de Limoges, 1604.
Où ? (¹)

— Statuts des religieux du Port-Dieu, 1695.
Dans *Bull. de Tulle*, 1880, p. 178.

— Règlements de la congrégation de l'Oratoire de Limoges, xviii° s.
Au grand séminaire de Limoges, n° 101 du *Catalogue* Guibert.

— Règlement de la communauté de Saint-Alexis à La Souterraine, rédigé entre 1740 et 1758.
Dans A. Leroux, *Arch. hist. du Limousin*, III, p. 97.

— Règlement de vie pour vivre et mourir saintement, à l'usage des missions du diocèse de Limoges, 2° édit., 1761.

IV. — STATUTS DE CONFRÉRIES

Voy. d'une façon générale :
1° Les *Doc. relatifs aux confréries de la province de la Marche*, publ. par M. A. Bosvieux dans les *Mém. de la Soc. des sciences de la Creuse*, 1857, II, 414-432 ;
2° *Statuts et règlements pour les frairies et congrégations érigées et instituées dans le dioc. de Limoges,* 1643 ;
3° Les *Instructions et Règlements relatifs aux confréries en général...*, par Mgr P. de Tournefort, évêque de Limoges [s. d., 1844], avec extraits de quelques règlements épiscopaux antérieurs.

(1) Ici comme en quelques autres endroits, nous n'avons pu recueillir que des mentions, sans réussir à savoir si le document était publié ou non. Cependant, en règle générale, la présomption est pour la négative.

— Statuts de la confrérie N.-D. de Saint-Sauveur en l'église Saint-Martial à Limoges, 1212. En dialecte limousin.

Publ. : 1° par M. Roy-Pierrefitte, *Notes sur le culte de la Vierge* (1858, p. 35), d'après une copie de Nadaud, prise elle-même sur une copie de 1545; — 2° par les éditeurs des *Annales de Limoges* dites de 1638 (1872, p. 183), d'après une copie de 1646 prise sur l'original; — 3° par A. Leroux, *Revue des langues romanes* (1891, p. 412), d'après l'original de la Bibl. nat., ms. lat., nouv. acq., 2342.

— Statuts de la confrérie de N.-D.-du-Puy à Limoges, 1274 et 1425. En dialecte limousin.

Texte de 1274 publ. par A. Chassaing, *Ann. de la Soc. acad. du Puy*, t. XXVIII, p. 187. — Texte de 1425 publ. par A. Lascombes, *ibid.*, p. 515, et par A. Leroux, *Chartes, chroniques...*, p. 135.

— Statuts de la confrérie de Saint-Martial, dite aussi la Grande-Confrérie, vers 1356.

Publ. en 1624 (d'après Laforest, *Limoges au* xvii° s., p. 245), de nouveau en 1641, entre 1771 et 1790, en 1820 et en 1835.

— Statuts et règlements généraux de la grande frérie érigée en l'année 1356 en l'honneur du glorieux saint Martial, apôtre de l'Aquitaine [rédigés par P. Dentraygeas].
Limoges, François Chapoulaud, 1820, 60 p. in-12. Réédition chez Ardant, 1835.

Il y a 68 articles. Le premier est ainsi conçu : « Les anciens statuts de la grande confrérie de Saint-Martial, autorisés en l'année 1356 (*alias* 1357) par le roi Jean et par l'official de Limoges, en l'année 1357 (*alias* 1361), par le sénéchal du Limousin et du Poitou, approuvés et homologués le 20 mars 1624 par Mgr Raimond de la Martonie, évêque de Limoges, continueront à être regardés et exécutés dans les articles ci-après comme la base fondamentale de l'institution de la dite confrérie. » — Suit, p. 27 et ss., une traduction française des anciens statuts, mis en ordre, complétés et accommodés au temps présent.

— Statuts de la confrérie des Pauvres à vêtir, dite aussi des Suaires ou des Cheires, 1380. En dialecte limousin.

Extraits dans notre *Invent. des arch. hospit. de Limoges*, viii° fonds, B. 9 et 10.

— Statuts de la confrérie N.-D. de la Conception, en l'église Saint-Michel-des-Lions à Limoges, xv° s., avec additions au xvi° s.
En dialecte limousin. Ms. n° 10 (anc. 12) de la Bibl. communale de Limoges.

Publ. par A. Leroux dans *Arch. hist. du Limousin*, III, p. 66.

— Statuts de la confrérie N.-D. de la Conception, en l'église Saint-Laurent-des-Trépassés à Limoges, xvi° s.
Extraits dans notre *Invent. des arch. hospit. de Limoges*, V° fonds, B. 2.

— Statuts de N.-D.-la-Joyeuse ou des Pastoureaux, en l'église Saint-Pierre-du-Queyroix à Limoges, 1484, avec additions au xvi° s. En dialecte limousin.
Extraits dans notre *Invent. des arch. hospit. de Limoges*, VI° fonds, E 1. — Une autre forme de ces statuts porte la date de 1490. Extraits *ibid.*, B. 1 ; publ. intégral. par A. Leroux dans *Revue des langues romanes*, 1891, p. 417.

— Statuts de la confrérie du Saint-Sacrement, en l'église Saint-Michel-des-Lions à Limoges, seconde moitié du xvi° s.
Ms. inéd. en la possession de la dite confrérie encore existante.

— Statuts des Pénitents noirs de Limoges, 1608.
Dans notre *Invent. des Arch. comm. de Limoges*, second complément, GG. 288.

— Statuts des Pénitents bleus de Saint-Jérôme, à Saint-Junien, 1611.
Dans A. Leymarie, *Limousin hist.*, I, 338.

— Statuts des Pénitents blancs d'Aubusson, 1613.
Dans *Invent. des Arch. comm. d'Aubusson*, GG. 29.

— Statuts des Pénitents bleus de Saint-Jérôme, à Felletin, 1620, empruntés à ceux de Toulouse. Voy. Pataux, *Felletin...*, p. 201.

— Statuts des Pénitents de Treignac, 1667.
Dans Martial Soullier, *Hist. de la confrérie...* (1861).

— Statuts des Pénitents noirs de Guéret, 1673.
Dans A. Leroux, *Arch. hist. du Limousin*, III, p. 89.

* *

— ([1]) Ordre des processions des Pénitents bleus de Limoges, 1673. Impr.

(1) Les ouvrages liturgiques, que nous allons mentionner en assez grand nombre, insèrent d'ordinaire les statuts et règlements de leurs confréries respectives. Toutefois nous n'avons pu vérifier le fait pour beaucoup de ces ouvrages qui ne se trouvent plus dans aucune bibliothèque publique ou privée.

— Recueil des litanies, hymnes et psaumes que chantent les Pénitents noirs de Limoges, 1680. Impr.

— Statuts des Pénitents blancs de Limoges, 1681. Impr.

— Offices et prières à l'usage des Pénitents bleus de Saint-Léonard, 1684. Impr.

— Manuel des Pénitents blancs de Bellac, 1688. Impr.

— Ordre des cérémonies et prières des Pénitents gris de Saint-Jérôme et de la Miséricorde à Tulle, 1693. Impr.

— Statuts des confrères du Très-Saint-Sacrement de Bellac, 1707, impr. dans le *Manuel* de la confrérie, réimpr. dans Granet, *Hist. de Bellac*, 1890, p. 372 et ss.

— Office de saint Jean-Baptiste... à l'usage des Pénitents blancs de Limoges, 1715.

— Offices et prières des Pénitents pourpres de Limoges, 1715, 3ᵉ édit., 1817.

— Recueil des litanies, hymnes et psaumes que chantent les Pénitents pourpres de Limoges, 1715, 3ᵉ édit. 1817.

— Manuel de dévotion pour les confrères des saints confesseurs Israël et Théobald, du Dorat, 1717, 14ᵉ édit., 1841 (par l'abbé Texier).

— Manuel de la confrérie du Très-Saint-Sacrement de N.-D. de Bellac, 1718.

— Recueil des hymnes et psaumes que chantent les Pénitents blancs de Limoges, 1725 (avec les statuts).

— Recueil des hymnes et psaumes que chantent les Pénitents feuille-morte de Limoges, 1732.

— Recueil des hymnes et psaumes que chantent les Pénitents gris de Limoges, 1733 (avec les statuts).

— Office de saint François... à l'usage des Pénitents gris de Limoges, 1733.

— Statuts et règlements des Pénitents blancs de Tulle, 1748.

— Statuts, offices et prières à l'usage des Pénitents feuille-morte de Limoges, 1751 (avec les statuts).

— Offices et prières pour les Pénitents bleus de Limoges, 1762.

— Livres contenant les statuts, règlements et processions des Pénitents blancs de Saint-Vaulry, 1764.

— Instruction sommaire pour la confrérie de l'Amende honorable au Très-Saint-Sacrement de l'autel, érigée à perpétuité dans l'église des Pères Augustins de la ville de Limoges (s. d., vers 1765).

— Offices et prières à l'usage des Pénitents feuille-morte de Saint-Léonard, 1765 (avec les statuts).

— Manuel des Pénitents blancs d'Ahun, 1772.

— Offices et prières pour les processions, à l'usage des Pénitents bleus de Saint-Léonard, 1784.

— Processionnal à l'usage des Pénitents bleus de Saint-Léonard, 1784.

— Office à l'usage des Pénitents bleus de Limoges, entre 1784 et 1789.

— Office à l'usage des Pénitents blancs de Limoges, 1789.

.•.

— [Règle et prières de] la sainte confrérie ou confédération d'amour de N.-D. auxiliatrice. Limoges, 1805.

— Manuel contenant les offices, prières et règlements à l'usage des Pénitents violets de Limoges, 1808.

— Instructions sur la confrérie du Très-Saint-Sacrement. Limoges, s. d. [1814].

— Offices et prières des Pénitents pourpres de Limoges, 1817.

— Offices et processions à l'usage des Pénitents noirs de Limoges, 1823.

— Processionnal des Pénitents noirs de Guéret, 1823.

— Règlement des dames de Marie-Thérèse, dites servantes de J.-C. Limoges, 1835.

— Instructions et règlement pour les confréries du Saint-Sacrement, du Rosaire et pour l'Association en faveur des pauvres, 1838.

23bis. — STATUTS ET RÈGLEMENTS

DE CORPORATIONS LAÏQUES

— Statuts des orfèvres et argentiers du château de Limoges, 1395 (et non 1380), en dialecte limousin.
Dans A. Leymarie, *Limousin historique*, II, 42 ; *Bull. de Limoges*, XXXII, p. 104, et Texier, *Dictionn. d'orfèvrerie*, v° Argentiers.

— Statuts des pintiers de Limoges, 1304, en dialecte limousin.
Dans *Limousin historique*, II, 48, et Texier, *Dictionn. d'orfèvrerie*, v° Pintiers.

— Statuts des maîtres selliers de Limoges, 1403, en dialecte limousin, avec additions de 1576 en français.
Dans *Limousin historique*, I, 23 et 32.

— Statuts des cordonniers, tanneurs et corroyeurs de Limoges, 1488.
Dans *Limousin historique*, I, 153.

— Statuts de la confrérie des tanneurs et corroyeurs de Limoges, 1581.
Dans A. Leroux, *Arch. histor. du Limousin*, III, 79.

— Statuts des tanneurs de Limoges, 1578.
Arch. dép. de la Haute-Vienne, C. 21.

— Statuts des tailleurs de Limoges, 1578.
Arch. dép. C. 21.

— Statuts des fourbisseurs de Limoges, 1578.
Dans *Bull. de Limoges*, XIII, 193.

— Statuts des fondeurs de Limoges, 1593.
Dans *Bull. de Limoges*, XIII, 60.

— Statuts et privilèges de la communauté des maîtres pâtissiers et rôtisseurs de Limoges, 1601.
Réimpr. chez Farne, Limoges, 1758, 40pp., (cabinet de M. Nivet-Fontaubert).

— Statuts des chirurgiens et barbiers de Saint-Junien, 1621.
Dans *Limousin historique*, I, 89.

— Statuts des apothicaires de Saint-Junien, 1623.
Dans *Limousin historique*, I, 91.

— Règlement pour l'hôpital Saint-Gérald de Limoges, première moitié du xvii° siècle.
Invent. des arch. hospit. de Limoges, 2° fonds, F. 1.

— Statuts des apothicaires de Limoges, 1626-27.
Dans *Bull. de la Soc. de médecine de Limoges*, 1852, p. 143.

— Articles et statuts dressés et arrêtés par les médecins de la ville de Limoges pour le bien et utilité publics, 1646.
Dans le journal *La Province*, 1850, et dans le *Bull. de la Soc. de médecine de Limoges*, 1852, p. 131. Cf. dans le *Reg. consul.*, III, 5, un accord des mêmes, 1593.

— Statuts et privilèges des menuisiers de Limoges, 1647.
Arch. dép. C. 514.

— Statuts donnés aux maîtres tapissiers d'Aubusson par Louis XIV, 1665.
Dans Pérathon, *Notice sur la manuf. d'Aubusson*, 1862.

— Ordonnance royale réglant les droits et devoirs des barbiers, baigneurs, étuvistes, perruquiers et marchands de cheveux de Limoges, 1680.
Dans *Limousin historique*, I, 223.

— Statuts de la confrérie des meuniers de Bellac, 1686.
Dans A. Leroux, *Invent. des arch. comm. de Bellac*, GG. 11.

— Règlement pour l'hôpital général de Limoges, vers 1690.
Dans A. Leroux, *Invent. des arch. hosp. de Limoges*, E. 5. Cf. E. 4 et E 1, où il est parlé d'une réimpression de ce règlement en 1731.

— Statuts des paumiers de Limoges, 1691.
Arch. dép. de la Haute-Vienne, C. 20.

— Statuts des pâtissiers et rôtisseurs de Limoges, 1701.
Ibid. C. 523.

— Statuts des bouchers de Limoges, 1703 (?).
Ibid. C. 484.

— Statuts des crocheteurs de Limoges, 1704.
Ibid. C. 506.

— Statuts des cordonniers de Limoges, 1709 et 1750.
Ibid. C. 17. Cf. C. 503.

— Règlement pour les magistrats du siège royal de Bellac, 1710.
Publié dans notre *Invent. du fonds de la sénéchaussée de Bellac,* B. 40. Cf. B. 83, 84, 85, 86, 87 et 88.

— Statuts des serruriers de Limoges, 1709, 1721 et 1750.
Invent. des arch. dép. de la Haute-Vienne, C. 533.

— Statuts des chapeliers de Limoges, 1719.
Ibid. C. 499.

— Statuts des menuisiers de Limoges, 1720.
Ibid. C. 515.

— Statuts des perruquiers de Limoges, 1725.
Ibid. C. 20.

— Règlement (sous forme de lettres patentes) pour les tapissiers d'Aubusson, 1732.
Dans Pérathon, *Notice sur la manuf. d'Aubusson,* 1862.

— Statuts des boulangers de Limoges, 1733, 1735 et 1736.
Invent. des arch. dép. de la Haute-Vienne, C. 17.

— Statuts des chaudronniers, 1737.
Ibid., C. 500. Cf. C. 17.

— Règlement pour la confrérie des tailleurs de La Souterraine, 1743.
Dans *Bull. de Limoges,* XXXIX, 650.

— Statuts des potiers de Limoges, 1755.
Invent. des arch. dép. de la Haute-Vienne, C. 531.

— Statuts des pâtissiers et rôtisseurs de Limoges, 1758.
Impr. chez Farne, à Limoges. (Cabinet de M. Nivet-Fontaubert).

— Règlement de la Société d'agriculture du Limousin, 1760.
Dans *Arch. hist. du Limousin,* III, 166.

— Statuts des meuniers de Limoges, 1776.
Invent. des arch. dép. de la Haute-Vienne, C. 519.

—. Règlement pour les médecins et chirurgiens de Limoges, 1783.
Invent. des arch. hospit. de Limoges, E. 2, p. 17.

— Statuts des fripiers de Limoges, 1786.
Invent. des arch. dép. de la Haute-Vienne, C. 512.

⁂

— (¹) Règlement de la Société des amis de la Paix, établie à Limoges, 1790. — En 25 articles.
Voy. M. Fray-Fournier, *Bibliographie...*, n° 297.

— Règlement de la Société des amis de la Constitution, établie à Limoges. An II de la Liberté. — En 24 articles.
Voy. M. Fray-Fournier, *Bibliographie...*, n° 328.

— Extrait du livre d'architecture tracé par les FF∴ maçons composant la ∴ R∴ [☐] de Saint-Jean ayant pour titre l'Amitié à l'O∴ de Limoges, Haute-Vienne. — A Limoges, de l'imprimerie du F∴ Barbou, membre de la Loge, an 5806. (Il y est question des loges de Saint-Yrieix et d'Aubusson. Celle de Limoges comprend 99 frères.)

— Tableau des membres qui composent la R∴ L∴ française et écossaise de St∴ Jean, sous le titre distinctif des Amis réunis à l'O∴ de Limoges. — A Limoges, chez J.-B. et Hyacinthe Dalesme, imprimeurs de la Préfecture et du Lycée [an 5812]. (Cette loge comprend 75 membres.)

— Règlement de la loge des Artistes réunis à l'O∴ de Limoges. — Limoges, de l'imprimerie d'Ardillier, an 5841.

⁂

— Règlement de la Cour impériale de Limoges. 22 juillet et 17 août 1811.

— Règlement de la Société royale d'agriculture, sciences et arts de Limoges, 1826 et 1844.

— Règlement constitutif de la Société du Musée de Limoges, en 13 articles. 1837.
Réimprimé dans le *Bull. de Limoges*, XLII, p. 572.

— Statuts de la Compagnie agricole et industrielle de Bonneval (Haute-Vienne). 1838.

— Règlement des écoles primaires de l'arrondissement de Limoges, de Bellac, de Rochechouart, de Saint-Yrieix. 1839.

(1) Tous les statuts et règlements qui suivent, ont été publiés, sauf indication spéciale, sous forme de brochures.

(Chacun de ces règlements n'est que la reproduction d'un règlement général élaboré par le Conseil royal de l'instruction publique.)

— Statuts de l'Association de bienfaisance ayant pour objet l'extinction immédiate de la mendicité dans la commune de Limoges. 1840.

— Règlement de la Société philharmonique de Limoges. 1843, modifié en 1845, 1846, 1847, 1870 et 1881.

— Règlement de la Société d'encouragement de Pompadour pour la propagation et l'amélioration des chevaux. 1843.
Impr. dans le *Bull. hippologique* de la dite Société, t. I (1843); réimpr. par M. Jabet, « les Courses de chevaux en Limousin » (1885), p. 152.

— Règlement de la Société archéologique et historique du Limousin. 1845; modifié en 1859, 1866 et 1875.
Impr. dans le *Bulletin* de la dite Société, t. I, X, XVII et XXVI.

— Statuts de la Société centrale de statistique de Limoges. 1847.
Dans *Recueil des actes administratifs de la Préfecture*, 1847, p. 415, et *Annuaire départemental pour 1848*.

— Statuts de la Banque de Limoges. 1848.

— Règlement de la Société de médecine et de pharmacie de la Haute-Vienne. 1850.
Dans *Bulletin de la Société*, 1852.

— Règlement de la Société les Amis des Arts de Limoges. 1859.
Réimpr. dans l'*Explication des œuvres de peinture, sculpture....* 1862.

— Règlement particulier des Magasins généraux de Limoges. 1870.

— Règlement intérieur du Conseil général de la Haute-Vienne. Oct. 1871.

— Règlement de la Société d'horticulture et de botanique de Limoges. 1878.
Impr. dans le *Bulletin de la Société*, 1879.

— Statuts de la Société de médecine et de pharmacie de la Haute-Vienne [1881].

— Statuts de la Société vétérinaire de la Creuse, de la Corrèze et de la Haute-Vienne, à Limoges. 1883.

— Règlement à l'usage de l'école libre Saint-Martial de Limoges. 1883.

— Statuts de la Société de gymnastique de Limoges, 1884.

— Règlement de la Société Gay-Lussac. 1885.
Impr. dans le *Gay-Lussac*, 1886.

— Statuts et règlement intérieur et extérieur de la Défense, société de gymnastique et de tir. 1886.

— Statuts et règlement intérieur de la Patriote limousine, société de gymnastique et d'instruction militaire. 1886.

— Statuts et règlement de l'Association des anciens élèves de l'Ecole normale d'instituteurs de Limoges [1886].

— Règlement intérieur à l'usage des membres de la Commission générale du concours musical de Limoges. 1887.

— Statuts de la Société des Archives historiques du Limousin. 1891.
Réimpr. dans le tome III des publications de la dite Société, série des Archives anciennes.

— Règlement départemental pour l'application de la loi du 15 juillet 1893 sur l'assistance médicale gratuite. 30 nov. 1894.
Dans le *Recueil des actes administ. de la Préfecture*, 1894, p. 361. Cf. le rapport annuel du Préfet de la Haute-Vienne au Conseil général, 1894, p. 172.

.·.

La loi du 21 mars 1884 sur les syndicats professionnels a donné lieu à la constitution d'un très grand nombre d'associations de ce genre dans nos trois départements limousins. Comme nous n'avons pu obtenir communication des statuts des syndicats constitués dans la Corrèze et dans la Creuse, nous renonçons à publier le relevé que nous avons fait des statuts des syndicats de la Haute-Vienne. Voy. d'ailleurs l'*Annuaire des syndicats professionnels, industriels, commerciaux et agricoles*, publié par le Ministère du commerce (1889 et ss.).

24. — COUTUMES LOCALES

— Coutumes de la ville de Limoges, rédigées vers 1212, transcrites vers 1380 (¹).

A. Texte provençal : aux Arch. dép. de Pau, E. 739. — Cf. Marvaud, *Hist. de la vicomté de Limoges*, II, 387.

Texte provençal : à la Bibl. nat., fonds français 25219. — Ce ms. a appartenu à Gaignières, qui l'avait reçu de M. de la Bastide, trésorier de France à Limoges, en 1709.

Texte provençal : aux Arch. comm. de Limoges (*Cartulaire du Consulat*, AA. 1). — C'est ce dernier texte qui a été publié par A. Leymarie dans *Limousin hist.*, I, 577 et ss., avec une prétendue suite dans *Hist. du Limousin*, I, 370 et ss. Réédition par M. C. Chabaneau (1895).

B. Texte latin ms. dans E. Guibert, *Commentaires de la coutume de Limoges* (1628).

Texte latin, publié par B. de Richebourg dans *Nouv. Coutumier général* (1724), VIII, p. 1149; à Bordeaux, chez Lacornie, en 1760; par A. Leymarie, *Limousin hist.*, I, 577 et ss.; et par Marvaud, *Hist. de la vicomté de Limoges*, II, 389.

Texte latin ms. dans *Coll. Moreau*, t. 684 (anno 1765).

Texte latin ms. dans Legros, *Mélanges mss.*, I, 370, fin du xviii° s.

Cf. les Statuts de 1436, « tant sur le fait de la cour que sur d'autres réglements », dans A. Leymarie, *Hist. du Limousin*, I, 381 (d'après le *Cartul. du Consulat*).

.˙.

— Coutumes de la Marche, rédigées en 1521.

Ms. aux Archives nationales, X¹ᵃ, entre les n°⁸ 9270 et 9316. Publ. pour la première fois à Paris vers 1523; de nouveau en 1724 dans le *Nouv. Coutumier général* de Bourdot de Richebourg (t. VIII, p. 1101); une troisième fois en 1744 par Couturier de Fournoue, à Clermont-Ferrand.

(1) Cf. pour plus de détails L. Guibert, *Les commentaires d'Etienne Guibert*, 1884, p. 28.

Cf. dans Joullietton, *Hist. de la Marche*, II, 298, le procès-verbal de rédaction des coutumes de la Marche, 1521.

— Coutume de Poitou, que suivait une partie de la Basse-Marche, publ. pour la première fois en 1550 et dans le *Nouv. Coutumier général* (IV, 743).

— Coutume d'Auvergne, que suivait la Combraille et le Franc-Alleu, publ. pour la première fois en 1510, et dans le *Nouv. Coutumier général* (IV, 1160).

— Coutume d'Angoumois, que suivait la région de Confolens, publ. pour la première fois en 1514, et dans le *Nouv. Coutumier général* (IV, 840).

25. — CHARTES COMMUNALES

PRIVILÈGES ET FRANCHISES

— Privilèges de la ville de Saint-Léonard, 1213, 1224, 1280.
Dans L. Guibert, *La Commune de Saint-Léonard-de-Noblat*, 1891, p. 158 et ss.

— Coutumes de Martel, 1219 ([1]).
Dans Justel, *Hist. généal. de la maison de Turenne*, p. 40 (cf. p. 52), et Giraud, *Essai sur l'hist. du droit franç.*, I, 80 et ss.

— Coutumes et privilèges concédés à La Courtine, 1224.
Dans L. Duval, *Chartes commun. de la Creuse*, [1877], p. 140.

— Consuetudines et libertates civitatis Sti Juniani, 1224 (confirmation).
Dans Arbellot, *Doc. sur Saint-Junien*, p. 254. Cf. ibid. p 255, un accord entre l'évêque de Limoges et les bourgeois de Saint-Junien, 1254.

— Coutumes de Bellac, concédées par le comte de la Marche (vers 1240).
Traduction du xviiᵉ siècle sur un vidimus de 1473 dans Leymarie, *Limousin hist.*, II, 32; Roy-Pierrefitte, *Hist. de Bellac*, p. 188; Granet, *Hist. de Bellac*, p. 301; De la Porte, *Les gens de qualité en Basse-Marche*, p. 54 de la 2ᵉ livr. Début en latin dans Chopin, *Coutumes d'Anjou*.

— Chartes communales de Pierrebuffière, 1247-1407.
Publ. par A. Leroux dans *Arch. hist. du Limousin*, VI, 311 et ss.

— Confirmation de la coutume de Charroux par Hugues X, comte de la Marche, 1247.

([1]) Est-ce la même chose que la « Charte des coutumes et privilèges de Martel » accordés par le vicomte de Turenne, 1248, que mentionne Marvaud dans l'Inventaire des archives de Martel ?

Dans *Mém. de la Soc. des antiquaires de l'Ouest*, IX ; traduite dans De la Porte, *Les gens de qualité en Basse-Marche*, p. 50 de la 2ᵉ livr.

— Franchises accordées à la vicomté de Turenne par Henri III d'Angleterre (Londres, 22 avril 1203), confirmées par : Philippe le Hardi (Paris, août 1280), Philippe de Valois (Saint-Germain-en-Laye, 23 avril 1332), Jean le Bon (Villeneuve-lez-Avignon, déc. 1350), Louis d'Anjou, lieutenant de Charles V en Languedoc et Guyenne (Carcassonne, janv. 1372, n. st. 1373), Charles V (apud Vallem regine, 9 sept. 1374), Louis d'Anjou, régent (Paris, oct. 1380), Charles VII (Razilly près Chinon, mai 1440), Louis XI (Tours, nov. 1461), Charles, duc de Guyenne (Saint-Jean-d'Angély, nov. 1469), Charles VIII (Paris, juillet 1484), Louis XII (Blois, mai 1499), François Iᵉʳ (Paris, avril 1522), Henri II (Fontainebleau, oct. 1547, et Paris, oct. 1556), Charles IX (Roussillon, août 1564), Henri III (Mantes, 22 oct. 1574), Henri IV (Paris, août 1609, et Fontainebleau, oct. 1609), Louis XIII (Monceaux, août 1633, Paris, 26 janv. 1636, et Amiens, 26 août 1641), Louis XIV (Paris, 12 mai 1656).

Voy. le recueil des *Franchises et libertez du vicomté de Turenne*, 1640, 2ᵉ édit., 1658. — Ce recueil est probablement l'œuvre de Christophe Justel, historiographe de la maison de Turenne, † 1649. L'ouvrage est devenu fort rare. La seconde édition contient, outre le recueil des privilèges, diverses pièces relatives aux droits de la vicomté. Il y a une copie de ces franchises, datée de 1524, sur parchemin in-4° aux armes de la maison de Turenne, dans la bibliothèque de sir Thomas Philipps à Cheltenham (sous le n° 813).

— Consuetudines et libertates civitatis Ussel, mentionnées dans un acte du mois d'août (non septembre) 1264.
Dans Huot, *Arch. municip. d'Ussel*, p. 29.

— Confirmation des privilèges reconnus à la ville d'Ussel par le vicomte Ebles, 1264.
Publ. par M. d'Ussel dans le *Bull. de Tulle*, 1891, p. 254.

— Coutumes et franchises concédées à Chénerailles, 1265 (n. st. 1266).
Dans Duval, *Chartes commun. de la Creuse*, p. 1, et *Musée des Archives départementales*, p. 171.

— Libertés et privilèges accordés aux bourgeois d'Ahun, 1268 (confirmation).
Dans Joullietton, *Hist. de la Marche*, II, 280, et Duval, ouv. cité, p. 32. Cf. les *Arch. histor. du Limousin*, VI, p. 367 et ss.

— Charte communale de Magnac-Laval, 1269.

Dans Leymarie, *Hist. du Limousin*, (1846) I, 357; publ. de nouveau par M. H. Normand (Péronne, 1875).

— Coutumes d'Egletons, 1270.

Dans *Bull. de Limoges,* VII, 54. Cf. le *Bull. de Tulle,* 1880, p. 417 et ss.

— Coutumes accordées à la commune de Clairavaux, 1270.
Dans Duval, ouv. cité, p. 37.

— Charte de franchises confirmée aux habitants de Gouzon, 1279, mentionnée dans un acte de 1581.
Dans Duval, ouv. cité, p. 110.

— Charte d'affranchissement de Peyrat-le-Château concédée par Philippe III, 1283, confirmée par Philippe IV, 1306, et par le seigneur de Peyrat, 1449.

Semble perdue; est mentionnée dans un hommage des barons de Peyrat au roi de France, 1775. (Archives dép. de la Vienne à Poitiers, C² 101.)

— Coutumes et franchises de Beaulieu, 1296.
Publ. par M. Hugues dans le *Bull. de Tulle,* 1891, 258 et 413.

— Charte d'affranchissement des habitants de Rochechouart, 1296.

Dans Leymarie, *Limousin hist.,* I, 204, et Cᵗᵉ de Rochechouart, *Hist. de la maison de Rochechouart,* II, 259.

— Charte communale de Felletin, conservée en partie dans un acte de 1300.
Dans Duval, ouv. cité, p. 50.

— Charte de franchises concédée aux habitants de Neuvic en 1300, confirmée en 1345.
Dans *Bull. Soc. hist. et litt. du Bas-Limousin,* 1857, I, 59.

— Charte communale de Bourganeuf, vers 1302.
Où ?

— Privilèges de la ville de Tulle, 1370.
Dans les *Armoires* de Baluze, t. XVI, p. 394. — Cf. p. 405 une confirmation de Charles V.

— Privilèges de Limoges confirmés par les rois de France : 1371, 1372, 1422, 1467, 1483, 1513, 1514, 1547, 1554, 1555, 1595 et 1613.

Voy. *Bull. de Limoges*, XIV, 22, et XVIII, 116 ; *Reg. consul.*, III, 28 et 165, et le second complément à l'*Invent. des arch. comm. de Limoges*, AA. 10 et 11.

— Franchises et coutumes de la ville d'Evaux, 1385 (confirmation).

Dans Duval, ouv. cité, 115.

— Privilèges des rois de France au Dorat, 1404 (confirmation).
Dans le t. XVI des *Armoires* de Baluze, p. 519.

— Charte d'affranchissement et de commune concédée aux habitants de Guéret, 1406.
Dans Joullietton, *Hist. de la Marche*, II, 287 (¹), et Duval, ouv. cité, p. 54.

— Charte de franchise accordée aux habitants de Chambon, 1408 (n. st. 1409).
Dans Duval, ouv. cité, p. 122.

— Coutumes et privilèges de Boussac, 1427.
Dans Duval, ouv. cité, p. 70 ; Thaumas de la Thaumassière, *Coutumes du Berry*, ch. LXXII ; Bréquigny, *Ordonnances*, XIII, 522.

— Charte d'affranchissement des habitants d'Eymoutiers, 1428.
Publ. par A. Leroux, *Doc. histor...*, I, 235.

— Charte des droits et privilèges de Bourganeuf, 1449 (confirmation).
Dans *Ordonnances des rois de France*, XIV, 55 et Duval, ouv. cité, p. 87.

— Privilegia, libertates et composiciones seu transactiones ville Belliloci et primo septem casuum, 1465.
Reg. ms. in-8° de 24 feuillets aux Arch. dép. de la Corrèze (?). — Cf. les transactions de 1269, 1313, 1320, 1327 et 1345, passées entre l'abbé et les consuls, d'après M. M. Deloche (*Hist. de Beaulieu*, p. xxxvii), qui se réfère aux Arch. de la ville de Beaulieu conservées à la Bibl. nat. (Il s'agit sans doute du t. XX des *Armoires* de Baluze). L'une de ces pièces est publiée d'après une minute des Arch. comm. de Beaulieu, dans A. Leroux, *Arch. hist. du Limousin*, I, p. 274.

— Privilèges d'amortissement accordés aux consuls et habitants de Saint-Léonard par Louis XI.
Dans le t. XVI des *Armoires* de Baluze, p. 551.

(1) Avec la date fautive de 1306.

— Libertés de la cité de Tulle (en dialecte limousin), dans un procès-verbal de remise des clefs à l'entrée des évêques de Tulle, 1495.

Dans *Bull. de Tulle*, 1879, p. 213.

— Confirmation des privilèges de l'abbé et des religieux de Grandmont. août 1516.

Arch. nationales, X¹ᵃ 8611, f° 343 et ss.

— Franchises de la ville d'Ahun, 1545.

Publ. par A. Leroux, *Arch. histor. du Limousin*, VI, 372. — Cf. *ibid.*, p. 370.

— Privilèges de la ville de Saint-Léonard confirmés par les rois de France : 1601, 1602, 1604, 1610, 1635, 1643, 1644, 1656.

Dans *Bull. de Limoges*, XIV, 108. — Cf. *Invent. des arrêts du Conseil d'Etat sous Henri IV*, n° 5247.

— Extrait des privilèges accordez à tout l'ordre de Grandmont, avec les confirmations de nos rois de France, sentences et arrêts en conséquence. — Paris, 1731.

— Les usages locaux dans le ressort de la Cour d'appel de Limoges. — Limoges, 1886.

26. — OBITUAIRES ET NÉCROLOGES

A consulter : Aug. Molinier, *les Obituaires français* (1890), pp. 32, 36, 41, 153, 253, 254 et 260.

— Livre de distributions de l'église cathédrale Saint-Etienne de Limoges, rédigé vers 1587, avec calendrier s'arrêtant au 2 juillet. (Bibl. comm. de Limoges, n° 12. Cf. *Catal. gén. des mss.*, IX, 457.)

— Extraits d'un obituaire de Saint-Etienne, xiii°-xiv° ss. (Bibl. nat. *Armoires* XLI et LXXIV de Baluze.)

— Extraits d'un obituaire de Saint-Etienne, marqué 4. (Bibl. nat., ms. lat. 9193 de dom Col.)

— Extraits d'un obituaire de Saint-Etienne. (Bibl. nat., ms. lat. 12763 de dom Estiennot.)

— Extraits d'un obituaire de Saint-Etienne, xiii°-xvi° ss. (Dans Labbe, *Bibl. nova*, II, 759-761.)

— Obituaire de l'église cathédrale de Limoges, 1308. (Arch. dép. de la Haute-Vienne, n° prov. G. 9994.)

*
* *

— Obituaires de Saint-Martial de Limoges : 1° Bibl. nat., ms. lat. 5257 (Reg. 4208¹), commencement du xii° s.; — 2° Bibl. nat., ms. lat. 5243 (Reg. 4208³), copie du précédent, rédigée vers 1175 ; — 3° Bibl. nat., ms. lat. 5245 (Reg. 4208⁵); autre copie du même temps. Extraits publiés par M. E. Molinier dans nos *Doc. historiques*, I, 63-80; — 4° Arch. dép. de la Haute-Vienne, ms. H. 6617, fin du xiii° s. Publ. par A. Leroux dans *Doc. historiques*, I, 1-62. Cf. *Arch. histor. du Limousin*, V, 222.

— Fragments d'obituaires de Saint-Martial, xiii° s.
Publ. par Duplès-Agier (*Chroniques de Saint-Martial*, p. 261, 272 et 284), d'après les mss. lat. 2135, 1813, 4239 et 1139 de la Bibl. nat.

— Extraits d'un obituaire de Saint-Martial, par dom Col.
(Bibl. nat., ms. lat. 9194.)

— Extraits d'un obituaire de Saint-Martial, par dom Estiennot.
(Bibl. nat., ms. lat. 12746.)

— Calendrier de distributions de Saint-Martial, xiii° s.
(Ms. 7234 de la Bibl. de sir Thomas Philipps à Cheltenham. — Cf. Bibl. nat., ms. lat. 774 A et B).

.·.

— Obituaire de Solignac, xii° et xiii° ss.
(Bibl. nat. nouv. acq. lat. 214. Copie moderne *ibid.* nouv. acq. lat. 163. Extraits par dom Estiennot, *ibid.* ms. lat. 12748. — Cf. sur le ms. 214 une note de M. L. Delisle, *Bibl. de l'Ec. des Chartes*, 1877, p. 216.)

— Nécrologes de Solignac, xiii°, xiv° et xv° ss.
(Arch. dép. de la Haute-Vienne, n° prov. H. 9180 *bis*. Publ. partiellement par A. Leroux, *Arch. histor. du Limousin*, VI, 338 à 366.

— Liber benefactorum monasterii Solempniacensis, xiii° s. — Manquent les n°° 1-40; subsistent les n°° 41-273. Les notices sont rédigées mi-partie en latin, mi-partie en langue vulgaire.
(Bibl. nat., ms. lat. 18365 (anciennement nouv. acq. lat. 80). Extraits par dom Col, *ibid.*, ms. lat. 9193.)

— Liber anniversariorum monasterii Solemniacensis.
(Cité dans le *Glossaire* de Ducange-Henschel, VII, 442.)

.·.

— Extraits d'un nécrologe de l'Artige, par dom Estiennot.
(Bibl. nat., ms. lat. 12763.)

— Extraits d'un nécrologe des Alloix, par dom Estiennot.
(Bibl. nat., ms. lat. 12746). — Cf. les extraits d'un obituaire des Allois (XIII-XVII. 53) publiés par A. Leroux, dans *Arch. histor. du Limousin*, V, 223, d'après le ms. orig. des Archives de la Haute-Vienne.

— Extraits d'un nécrologe de Beaulieu, par dom Estiennot.
(Bibl. nat., ms. lat. 12747.)

— Extraits d'un *obituaire* de Bœuil, par dom Estiennot.
(Bibl. nat., ms. lat. 12746.)

— Extraits d'un obituaire de Bonnesaigne, par dom Estiennot.
(Bibl. nat., ms. latin 12746.)

— Extraits d'un nécrologe de Coyroux, par dom Estiennot.
(Bibl. nat., ms. lat. 12746.)

— Extraits d'un nécrologe du Dorat, par dom Estiennot.
(Bibl. nat., ms. lat. 12747.)

— Extraits d'un nécrologe de Grandmont, par dom Estiennot.
(Bibl. nat., ms. lat. 12763.)

— Extraits d'un obituaire de Meymac, par dom Estiennot.
(Bibl. nat., ms. lat. 12746) — Cf. le *Gallia christ.*, II, 724, qui en donne un extrait.

— Extraits d'un nécrologe d'Obazine, par dom Estiennot.
(Bibl. nat., ms. lat. 12746.)

— Extraits du livre des anniversaires du monastère de la Règle, par dom Col.
(Bibl. nat., ms. lat. 9194.)

— Extraits de deux nécrologes de Saint-Angel, par dom Estiennot.
(Bibl. nat., ms. lat. 12746.)

— Obituaire de Saint-Junien, rédigé après 1254 et utilisé jusqu'au début du xviie siècle.
(Bibl. nat., nouv. acq. lat. 12747.)

— Extraits du nécrologe de Saint-Léonard, par dom Estiennot.
(Bibl. nat., ms. lat. 213.)

— Obituaire du monastère de Saint-Gérald-les-Limoges.
(Cité dans le *Glossaire* de Ducange-Henschel, VII, 444.)

— Obituaire du prieuré des Ternes, 1429.
Publ. par A. Leroux, *Arch. histor. du Limousin*, III, 18.

— Extraits d'un ancien obituaire de la cathédrale de Tulle, xive s.
(Bibl. nat., *Armoire de Baluze* CCLII. Publiés par M. Clément-Simon dans le *Bull. de Brive*, XI, p. 478.)

— Calendrier limousin du xive s.?
(Bibl. nat., ms. lat. 5239.)

— Calendarium Glanderiense (¹), 1683.

Cité par le frère Boutrais, *la Chartreuse de Glandier*, p. 1 : « C'est un nécrologe copié et conséquemment (?) composé par le V. P. D. François Petitjean, vicaire, qui mourut le 26 déc. 1690... »

— Extraits du nécrologe de Glandier, par dom Estiennot.
(Bibl. nat., ms. lat. 12747. C'est peut-être le même que le précédent.)

— Fundationes missarum conventus Lemovicensis FF. Predicatorum, xiv⁰-xvii⁰ ss.
Publ. par M. l'abbé Douais dans *Bull. de Limoges*, XL, 351-360.

— Obitus fratrum predicatorum conventus Lemovicensis, xvii⁰ s.
Publ. par M. l'abbé Douais dans *Bull. de Limoges*, XL, 333-349.

(1) Ces calendriers liturgiques sont en somme des nécrologes.

27. — ROULEAUX MORTUAIRES

— Sept rouleaux fragmentaires, relatifs à des moines de Saint-Martial morts entre 965 environ et 1200.
Publ. d'après les originaux de la Bibl. nationale par M. L. Delisle dans son recueil de *Rouleaux des morts* (1866), n°ˢ vii, viii, ix, xi, xii, xiii et lix.

— Rouleau d'Eble, abbé de Tulle, † 1152.
Publ. par Baluze, *Hist. Tutell.*, 477.

— Rouleau de Hugues, abbé de Solignac, † 1240.
Orig. à Limoges, Arch. dép., série H, n° prov. 9239, publ. par M. C. Rivain dans *Bull. de Limoges*, XXVI, 327 et ss. — Cf. le *Musée des Arch. dép.*, p. 135, et A. Leroux, *Arch. histor. du Limousin*, III, 299.

28. — CATALOGUES ÉPISCOPAUX [1]

— Catalogues primitifs.
Voy. *Hist. littér. de la France*, XXIX, 398.

— Catal. des évêques de Limoges, rédigé à la fin du xiii° s. Commence vers 250 et s'arrête à 1204.
Dans Duplès-Agier, *Chron. de Saint-Martial*, 244.

— Catal. des évêques de Limoges, rédigé par Bernard Gui vers 1320. Commence au premier siècle et s'arrête à 1273.
Dans Labbe, *Bibl. nova*, II, 265.

— Catal. des évêques de Limoges, rédigé par un chanoine du chapitre cathédral de Limoges, vers 1412. Commence à 1348 et se continue jusqu'en 1519.
Voy. ci-dessus la section des Chroniques, p. 61, ligne 24.

---

[1] Il va de soi que nous ne pouvons tenir compte ici des catalogues épiscopaux rédigés aux xvi°-xix° ss., qui sont des travaux de seconde main.

29. — ROLES NOBLES

DE LA MARCHE ET DU LIMOUSIN

— Rôle de 1553 pour la Marche.
Publ. dans *Mém. de la Soc. des sciences de la Creuse*, II, 131.

— Rôle du ban et arrière-ban des nobles du Haut-Limousin en 1568.
Publ. par M. A. Leclerc dans le *Bull. de Limoges*, XLI, 543.

— Rôle de 1577 pour la Basse-Marche.
Publ. par M. De la Porte, *les gens de qualité en Basse-Marche*, 15 et ss.

— Rôle de 1620 pour la Basse-Marche.
Ibid. 28.

— Rôle de 1666 pour la Basse-Marche.
Ibid. 37.

— Rôles de 1635 et 1636 pour la Haute-Marche.
Mém... de la Creuse, II, 143, 145 et 149.

— Rôle de 1674 pour la Haute-Marche.
Ibid. 168.

— Rôle de 1695 pour le Haut-Limousin.
Bull. de Limoges, VIII, 33.

— Rôle de 1789 pour la Basse-Marche.
Publ. par M. de la Porte, ouv. cité, 43.

30. — MÉMORIAUX DE VISITES PASTORALES

— Itinéraire de Simon de Beaulieu, archevêque de Bourges, inspectant le diocèse de Limoges (1285 et 1290).

Dans Baluze, *Miscellanea*, 2ᵉ édit., I, 282, 300 et 304, et Mabillon, *Analecta*, 2ᵉ édit., 340 (1).

— Registre des églises de la Marche visitées par Théodoric Leloup, et un évêque Michel, 1434.

Ms. inédit au grand séminaire de Limoges, n° 64 du catalogue Guibert.

— Mémoriaux des visites pastorales de Mgr d'Argentré, évêque de Limoges, pour les années 1762-65 (archiprêtrés de Saint-Junien, Rancon, Limoges, Nontron, La Meyze, Lubersac et Anzème).

Dans nos *Chartes, chroniques et mémoriaux....* p. 333 et ss.

— Registre des procès-verbaux de visite de Raffélis de Saint-Sauveur, évêque de Tulle, pour les années 1783-89.

Invent. des Arch. dép. de la Corrèze, G. 2.

(1) Divers actes publ. par Baluze (*Hist. Tutellensis*, 550, 584), témoignent de visites pastorales de l'archevêque de Bourges en Limousin, en 1237 et 1291.

31. — REGISTRES PAROISSIAUX

Le relevé des registres paroissiaux subsistants n'a pas encore été fait dans le département de la Corrèze. Mais on trouve l'analyse sommaire de ceux de Tulle, Brive et Ussel dans l'*Invent. des Arch. comm.* de ces trois villes par M. Hugues (série GG). — D'autre part, nous avons publié (*Arch. hist. du Limousin*, I, 129 et ss.) des extraits de registres baptistaires, catholiques et protestants, d'Argentat, de 1613 à 1731.

Le relevé des registres paroissiaux subsistants n'a pas été fait non plus dans le département de la Creuse. Mais on trouve l'analyse sommaire de ceux d'Aubusson, catholiques et protestants, dans l'*Invent. des Arch. dép. de la Creuse*, par M. L. Duval (série E suppl. — GG 2 et ss.).

Le relevé des registres paroissiaux subsistants dans le département de la Haute-Vienne a été fait et publié par A. Leroux (*Invent. des arch. dép. de la Haute-Vienne*, E suppl., t. I, p. II à VII de l'introduction). Sauf à Limoges, Magnac-Laval, La Roche-l'Abeille et Laurière, ces registres ne remontent pas au-delà du XVIIe siècle [1].

Ceux de Limoges (de 1554 à 1792) ont été analysés par M. A. Thomas dans l'*Invent. des arch. comm. de Limoges* (série GG) et par A. Leroux dans un second complément publ. dans l'*Inventaire E suppl.* cité ci-dessus. — Cf. L. Guibert, *Anciens registres des paroisses de Limoges*, dans le *Bull. de Limoges*, XXIX, 73.

---

[1] Ce relevé ayant été fait parfois à l'aide des états fournis par les maires en 1844 et 1867, est vraisemblablement fautif en plus d'un point quant aux dates. Ainsi il semble résulter de renseignements complémentaires obtenus depuis lors, que les registres paroissiaux de Nantiat commencent en 1680 (et non en 1728), — que ceux de Bussière-Poitevine commencent en 1688 (et non en 1702), — que ceux de Blond commencent en 1559 (et non en 1665). — Inversement d'autres registres commencent, par suite de pertes advenues depuis 1840, à une époque plus récente que celle que nous indiquons.

Ceux de Bellac, Le Dorat (¹), Eymoutiers, Rochechouart, Saint-Junien (²) ont été analysés par A. Leroux dans l'*Inventaire E* suppl. cité ci-dessus. Le registre paroissial des réformés de Rochechouart (1590-1683) a été analysé par le même dans *Arch. histor. du Limousin*, III, 108 et ss.

A dater de 1738 environ, en vertu d'une ordonnance rendue peu auparavant par le chancelier d'Aguesseau, les doubles des registres paroissiaux furent déposés aux greffes des sénéchaussées. On les conserve aujourd'hui dans les greffes des tribunaux de première instance de chaque arrondissement. Cependant ceux de l'arrondissement de Rochechouart paraissent n'avoir jamais été versés au greffe du tribunal et ne se retrouvent plus (³). Ceux de l'arrondissement de Bellac ont péri dans un incendie il y a environ vingt-cinq ans. Il faut donc pour ces deux circonscriptions s'adresser aux mairies.

---

(1) Cf. A. Leroux, *Registres paroissiaux du Dorat et de Voulon* dans le *Bulletin de Limoges*, XXIX, 133.

(2) Et subsidiairement les registres de quelques paroisses rurales réunies depuis la Révolution aux communes précitées, comme Vaqueur, Voulon, Bussy-Varacho, Bienuac et la banlieue de Limoges.

(3) Voy. le *Rapport annuel de l'archiviste du département à M. le Préfet de la Haute-Vienne*, 1894, p. 80.

32. — REGISTRES DE VÊTURES
ET PROFESSIONS RELIGIEUSES

— Divers prieurés d'hommes et de femmes de Limoges, xviii° s.
(Arch. dép. de la Haute-Vienne, série H, n°° prov. 9659, 9660 et 9661.)

— Récollets de Tulle, 1712-1780.
(Arch. dép. de la Corrèze, H. 68.)

— Visitandines de Tulle, 1746-1783.
(*Ibid.* H. 80.)

33. — REGISTRES D'ENFANTS TROUVÉS

— Vingt-un registres in-folio, de 1725 à 1791, pour Limoges. Voy. l'*Invent. des Arch. dép. de la Haute-Vienne*, série H suppl., hôpital de Limoges, G. 54 à 74. Cf. le *Bull. de Limoges*, XXIX, 343.

34. — REGISTRES DE NOTAIRES

. — Les plus anciens ne remontent pas au-delà de la fin du xiv° siècle.

Ils sont disséminés : 1° dans les archives départementales, série E (voy. ci-dessus pp. 3, 10 et 14); — 2° dans les archives des chambres de notaires, spécialement à Limoges (voy. ci-dessus, p. 27, ligne 19); — 3° dans un grand nombre d'études de notaires.

35. — INSINUATIONS ECCLÉSIASTIQUES

— Registres d'insinuations ecclésiastiques du bureau diocésain de Limoges, xvie-xviiie ss.
Environ 200 registres aux Arch. dép. de la Haute-Vienne, série G.

— Registres d'insinuations ecclésiastiques du bureau diocésain de Brive, xviiie s.
Environ une douzaine de registres aux Arch. dép. de la Corrèze, série G.

36. — INSINUATIONS CIVILES

— Registres d'insinuations civiles des bureaux de Limoges, Bellac, Le Dorat, Saint-Yrieix, Tulle, Brive, Uzerche et Guéret.

Voy. ci-dessus le contenu de la série B. des Arch. dép. de la Haute-Vienne, de la Corrèze et de la Creuse, p. 2, 8, 12.

37. — ANCIENS REGISTRES D'ASSISES SEIGNEURIALES

— Prieuré d'Aureil : assises de 1400-1444, 1548-1553, 1555-1559, 1581-1582.
Invent. des Arch. dép. de la Haute-Vienne, D. 671 à 674.

— Seigneurie des Cars : assises de 1450.
Arch. dép. de la Haute-Vienne, n° prov. E. 9821.

— Vicomté de Limoges : assises de 1408-1409, 1479 et 1484.
Dans *La vicomté de Limoges*, par M. Clément-Simon, p. 45 et 54.

— Châtellenie du Pont de Noblat : assises de 1346-1369.
Invent. du fonds de l'Evêché de Limoges, G. 19.

— Juridiction de Sadroc : assises de 1476-1515.
Invent. du fonds de l'Evêché de Limoges, G. 26.

— Juridiction de l'abbé de Solignac : assises de 1370.
Dans L. Guibert, *Chalucet*, p. 168, n° XVIII.

— Juridictions seigneuriales de la Marche et du Limousin.
(Voy. ci-dessus, dans la section des Arch. départ., série B, p. 2, 9 et 12.)

— Registres d'audience de l'abbé de Solignac pour sa prévôté de Brivezac, 1759-1785.
Arch. dép. de la Corrèze, H. 32 à 37.

— Registres d'audience de l'abbé de Beaulieu, 1767-1790.
Arch. dép. de la Corrèze, H. 3 à 14 et 18 à 20.

— Registres d'audience de l'ordinaire de Tulle, 1743-1775.
Arch. dép. de la Corrèze, G. 19 à 30.

— Registre d'audience de l'officialité générale de la métropole de Bourges, établie à Limoges, 1733-1746.
Ms. n° 128 du grand séminaire de Limoges.

38. — REGISTRES D'ASSISES ROYALES

— Sénéchaussée de la Marche : assises de 1462.
Publ. dans *Mém. de la Soc. des sciences de la Creuse*, VII, 224.

— Sénéchaussée de Brive et Uzerche : assises de 1499.
Invent. du fonds de l'Evêché de Limoges, G. 41.

— Sénéchaussée et siège présidial de Limoges.
(Voy. ci-dessus, dans la section des Archives, p. 2.)

— Sénéchaussée et siège présidial de Brive.
(Archives perdues.)

— Sénéchaussée et siège présidial de Tulle.
(Voy. ci-dessus p. 8.)

— Sénéchaussée et siège présidial de Guéret.
(Voy. ci-dessus p. 12.)

— Sénéchaussée de Bellac.
(Voy. ci-dessus p. 2.)

— Sénéchaussée du Dorat.
(Voy. ci-dessus p. 2.)

— Sénéchaussée d'Uzerche.
(Voy. ci-dessus p. 8.)

— Sénéchaussée de Saint-Yrieix.
(Voy. ci-dessus p. 2.)

Voir les registres des parlements de Paris et de Bordeaux pour les affaires de la Marche et du Limousin portées en appel devant ces cours souveraines.

.˙.

— Juridiction de l'hôtel des monnaies de Limoges.
(Voy. ci-dessus p. 2.)

— Juridiction de la maîtrise des eaux et forêts de Bellac.
(Voy. ci-dessus p. 2.)

— Un magistrat.
Recueil d'arrêts de la Cour royale de Limoges, 1821 et ss.

— Coralli, Jouhanneaud et Vouzellaud.
Album judiciaire : bulletin des décisions notables de la Cour royale de Limoges, déc. 1836 et ss.

— Vouzellaud.
Echo du Palais, nov. 1859 et ss.

— Breuilh et Saunier.
Revue judiciaire de la Cour impériale de Limoges, 1860 et ss.

— [Poule de Puybaudet].
Revue judiciaire de la Cour d'appel de Limoges, nov. 1882.

— [Boulsson et Dramard].
Recueil des arrêts des Cours de Riom et Limoges, 1803 et ss.

39. — DOCUMENTS

SUR LES GRANDS JOURS TENUS A LIMOGES

— 1454-55. Reg. des Archives nationales, X¹ᵃ 9210.

— 1542. *Registres consulaires*, I, 337; *Annales* dites *de 1638*, p. 326.

— 1605. *Annales* dites *de 1638*, p. 386.

Il faudrait en outre étudier les registres des grands jours tenus à Bordeaux en 1456, 1459, — à Poitiers en 1454, 1531, 1541, 1567, 1579, 1634, 1688, — à Clermont en 1665, parce que la Marche ou le Limousin y furent cités.

40. — RÉPERTOIRES DE TITRES

Nous ne mentionnerons que quelques répertoires distraits, on ne sait comment, des fonds d'archives auxquels ils se réfèrent. Des recherches ultérieures en augmenteront sans doute le nombre.

— Pierre Razès, † vers 1651.
Inventaire des titres de la vicairie des Gaultiers, 1603.
(Reg. ms. au grand séminaire de Limoges, n° 93 du catalogue de M. Guibert).

— Inventaire raisonné des titres de la châtellenie d'Alboy, du XIV° au XVII° s.
(Arch. dép. de la Corrèze, E. 1199.)

— Barthélemy Calemard.
Répertoire des titres de l'abbaye de Beaulieu, 1694. — Où ?

— Pierre-Raymond Lafon, avocat en parlement.
Inventaire des titres de la maison de ville de Beaulieu, 1777.— Où ?

— Le V. P. Guillaume Pitra.
Inventaire des titres du prieuré des Ternes, 1760.
(Ms. n° 29 de la Bibliothèque communale de Limoges).

— Bonnotte, « déchiffreur ».
Inventaire des titres du château de Pompadour, 1765.
Publ. par M. l'abbé Poulbrière, dans le *Bull. de Tulle*, 1893-94.

— Mathieu (?) Vergne, archiviste de la ville de Meymac.
Histoire du chapitre d'Eymoutiers, composée en 1771. Copie du temps aux mains de M. Thévenin, ancien secrétaire de la mairie d'Eymoutiers. — C'est un inventaire de pièces et un catalogue de faits plutôt qu'une histoire digne de ce nom.

— Martial de Lépine, subdélégué de l'intendant de Limoges, †1795.
Inventaire des titres et biens meubles de l'abbaye de Grandmont, 1771.
Publ. par A. Leymarie, *Limousin histor.*, I, 159. — Cf. Louis Guibert, *Destruction de l'ordre de Grandmont*, p. 956.

— Le chevalier de Chamborant de Droux.
Invent. des titres originaux généalogiques des branches existantes de la maison de Chamborant en Basse-Marche. Paris, 1783.

41. — CARTULAIRES

LIMOUSINS ET MARCHOIS

Le tableau des cartulaires limousins et marchois, qui figure dans le *Catal. génér. des Cartul. des Arch. départementales*, publié en 1847 par le Ministère de l'Intérieur, confond souvent les cartulaires proprement dits avec les terriers et les répertoires de titres. Nous les distinguons ici. — L'*Invent. des Cartul. conservés dans les bibl. de Paris et aux Arch. nationales*, publié en 1878 par M. U. Robert, nous a fourni quelques indications précieuses. — Nous avons profité également de celles que fournit le *Gallia Christ.*, II, Instr., en prenant au pied de la lettre les dénominations dont il se sert. *Ex chartulario* ou bien *ex Tabulario* nous semble désigner les cartulaires proprement dits. *Ex Chartario* ou bien *ex Archivis* renvoie sûrement à des fonds d'archives. — Enfin nous avons repris personnellement, dans les trois départements limousins, des recherches destinées à rendre notre liste aussi complète que possible.

— Cartulaire de l'Artige (prieuré) : xiiie s., à Limoges, Arch. dép., D. 982. Extraits publiés dans l'*Inventaire* dudit fonds par A. Leroux. Publication intégrale par M. de Senneville (sous presse).

— Cartulaire d'Aubepierre (abbaye) : de 1127 à 1767, à Guéret. Analysé par M. Autorde dans l'*Invent. des arch. dép. de la Creuse*, H. 147.

— Cartulaire d'Aubignac (abbaye) : xviie s., à Guéret.

— Cartulaire d'Aureil (prieuré) : xiiie-xve ss. à Limoges, Arch. dép. D. 656. Extraits publiés par A. Leroux dans l'*Inventaire* du dit fonds et par M. L. Guibert dans *Bull. de Tulle*, 1883. Publication intégrale par M. de Senneville (sous presse).

— Cartulaire de Blessac (abbaye) : xiiie s.; perdu. Copie moderne aux Arch. dép. de la Creuse. — Cf. Ant. Thomas, *Rapport au Ministre.... sur une mission philologique dans la Creuse*, 1879.

— Cartulaire de Bonlieu (abbaye) : xiiie s.; perdu. Copies du xviie s. à la Bibl. nat. dans la collection Duchesne (vol. 22) et la collection de dom Col (lat. 9190); copie moderne aux Arch. dép. de la Creuse.

Extraits dans Justel, *Hist. généal. de la maison d'Auvergne*, preuves, 168, et dans Baluze, *Hist. généal. de la maison d'Auvergne* (passim).

— Cartulaire de Beaulieu (abbaye) : xiiie s., en la possession de M. de Costa, à Beaulieu; copies du xviie s. à la Bibl. nat., lat. 12858 (d'après l'exemplaire de Justel) et lat. 17089 (fonds Bouhier); coll. Duchesne (vol. 22).

Extraits dans Justel, *Hist. généal. de la maison de Turenne*, preuves, 3 à 30, et *Hist. généal. d'Auvergne*, preuves, 8; dans le *Gall. christ.*, II, *instr.*, et dans Baluze, *Hist. Tutell.*, p. 308, 324, etc.

Publ. intégrale (196 pièces, de 823 à 1204) par M. Deloche dans la *Coll. des doc. inédits* (1859). — Cf. le compte rendu par M. Lacabane dans *Bibl. Éc. des Chartes*, XXI et XXII.

— Cartulaire de Bénévent (abbaye) : xiie s.; perdu. Copies dans Gaignières (Bibl. nat., t. 183 et 184), et aux Arch. dép. de la Creuse ?

Extraits dans d'Hozier, *Armorial général* (1752, t. III, 1re part., 238). — Cf. L. Duval, *Esquisses marchoises*, p. 113 et 223.

— Cartulaire de Dalon (abbaye) : xiie s.; perdu. Copie du xviie s. dans Gaignières (Bibl. nat., lat. 17120), sous ce titre : « Extraict du cartulaire de l'abbaye de Dalon, in-folio, escrit sur parchemin, communiqué par M. d'Hérouval le 29e aoust 1680, rendu le 19 sept. ensuivant. » Cette note, comme la copie du cartulaire, est de la main de Gaignières.

Extraits dans le *Gallia christ.*, II, *instr.* 201 et ss., dans l'*Hist. Tutellensis* de Baluze, p. 489, et dans les œuvres de Bertrand de Born éditées par M. Ant. Thomas.

— Cartulaire de Glandier (chartreuse) : contient des pièces des xiiie-xve ss.; copie de dom Pradilhon (xviie s.) citée par M. Boutrais, *la Chartreuse de Glandier*, p. vii, sans indication de lieu.

— Cartulaire de Grandmont (abbaye) : xiiie s. (?)
Extraits dans Justel, *Hist. généal. de la maison de Turenne*, preuves, 42.

— Cartulaire de Guéret (communauté de prêtres) : xiiie s. (?)
Cité par M. L. Duval, *Esquisses marchoises*, 217.

— Cartulaire de Lesterps (abbaye) : xiiie s., en la possession de M. Boreau.

Extraits dans le *Gallia christ.*, II, *instr.* 105, et dans d'Hozier, *Armorial général* (1752, III, 1re part., 451). Cf. *Notice et dissertation sur un fragment de Cartulaire de l'abbaye de Lesterps*, par Babinet de Rencogne, dans *Bull. de la Charente*, 1862, p. 47.

．·．

— Cartulaire de Limoges (aumônerie de Saint-Martial) : xie et xiie ss., fonds de l'hôpital de Limoges, publiés dans nos *Doc. histor. sur la Marche et le Limousin*, t. II, p. 1 et 17.

— Cartulaire de Limoges (abbaye de Saint-Martial) : xiiie s., à la Bibl. nat., n° 5187, d'après Ducange-Henschel, VII, 454.

— Cartulaire de Limoges (cathédrale Saint-Étienne) : copies du xviiie s. dans les collections Baluze (t. XL et LXXIV), Moreau et dom Col (n° 9193) à la Bibl. nationale. Extraits publiés par Justel (*Hist. généal. des maisons de Turenne et d'Auvergne*, preuves); par Labbe (*All. chronol.*, II, 478) et par M. R. de Lasteyrie (*Comtes et vicomtes de Limoges*). Cf. notre *Invent. du fonds de l'évêché de Limoges*, GG. 9 et 11.

— Cartulaire de Limoges (abbaye de Saint-Martin). Semble perdu. Extraits dans le *Gallia christ.*, II, *instr.* 178.

— Cartulaire de Limoges (oratoriens) : 1624, aux Arch. dép. de la Haute-Vienne, n° prov. H. 9654.

— Cartulaire du consulat de Limoges : xiiie-xve ss. Ms. orig. AA 1 des Arch. comm. de Limoges. Extraits dans A. Leymarie, *le Limousin historique*, *passim*; publication intégrale par M. Camille Chabaneau dans la collection de la Soc. des langues romanes de Montpellier (1895).

．·．

— Cartulaire des comtes de la Marche et d'Angoulême : copie de Bouhier; xviie s. à la Bibl. nationale, ms. lat. 17089; autre copie du xviie s., *ibid.* 17191.

— Cartulaire d'Obazine (abbaye) : xiie s., à la Bibl. nat., nouv. acq. lat. 1560.
Extraits publiés : 1° par Justel, *Hist. généal. de la maison de Turenne*, preuves, 30, 37, 43, 46, 47, 122; et *Hist... d'Auvergne*, preuves, 45; — 2° par Baluze, *Hist. généal. de la maison d'Auvergne* et *Hist. Tutell.*, p. 477. Cf. Louis Guibert, *Notice sur le cartulaire d'Obazine* dans le *Bull. de Tulle*, 1889 et 1890.

— Cartulaire de Paunat (monastère du Périgord, donné en 804 à Saint-Martial de Limoges. Voy. Mabillon, *Annales*, II, 717) : Bibl. nat., ms. lat. 3881 A.

— Cartulaire du Palais (commanderie) : xiie s., au British Museum de Londres, add. mss. 10887; copie du xixe s. à la Bibl. nat., nouv. acq. lat. 228.

— Cartulaire de Solignac (abbaye) : xiie s., à la Bibl. nat., ms. lat. 18363; copie du xviiie s., *ibid.* 9193; copie du xixe s. à Limoges, Arch. dép., série H, n° prov. 9241. — Cartulaire abrégé, xiie s., à Limoges, Arch. dép., série H, n° prov. 9180 bis (feuillets subsistants 9 à 24 et 43 à 46 mesurant 0m22 sur 0m31). — Cartulaire du xiiie s. à la Bibl. nat., ms. lat. nouv. acq. 461 (34 feuillets, mesurant 0m25 sur 0m12), avec quelques additions d'une main plus récente. — Cartulaire du xviie s. par dom Estiennot et René du Cher, à la Bibl. nat., ms. lat. 12748 (?); copie datée de 1670 à Limoges, Arch. dép., série H, n° prov. 9240.

— Cartulaire des Ternes (prieuré) : 1761, aux Arch. dép. de Guéret, contenant des pièces jusqu'au xve siècle.

— Cartulaire de Tulle (abbaye de Saint-Martin) : auj. perdu. Copie de nombreuses pièces au vol. 252 des *Armoires* de Baluze; copie intégrale d'Étienne et de Léonard Baluze aux mains de M. Champeval. Publié fragmentairement : 1° par Justel, *Hist. généal...*, preuves, 15, 19, 21, 24, 25, 31 ; — 2° par Baluze, dans sa *Dissertatio de sanctis Claro*, etc.; dans son *Hist. généal. de la maison d'Auvergne* et dans son *Hist. Tutellensis*, *passim* ; — 3° par M. R. de Lasteyrie, dans ses *Comtes et vicomtes de Limoges*. — Publ. intégralement par M. Champeval dans le *Bull. de Brive*, IX et ss.

— Cartulaire d'Uzerche (abbaye) : orig. perdu; copie d'environ 300 pièces à la Bibl. nat., dans les *Armoires* de Baluze (vol. 377), dans la collection de Duchesne (vol. 21 et 22) et dans celle de dom Estiennot.

Il en a été publié des extraits : 1° par Justel, *Hist. généal...*, preuves, 20, 21, 23, 26, 29, 31, 33 ; — 2° par Baluze, *Concilia Galliæ Narbonn.* (1668, p. 35), *Hist. de la maison d'Auvergne*, *Hist. Tutellensis, passim*; — 3° par Pierre de Chiniac, *Hist. des capitulaires*; — 4° par M. R. de Lasteyrie, *Comtes et vicomtes de Limoges*. — Publication intégrale par M. J.-B. Champeval dans le *Bull. de Tulle*, IX et ss.

Ce cartulaire est précédé d'une sorte de notice historique, rédigée probablement au xiiie siècle et remplie de récits fabuleux.

— Cartulaire de la Valette (abbaye) : semble perdu. Extraits dans le *Gallia christ.*, II, *instr.* 217 et ss.

— Cartulaire de Vigeois (abbaye) : xii° s., en la possession de M. de Mouchy ; copie du xviii° s. à la Bibl. nat., ms. lat. 17119, et armoire 85 de Baluze. Publ. par M. de Montégut dans le *Bull. de Limoges*, XXXIX.

42. — TERRIERS

Département de la Corrèze

Terrier des seigneurs de Cosnac, xviii⁰ s.
(Arch. dép. de la Corrèze, E. 30.)
— de la seigneurie de Lestranges, xv⁰ s.
(Ibid. E. 60.)
— de la seigneurie de Lestranges, xviii⁰ s.
(Ibid. E. 66, 67, 68.)
— de la seigneurie de Fellets, xvii⁰ s.
(Ibid. E. 70.)
— de la seigneurie de Moriolles et Souffraigne, xviii⁰ s.
(Ibid. E. 109.)
— des seigneurs de Noailles, xvii⁰ s.
(Ibid. E. 134.)
— du comté d'Ayen, xviii⁰ s.
(Ibid. E. 136.)
— de la seigneurie d'Allassac, xviii⁰ s.
(Ibid. E. 157.)
— des seigneurs du Saillant, xvi⁰ s.
(Ibid. E. 165.)
— de la seigneurie de Gastine, xvi⁰ s.
(Ibid. E. 167.)
— de la seigneurie de Maignac, xvii⁰ s.
(Ibid. E. 296.)
— de la seigneurie de Luc, xvii⁰ s.
(Ibid. E. 317.)
— de la châtellenie de Sarran, 1439.
(Ibid. E. 323.)
— du sacristain de l'abbaye de Beaulieu, 1702-1705.
(Ibid., H. 2.)
— du prieuré de Moutier-Ventadour.
(Ibid. H. 88 et 89.)
— de la commanderie de Carlat et Mascheix.
(Ibid. H. 99.)

Département de la Creuse

Terrier de la châtellenie de Guéret, 1679-1682.
(Arch. comm. de Guéret, AA. 4.)
— de la châtellenie d'Ahun, 1680-82.
(Arch. dép. de la Creuse, E. 1.)
— de la seigneurie d'Aubepeyre, 1555.
(Ibid. E. 2.)
— de la châtellenie d'Aubusson, 1679-82.
(Ibid. C. 1 et 2.)
— des seigneuries de Boëry et Sardet, 1607-08.
(Ibid. E. 1004.)
— de la seigneurie de Bellefaye, 1464-1784.
(Ibid. E. 178.)
— de la seigneurie de Chantemille, 1552-75.
(Ibid. E. 641.)
— de la châtellenie de Coudert, 1647-52.
(Ibid. E. 13.)
— de la châtellenie de Crozant, 1682.
(Ibid. C. 3.)
— du comté de Dun-le-Palleteau, 1577-79.
(Ibid E. 15, 16 et 17.)
— de la seigneurie de La Tour Sainte-Austrille, 1520.
(Ibid. E. 22.)
— de la seigneurie de La Tour Sainte-Austrille, 1573-1600.
(Ibid. E. 642.)
— de la seigneurie de La Villeneuve, 1503.
(Ibid. E. 23.)
— de la seigneurie de La Villeneuve, 1621.
(Ibid. E. 232.)
— de la seigneurie de La Villeneuve, 1621-25.
(Ibid. E. 24.)
— de la seigneurie de La Villeneuve, 1781-89.
(Ibid. E. 25.)
— de la seigneurie de Mainsat, 1660-77.
(Ibid. E. 447.)
— de la seigneurie de Malleret, 1535.
(Ibid. E. 26.)
— de la seigneurie du Masgelier, 1566.
(Ibid. E. 365.)

— de la seigneurie de Matroux, 1680.
(*Ibid.* E. 28.)
— de la seigneurie de Neufville-les-Cluis et du Masgelier, 1485.
(*Ibid.* E. 864.)
— de la seigneurie de Saint-Plantaire, 1621-24.
(*Ibid.* E. 688.)
— de la seigneurie du Terrell, 1506.
(*Ibid.* E. 41.)
— de la seigneurie de Sainte-Feyre, 1518-19.
(*Ibid.* E. 639.)
— de la baronnie de Pontarion, 1655-1789.
(*Ibid.* E. 156.)
— de la seigneurie des Vergnes, 1625-1785.
(*Ibid.* E. 314.)
— de la seigneurie de La Villatte, 1520.
(*Ibid.* E. 202.)
— de la commanderie de Viviers, 1664.
(*Ibid.* H....?. .)

.˙.

Terrier des charités de la ville de Felletin, 1440-1512.
(Analysé dans l'*Invent des arch. hospit. de Felletin*, B. 5, et publié intégralement par M. F. Autorde (1894).
— du prieuré de Felletin, 1477.
(Mentionné par M. L. Duval, *Esquisses marchoises*, 152.)
— des prêtres de Felletin, 1580.
(*Id., ibid.*, 224.)
— du prieuré de Guéret, 1423.
(*Id., ibid.*, 224.)
— de la seigneurie de La Vaultblanche, 1555.
(*Id., ibid*, p. 224).

Département de la Haute-Vienne

Terriers du prieuré d'Aureil, xve-xviiie ss.
(Arch. dép. de la Haute-Vienne, D. 700 à 713 et 699 *bis*.
— du prieuré de l'Artige, xive-xviiie ss.
(*Ibid.*, D. 993 à 1000.)
— de la seigneurie de Puyrobin, xvie-xviiie ss.
(*Ibid.*, D. 143 et 144.)
— de la seigneurie de Saint-Mathieu, 1586.
(*Ibid.*, E, n° prov. 325.)

Terriers de la seigneurie des Cars :

1393 (seigneurie de Saint-Bonnet). (*Ibid.*, E, n° prov. 9718.)
1405 (seign. de Saint-Bonnet). (*Ibid.*, 9730.)
1477 (seign. de Flavignac). (*Ibid.*, 9737.)
1552 (seign. de Rochefort). (*Ibid.*, 9751.)
xvi° s. (seign. d'Aixe). (*Ibid.*, 9750.)
1561 (seign. de la Roche-l'Abeille). (*Ibid.*, 9770.)
1555 (seign. de Nexon). (*Ibid.*, 9774.)
1582 (seign. de Masseret, etc.). (*Ibid.*, 9787.)
xvii° s. (seign. de Lastours). (*Ibid.*, 9769.)
1583 (seign. de la Porcherie). (*Ibid.*, 9788.)
xvi° s (seign. de Pransac). (*Ibid.*, 9811.)

N.-B. — Il y a dans ce fonds des Cars quelques autres terriers des xv°-xvii° ss. qui n'ont pu être encore identifiés.

Terriers de l'évêché de Limoges :

xii°-xv° ss. (châtellenie du Pont de Noblat). (*Ibid.*, G. 18.)
xiii° et xvi° ss. (châtellenie du Pont de Noblat). (*Ibid.*, G. 19 et 38.)
1393 et 1404 (prévôté de Nieul). (*Ibid.*, G. 20 et 25.)
1366-1376 (châtellenie d'Allassac). (*Ibid.*, G. 21.)
1431-1532 (châtellenie d'Allassac). (*Ibid.*, G. 22.)
1453-1519 (châtellenie d'Allassac). (*Ibid.*, G. 23.)
1459-1488 (châtellenie d'Allassac). (*Ibid.*, G. 24.)
1507 (châtellenie d'Allassac). (*Ibid.*, G. 34.)
1538 (châtellenie d'Allassac). (*Ibid.*, G. 37.)
1466-1520 (châtellenie d'Allassac). (*Ibid.*, G. 26.)
xv°-xvi° ss. (aumônerie). (*Ibid.*, G. 28.)
xv°-xvi° ss. (châtellenie d'Eymoutiers). (*Ibid.*, G. 29 et 32.)
1499-1500 (châtellenie de Sadroc) (*Ibid.*, G. 30.)
1499-1504 (châtellenie de Boutezac). (*Ibid.*, G. 31.)

Terriers généraux du dit évêché, 1503, 1530, 1537 et 1624. (*Ibid.*, G. 33, 35, 36 et 39.)

Terriers de la communauté des prêtres de Saint-Pierre-du-Queyroix à Limoges :

1519 (*Ibid.*, G, n° prov. 9339.)
1586 (vicairie de la Pucelle). (*Ibid.*, 50.)
1596 (vicairie des Benoit). (*Ibid.*, 5417.)
xvi° s. (sacristie de Saint-Pierre). (*Ibid.*, 52.)

Terriers de la communauté des prêtres de Saint-Michel-des-Lions à Limoges :

1571 (*Ibid.*, G, n° prov. 5424.)
1787. (*Ibid.*, 5427, 5494 et 5622.)

Terriers de l'abbaye de Saint-Martial de Limoges :
1465 (prévôté de Roth). (*Ibid.*, H, n° prov. 120.)
1582 (prévôté d'Arnac). (*Ibid.*, 395.)
1468 et 1603 (prévôté de Rouziers). (*Ibid.*, 396 et 857.)
1572 (prévôté de Roussat). (*Ibid.*, 414.)
1392, 1530, 1554 et 1642 (prévôté de la Souterraine). (*Ibid.*, 1775, 5405, 5412 et 5408.)
1582 (prévôté de Manoc). (*Ibid.*, 2396.)
1558 (prévôté de Saint-Vaury). (*Ibid.*, 5410.)
xv° s. (chambrerie). (*Ibid.*, 466.)
xvi° s. (sacristie de Saint-Pierre). (*Ibid.*, 5422.)
1504 (pitancerie). (*Ibid.*, 5490.)
1419 (sacristie). (*Ibid.*, 5491.)
1490 (trésorerie). (*Ibid.*, 5492.)

Terriers généraux de la dite abbaye, 1724 et 1756. (*Ibid.*, 9459 et 5397.)

N.-B. — Il y a dans ce fonds de Saint-Martial quelques petits terriers qu'on n'a point cru devoir mentionner ici.

Terriers de l'abbaye de Solignac :
1440 (*Ibid.*, H, n° prov. 9475.)
1447. (*Ibid.*, 9474.)
1457. (*Ibid.*, 9481 et 9485.)
1490. (*Ibid.*, 9480.)
1503. (*Ibid.*, 9507.)
1505. (*Ibid.*, 9508.)
1551. (*Ibid.*, 9476.)
1551. (*Ibid.*, 9477.)
1555. (*Ibid.*, 9486.)
xvi° s. (*Ibid.*, 9483.)
1566. (*Ibid.*, 9472.)
1620. (*Ibid.*, 9478.)
1681. (*Ibid.*, 9479.)
xviii° s. (*Ibid.*, 9482.)

Terriers de l'abbaye de Saint-Martin-des-Feuillants :
1535 (*Ibid.*, H, n° prov. 9536).
1554. (*Ibid.*, 9535.)
1566. (*Ibid.*, 9547.)
1606. (*Ibid.*, 9565.)
1662. (*Ibid.*, 9559.)
1680. (*Ibid.*, 9511.)
1685. (*Ibid.*, 9554.)
1686. (*Ibid.*, 9564.)

Terriers de l'abbaye Saint-Augustin de Limoges :
1440. (*Ibid.*, H, n° prov. 9587.)
1449. (*Ibid.*, 9589.)
1488. (*Ibid.*, 9594.)
xvi° s. (*Ibid.*, 9590.)

Terrier du monastère de Saint-André-des-Carmes, 1481. (*Ibid.*, H, n° prov. 9604.)

Terrier du monastère des Jacobins de Limoges, 1606. (*Ibid.*, H, n° prov. 9643.)

Terrier du monastère des Oratoriens de Limoges, 1624. (*Ibid.*, H, n° prov. 9654.)

Terriers de l'abbaye de la Règle à Limoges :
1427. (*Ibid.*, H, n° prov. 9668.)
xv° s. (seign. de Vars). (*Ibid.*, 9847.)
1540 (seign. de Vars). (*Ibid.*, 9848.)
1577 (seign. de Vars). (*Ibid.*, 9852.)
1544 (prieuré de Mazaud). (*Ibid.*, 9859.)
xvi° s. (prieuré de Charly). (*Ibid.*, 9861.)
1512 (prieuré de la Mongerie). (*Ibid.*, 9862.)
xvi° s. (8 vol. *Ibid.*, 5480 à 5483 et 9674 à 9676.)
1731. (*Ibid.*, 9694.)

.˙.

Terriers de l'hôpital général de Limoges, xv°-xviii° ss.
(Arch. de la Haute-Vienne, fonds du dit hôpital, B. 495 à 498.
Terriers de l'hôpital de Saint-Martial de Limoges, xv°-xvii° ss.
(*Ibid.*, fonds du dit hôpital, I. B., 12 à 16.)
Terriers de l'hôpital de Saint-Gérald de Limoges, xiv°-xvii° ss.
(*Ibid.*, fonds du dit hôpital, II. B, 6 à 10.)
Terriers de la confrérie de N.-D.-du-Puy à Limoges, xvi° s.
(*Ibid.*, fonds de la dite confrérie, II. H. 7 et 8.)
Terriers de la Maison-Dieu de Limoges, xvii° s.
(*Ibid.*, fonds du dit hôpital, III. B,.3.)
Terrier de la confrérie de N.-D.-de-la-Conception ou de Saint-Laurent-des-Trépassés, xvii° s.
(*Ibid.*, fonds de la dite confrérie, V. B. 3.)
Terrier de la confrérie des Pauvres à vêtir de Limoges, xvi°-xvii° ss.
(*Ibid.*, fonds de la dite confrérie, VIII. B, 3.)
Terriers de l'hôpital de Saint-Yrieix, xiv°-xviii° ss.
(Fonds du dit hôpital, B. 9 et 10.)

Collections particulières

Terrier de l'église de Beaumont près Peyrat, xv⁵ s.
(Publ. intégralement par M. Joseph Brunet dans *Bull. de Limoges*, XIII, 184 et ss.)

Terrier de Mortesagne, membre dépendant du prieuré de Bourganeuf, xviii⁵ s.
(Appartient au baron de Vernon, à Moissannes.)

Terrrier de la seigneurie de Lastours, xvi⁵ s.
(Ms. de la Bibl. comm. de Périgueux).

Terrier de la seigneurie de Bort, xv⁵ s.
(Ms. d'une traduction française faite en 1673, aux mains de M. l'abbé Pau, publ. dans le *Bulletin de Tulle*, 1895, p. 49 et ss., par le Dr Longy).

43. — REGISTRES D'HOMMAGES

— Registres des hommages rendus à l'évêché de Limoges, xiiie-xviie ss.
GG, 9 à 16 de notre *Invent. des Arch. dép. de la Haute-Vienne.*

— Registres d'hommages de la seigneurie de Boussac, 1519-21. Publ. par M. A. Thomas, *Arch. hist. du Limousin*, V, 205 et ss.

---

44. — POUILLÉS

— Pouillé du diocèse de Limoges, commencement du xive s.
Aux Arch. dép. de la Creuse, fonds de la Chapelle-Taillefert. Cité par L. Duval, *Esquisses marchoises*, 219.

— Pouillé de l'abbaye de Saint-Martial, vers 1216.
Dans Duplès-Agier, *Chroniques de Saint-Martial*, 320 et ss.

— Pouillé du diocèse de Limoges, in-12, impr. à la fin du xvie ou au commencement du xviie s.
Voy. M. Deloche, *Géographie hist. de la Gaule*, p. 66, note 3.

— Pouillé du diocèse de Limoges dans le Pouillé général du royaume, 1626. (Mauvais.)

— Pouillé du diocèse de Limoges dans le Pouillé général de la province de Bourges [par le P. Labbe], chez Gervais Alliot, 1648.

— *Pancarta dignitatum, beneficiorum, officiorum, vicariarum a capitulo Lemovicensi vel immediate deppendentium necnon illorum qui deppendent a dignitatibus ipsius capituli*, avec la liste des paroisses et vicairies du dit diocèse par archiprêtrés (f° 9) et celle des chapellenies (f° 22). xviie s.
Bibl. comm. de Poitiers, n° 340.

— Abbé Joseph Nadaud.
Pouillé du diocèse de Limoges, dressé vers le milieu du xviiie s.
Ms. au grand séminaire de Limoges; copie du xixe s. à la Bibliothèque communale de Limoges. M. Clément-Simon a publié dans ses *Archives historiques de la Corrèze* la partie de ce Pouillé relative au Bas-Limousin. — La publication intégrale du Pouillé de Nadaud, entreprise par l'abbé Texier en 1859, n'a pas été continuée.

— [Le P. Léonard Nadaud].
Pouillé du diocèse de Limoges, dédié à Mgr L.-Ch. du Plessis d'Argentré, 1773.
Publ. par M. l'abbé A. Lecler, 1886.

— Brousseaud.
Pouillé du diocèse de Limoges, 1783.
Souvent cité par M. l'abbé Roy-Pierrefitte, *Monastères du Limousin*, passim.

45. — CENSIERS

— Etat des fiefs de la Basse-Marche en 1665.
Dans Aubugeois, *Hist. du Dorat*, 233.

— Etat des châtellenies (paroisses et feux) de la vicomté de Turenne, xviiie s.
Dans *Bull. de Brive*, 1880, 405 et ss.

46. — CADASTRES

Il subsiste, dans beaucoup de mairies de nos trois départements, des matrices cadastrales dressées dans la seconde moitié du xviiie siècle. Le relevé systématique n'en a pas encore été fait.

Il subsiste également, dans les Archives de nos trois départements (séries C et E), des registres d'arpentements concernant des domaines privés. Les inventaires en cours en donneront bientôt le relevé.

47. — ASSIETTES ET TARIFS

— Assiette d'impôt sur le pays de Combraille, 1357.
Publ. par M. A. Thomas, dans nos *Documents histor.*, II, 20.

— Assiette de rente en Bas-Limousin, dressée en 1487 sous l'expresse volonté de messire Anne de La Tour, chevalier, vicomte de Turenne, etc.
Dans l'*Auvergne hist. et litt.*, 1894, p. 220.

— Rôle de la taille pour la ville de Limoges, 1635.
Publ. par M. L. Guibert, dans le *Bull. de Limoges*, XL, 381.

— Tarif de l'officialité de Limoges, xv° s. (?), sur les feuillets blancs d'un pontifical d'Hugues de Roffignac, évêque de Limoges.
(Bibl. comm. de Nîmes, ms. n° 120.)

48. — MERCURIALES ET FORLÉAUX

— Mercuriales de Limoges, de 1722 à 1793.
Voy. MM. Ant. Thomas et A. Leroux, *Invent. des arch. comm. de Limoges*, séries HH, 3, 4 et 5.

— Mercuriales du Dorat, de 1768 à 1813.
Voy. A. Leroux, *Invent. des arch. comm. du Dorat*, HH. 1.

49. — DOCUMENTS

relatifs à l'Agriculture et à l'Industrie

— Défrichements de landes : déclarations de 1766-1790.
Arch. dép. de la Haute-Vienne, sénéch. de Bellac et du Dorat, B. 6, 259, 260.

— Pièces diverses analysées dans les art. 10, 11, 430 de l'*Invent. des arch. dép. de la Haute-Vienne*, série C.

— Etat des paroisses de la généralité de Limoges en 1687.
(Ci-dessous, p. 216).

— Enquête législative de 1866 sur l'état de l'agriculture en France.
Impr. in-4° en 1868 pour la Corrèze, en 1869 pour la Creuse, en 1872 pour la Haute-Vienne.

.'.

— Lettre de M. de Saint-Laurent, membre de la Société d'agriculture de Limoges, à M. des Marets, inspecteur des manufactures, sur quelques points importants de sa culture [à Puydaud].
Dans les *Ephémérides de la Généralité de Limoges* pour 1765. p. 199.

— Notice des mines de la Généralité de Limoges, par un contemporain.
Ibid., p. 165.

— Notice sur la manufacture de cuivre jaune du sieur Morin et sur quelques autres industries, du Limousin, par un contemporain.
Ibid., p. 211 à 232.

— Documents pour servir à l'histoire de l'industrie et des manufactures en Limousin.
Publ. par M. Fray-Fournier, *Bull. de Limoges*, XL et ss.

50. — DOCUMENTS

relatifs au Commerce

— Règlements relatifs au commerce de Limoges, xiiie-xve ss. (Tirés du Cartulaire du Consulat, ci-dessus, p. 102.)
Dans *Bull. de Limoges*, I, 103.

— Pièces diverses analysées dans les art. 12 à 21, 427 à 429, 473 à 478, 480 à 544 de l'*Invent. des arch. dép. de la Haute-Vienne*, série C.

— Registres des cours consulaires de Bellac et du Dorat.
Cf. ci-dessus, p. 52.

— Registre des syndics du commerce de Limoges, de 1692 à 1748.
Analysé par M. L. Guibert dans l'*Almanach limousin* pour 1891, partie historique.

51. — DOCUMENTS

relatifs aux Voies de communication

Pour l'histoire des voies de communication (routes, canaux, chemins de fer) au xix° siècle, il faut consulter les délibérations des conseils généraux, des conseils municipaux de villes chefs-lieux, et une foule de brochures particulières dont le relevé est du domaine de la bibliographie.

Voir aussi les publications du Ministère des travaux publics, et :

En ce qui touche le canal de jonction du bassin de la Loire au bassin de la Garonne, le *Procès-verbal de la conférence interdépartementale* tenue à Limoges en août 1879 ;

En ce qui touche la ligne ferrée de Limoges à Brive par Uzerche, le *Plan et profil en long généraux* suivi du *Rapport sur l'exécution des travaux et les dépenses effectuées*, par l'ingénieur en chef. 1893.

— Documents relatifs au flottage et à la canalisation des rivières du Limousin, 1765-1786.

Publ. par A. Leroux dans *Arch. hist. du Limousin*, t. VI, p. 207-244.

— Documents relatifs aux droits de flottage et de pêche sur les rivières du Limousin, xvii°-xviii° ss.

Ibid., t. VI, p. 245-265.

— Mémoire de l'ingénieur en chef des ponts et chaussées de la Généralité de Limoges, en « réponse aux demandes faites par un de MM. les Administrateurs du département de la Haute-Vienne », 1790.

Ibid., t. VI, p. 266-290.

52. — DOCUMENTS

SUR LES ÉTABLISSEMENTS HOSPITALIERS

Voir ci-dessus :
La section des Archives hospitalières (p. 8, 12 et 16).
La section des Annales (p. 74).
La section des Statuts et Règlements (p. 151).
La section des Registres de délibérations (p. 143).

53. — DOCUMENTS

SUR LES ÉTABLISSEMENTS D'INSTRUCTION

— Les inventaires d'archives départementales indiquent (série D et quelquefois série G) la plupart des documents subsistants.
Cf. A. Leroux, *Invent. des arch. comm. de Bellac*, GG., 28 à 80;

— A. Hugues, *Invent. des arch. comm. de Tulle*, GG., 80 à 99; de Brive, GG., 83 à 91; — A. Thomas et A. Leroux, *Invent. des arch. comm. de Limoges*, GG., 205 et 231.
Voy. ci-dessus, p. 143, au bas, les registres de délibérations des collèges de Bellac et Limoges.

— Liste des lecteurs et sous-lecteurs en théologie des couvents de l'ordre des FF. Prêcheurs à Limoges et à Brive, xiii° et xiv° ss.
Voy. M. l'abbé Douais, *Essai sur l'organ. des études dans l'ordre des FF. Prêcheurs* (1884, p. 236 et 251). Cf. les documents sur les Frères Prêcheurs de Limoges publiés par le même dans le *Bull. de Limoges*, XL, 261 et ss.

— Documents divers pour servir à l'hist. des collèges classiques de la Marche et du Limousin, xvii° et xviii° ss.
Dans A. Leroux, *Doc. historiques...*, II, 263-307. Concernent les établissements de Bellac, Cublac, Felletin, Magnac-Laval, La Souterraine, Treignac, Ussel.

— Pièces justificatives de l'*Histoire du collège de Tulle* par M. Clément Simon (1892).
Ces pièces, au nombre de trente-quatre, concernent les xvi°-xix° ss.

— Documents relatifs au remplacement des PP. Jésuites dans le collège de Limoges, 1762.
Publ. par A. Leroux dans *Revue de l'enseignement secondaire*, mars-avril 1893, d'après le reg. B, n° prov. 10435 des Archives de la Haute-Vienne.

— Compte-rendu par les administrateurs du collège de Felletin, 1763.
Publ. par M. Autorde dans *Arch. hist. du Limousin*, IV, 356.

— Etat du collège de Brive en 1703.
Dans *Bull. de Brive*, 1880, 555 et ss.

— Journal des pensionnaires de l'abbaye des Allois, 1741 et ss.
Arch. dép. de la Haute-Vienne, n° prov. H. 9028.

— Journal des pensionnaires du collège de Magnac-Laval, 1788-1789.
Ibid., D. compl. n° 1280.

— Documents relatifs à l'Ecole vétérinaire de Limoges.
Aux Archives nationales, F¹⁰ n° 1302. — Cf. un Avis d'ouverture (1766) publ. par A. Leroux dans *Revue internat. de l'enseignement* (oct. 1894, p. 327) et une lettre de Turgot (1767), publ. dans *Arch. hist. du Limousin*, VI, 385.

— Ecole centrale de Limoges : documents divers.
Arch. dép. de la Haute-Vienne, série L, n°⁸ 331 et 1123 ; série T, s. numéro (Publ. pour la plupart par M. L. Tiffonnet, *L'Ecole centrale de la Haute-Vienne*, 1893).

— Ecoles centrales de Limoges, Tulle et Aubusson : documents divers.
Arch. nationales, F¹⁷ n° 1344.

— Académie de Limoges : Correspondance du recteur avec le séminaire diocésain, avec le lycée (ou collège) de Limoges, avec les collèges communaux d'Eymoutiers, Magnac-Laval, Tulle, Treignac, Ussel, Uzerche, Guéret et les institutions privées du ressort académique, 1810-1824.
Arch. dép. de la Haute-Vienne, série T, quinze registres.

— Registre d'inscription de la Faculté des lettres de Limoges, 1811.
Arch. dép. de la Haute-Vienne, série T.

*
* *

— Traité de rhétorique, rédigé au collège de Tulle, 1659.
Ms. n° 668 de la Bibliothèque de Bordeaux.

— Traités de philosophie rédigés au collège de Limoges, xvii⁰ s.
Ms. n°⁸ 523 et 527 de la Bibliothèque de Bordeaux.

— Cahiers de cours professés dans divers établissements de la région.
Voy. le *Catalogue des manuscrits d'archives*, p. 69, 205, 325 ; —. le *Catalogue des manuscrits des bibliothèques communales* (t. IV, pour Brive et Guéret, t. IX, pour Limoges); — le *Catalogue des*

manuscrits du Grand-Séminaire de Limoges, par M. L. Guibert, n°ˢ 178 à 205, *passim.*

— Thèse de philosophie au collège de Limoges, 1789.
Dans *Bull. de Limoges,* XL, 374.

— Thèse soutenue au collège de Limoges, 1792.
Dans *Arch. hist. du Limousin,* V, 351.

— MM. les abbés Arbellot, Ardant et Maublanc, MM. Nivet-Fontaubert, Joseph Dubois, Camille Marbouty, de la Bachellerie, Paul Ducourtieux, etc., possèdent un certain nombre de thèses provenant des collèges de la région et dont le relevé n'a pas encore été fait.

— Programmes des exercices littéraires du collège de Treignac, 1783, 1807, 1812, 1818, 1819, 1820, 1821, 1823, 1824, 1825.
Aux archives de la Société des lettres de Tulle.

— Exercice littéraire du collège de Limoges, 1792.
Dans *Arch. hist. du Limousin,* V, 355.

— Exercice littéraire du collège de Laval-Montmorency (Magnac-Laval) en 1783.
Arch. dép. de la Haute-Vienne, série D, compl. n° 1258.

— Exercices publics des cours de l'Ecole centrale du département de la Haute-Vienne pour l'an X (60 pp.)

— Exercices publics des cours de l'Ecole centrale du département de la Haute-Vienne pour l'an XI (59 pp.)

— Exercices publics de l'école secondaire Faitiat, à Limoges, an XI.

— Exercices publics de l'école secondaire des citoyens Lemoine, Cousin et Drapeyron, à Limoges, s. d.

— Exercices littéraires du pensionnat établi près l'Ecole centrale de Limoges, an XI.

— Exercices littéraires de l'école de M. Beaure du Moulard, 1806.

— Exercices littéraires de l'école secondaire dirigée par M. Sauger-Préneuf, 1809.

— Exercices littéraires de MM. les élèves du collège de Laval-Magnac, 1808.
(Tous ces documents, imprimés, se trouvent à la Bibliothèque communale de Limoges, n° 1220.)

— Exercices littéraires et publics des cours de l'Ecole centrale de Tulle, ans X et XI.
(Appartiennent à la Société des lettres de Tulle.)

54. — DOCUMENTS

SUR L'HISTOIRE DES VILLES

Voir ci-dessus :
La section des archives communales (p. 7, 11 et 10).
La section des chroniques (p. 66 et ss.).
La section des registres de délibérations (p. 141 et ss.).
La section des statuts de corporations (p. 157 et ss.).
La section des chartes communales (p. 165 et ss.).
La section des coutumes (p. 103).
La section des journaux locaux (p. 110).
La section des registres paroissiaux (p. 178).
La section des registres notariaux (p. 182).
Cf. les indications bibliographiques relatives aux principales villes de la Haute-Vienne dans l'*Invent. des archives* de ce département, série E. suppl., introduction, p. XL à XLV, — et notre *Chronologie historique de Saint-Yrieix* dans *Bulletin de Limoges*, XL, 582 à 643.

55. — MÉMOIRES STATISTIQUES

— *Etat des paroisses de la généralité de Limoges* [dressé par Barberie de Saint Contest, intendant], 1687.

En appendice à l'*Invent. des arch. dép. de la Haute-Vienne*, série C. (1891), par A. Leroux.

— *Mémoire sur la Généralité de Limoges*, par M. de Bernage, intendant, 1698.

Publié par A. Leroux, au t. II des *Doc. histor. sur la Marche et le Limousin*.

A consulter :

1° Pour la Haute-Marche, les *Remarques sur la généralité de Moulins*, par M. de Pommereu, intendant, 1664 (dans *Bull. de la Soc. d'émulation de l'Allier*, t. XVII); — le *Procès-verbal de la généralité de Moulins*, par Florent d'Argouges, 1686 (publ. par M. Vayssière, 1892); — le *Mémoire sur la généralité de Moulins*, par Jacques Le Voyer, intendant, 1698.

2° Pour la vicomté de Rochechouart, le *Rapport au roy concernant la province de Poitou*, par Ch. Colbert de Croissy, 1664 (dans A. Leroux, *Documents histor.*, II, 259); — le *Mémoire concernant la province de Poitou*, par Maupeou d'Ableiges, 1698 (*ibid.*, 260); — l'*Etat des paroisses de la vicomté de Rochechouart*, 1785 (publ. par M. l'abbé Granet, *Arch. hist. du Limousin*, IV et V).

— *Mémoire de M. de Turgot sur la généralité de Limoges*, 1766. —

Ce mémoire sur la surcharge d'impôts dont souffrait la dite généralité a été réimprimé en 1789 et en l'an VI. Il figure au tome I, 554 et ss. des *Œuvres* de Turgot (édit. Dupont de Nemours).

— *Observations sur la province de Marche*, 1763.

(Dans *Invent. des Arch. dép. de la Creuse*, C. 360.)

— *Description de la nature du sol et des productions de la province de la Marche*, 1768.

(*Ibid.*, C. 361.)

— *Mémoire d'un citoyen sur la Marche*, XVIIIe s.

(*Ibid.*, C. 363.)

— *État des foires de l'élection de Guéret*, 1767.
(*Ibid.*, C. 340.)

— Anonyme.
État de l'église et du diocèse de Tulle en 1071.
Publ. par M. Poulbrière dans *Bull. de Tulle*, 1888, 668-674.

— Gilles Le Duc, curé de Saint-Maurice de la Cité, à Limoges, plus tard official du diocèse, † 1717.
État du clergé du diocèse de Limoges, vers 1703.
Ms. inéd. à la Bibliothèque Mazarine (Catal., III, n° 3428). A été utilisé par Bullat, cité ci-après. On y trouve une description de l'église et du monastère de Saint-Martial, dont l'abbé Texier a cité quelques passages dans la réédition du *Traité* de Bandel *sur la dévotion à saint Martial* (1858). M. l'abbé Lecler prépare actuellement l'édition intégrale de cet *État*.

— Abbé François Bullat, † 1836.
Tableau ecclésiastique et religieux de la ville de Limoges (à la veille de la Révolution).
Publ. par M. A. Lecler, dans *Arch. hist. du Limousin* (II, p. 335-446) et de nouveau dans les *Martyrs et confesseurs de la foi* (1892, 1-116).

∴

— Texier-Olivier, préfet ([1]).
Statistique du département de la Haute-Vienne, 1808.

— Peuchet et Chanlaire.
Statistique du département de la Corrèze, 1808 ; ..... *de la Creuse*, 1811 ; ..... *de la Haute-Vienne*, 1811.

— De Verneilh-Puyrazeau, préfet.
Mémoire sur le département de la Corrèze envoyé aux ministres de l'intérieur et des finances au mois de pluviose an IX. (Tulle, Chirac, in-4° de 40 pp.

— Le même.
Statistique du département de la Corrèze, 1804 (t. VIII des *Annales de statistique*).

---

(1) Les véritables auteurs de cette statistique sont MM. Elie-Joseph Lefebvre, secrétaire général de la préfecture, et Rougier-Châtenet, chef de division. (Voy. le *Bulletin de Limoges*, XLI, p. 335, note 1.

— Millet-Mureau, préfet.

Compte administratif du département de la Corrèze, 1806. (Reproduit dans l'*Annuaire de la Corrèze* de 1880.)

— A. Firmigier.

Essai de statistique du département de la Corrèze, 1804 (t. IV des *Annales de statistique* (¹).

— Millet-Mureau, préfet de la Corrèze.

Mémoire statistique sur le département de la Corrèze, adressé au ministre de l'Intérieur en nivôse an XII (1804).

Impr. dans De Ferrière, *Archives statistiques*, I, 310 et ss.

— P.-E. Herbin.

Statistique des départements de la Haute-Vienne, de la Creuse et de la Corrèze, 1803.

(T. VI de la *Statistique générale et particulière de la France et de ses colonies*.)

— A consulter :

Statistique générale de la France.

Publ. par le Ministère de l'Agriculture et du Commerce, depuis 1835.

---

(1) Nous n'avons pu vérifier si cet ouvrage s'occupe également des départements de la Creuse et de la Haute-Vienne.

56. — PRINCIPAUX CALENDRIERS ET ANNUAIRES [1]

— [Desmarets]. — Ephémérides de la Généralité de Limoges pour 1765.

— [Legros]. — Indicateur du diocèse et de la Généralité de Limoges. 1re édit., 1770 ou 71, sous forme de placard ; 2e édit., 1786 *alias* 1788, in-12.

— [Chapoulaud]. — Calendrier historique et moral, 1785.

— [Devoyon, fondateur]. — Calendrier ecclésiastique et civil du Limousin, 1762 à 1790.

— [L. Barbou]. — Calendrier de la ville de Limoges et du département de la Haute-Vienne, années 1791, 92, 93, 95, 99, 1802, 1804.

— [Guineau, directeur]. — Calendrier ecclésiastique, civil et militaire de la sénatorerie de Limoges, 1806 à 1813.

— [Lefèvre, fondateur]. — Annuaire du département de la Haute-Vienne, 1804 à 1880 (lacune pour les années 1848 et 1849).

— [H. Ducourtieux, fondateur]. — Almanach-Annuaire limousin, 1859 jusqu'à présent.

.·.

— Almanach historique de Tulle et du Bas-Limousin, 1772.

— Calendrier du département de la Corrèze, 1791, 1792, 1798, 1799, 1800, 1801, 1803 à 1821.

— [Th. Juge]. — Annuaire de la Corrèze, 1804.

— Calendrier de la Corrèze, 1822.

— Annuaire de la Corrèze, 1823 à 1855 incl., 1857, 1866, 1869, 1870, 1872, 1874, 1875, 1877 et ss.

— [P. Ducourtieux]. — Almanach-annuaire limousin pour la Corrèze, 1882 et ss.

.·.

— Almanach du département de la Creuse, 1806 et ss. avec lacunes.

— Annuaire de la Creuse, depuis 1823 avec lacunes.

— [P. Ducourtieux]. — Grand annuaire-almanach de la Creuse, 1881 et ss.

---

(1) Voy. pour plus de détails : 1° l'*Annuaire de la Haute-Vienne* de 1854, reproduit par l'*Almanach limousin* de 1861, qui cite aussi quelques annuaires spéciaux ; — 2° un article de Jehan des Horts et René Fage dans l'*Annuaire corrézien* de Crauffon, 1881 et 1883.

57. — PRINCIPAUX DOCUMENTS LITTÉRAIRES

Cette section ne figure guère ici que pour mémoire. Si l'on trouve dans le travail de M. C. Chabaneau (*la Langue et la Littérature du Limousin*, 1892 (1), un relevé très exact de tous les textes littéraires en dialecte limousin, par contre aucun relevé n'a encore été tenté des écrits latins de toute sorte (théologiques, moraux, philosophiques, scientifiques) qui ont été rédigés en Limousin depuis le x° siècle. Les indications que nous avions rassemblées en cette matière sont trop incomplètes pour que nous osions les reproduire ici. Nous nous bornerons à dire que, pour la période du moyen-âge féodal, on devra recourir principalement à la Table analytique des matières contenues dans les quinze premiers volumes de l'*Hist. littéraire de la France*, par M. C. Rivain.

Poésies diverses du moyen âge

— Prosarium Lemovicense : Die Prosen der Abtei Saint-Martial zu Limoges aus Tropuien des 10, 11 und 12 Jahrhunderts.
265 proses formant le t. VII des *Analecta hymnica medii œvi* publiés à Leipzig par le P. Guido Maria Dreves, 1889. — Cf. le *Bull. de Limoges*, XXXVII, 428.

— Gerald II, abbé de Saint-Augustin-lez-Limoges vers 990.
On lui attribue diverses hymnes (*Lœta dies nobis, Jucundis pangat mentibus*) et des proses « *quæ dicuntur responsoria B. Flaviæ.* »

— Pour les hymnes d'origine limousine, voir les recueils de Mone, Vilmar, Kehrein, Morel et Roth.

— Poème sur Boëce, fin du x° s. ou commencement du xi°.
Il n'en subsiste que 257 vers. — Ms. du xi° s. à la Bibl. comm. d'Orléans, publ. par Raynouard, Diez, Bartsch, et en dernier lieu par M. Paul Meyer, *Recueil d'anciens textes*.

— Poésies des troubadours limousins, xii°-xiii° ss.
Elles sont dispersées dans un grand nombre de recueils généraux, français et allemands. Seules les poésies de Bertran de Born ont fait l'objet d'une édition spéciale due à M. Ant. Thomas (t. I de la *Bibliothèque méridionale*).

(1) Extrait de la *Revue des langues romanes*, 1891, t. XXXV.

— Poésies religieuses en dialecte limousin, xiie-xve ss.

Publ. par Raynouard, *Choix*, II, 184 ; par Rochegude, *Parnasse occitanien*, p. xx ; par du Méril, *Poésies inédites*, p. 394 ; par M. P. Meyer, *Bibl. Ecole des Chartes*, 1860, etc. Voy. M. C. Chabaneau, *ouv. cité*.

— Prières et oraisons en dialecte limousin du moyen âge.

Publiées par MM. P. Meyer, C. Chabaneau, L. Guibert, etc. Voy. M. C. Chabaneau, *ouv. cité*.

— Poésies érotiques, dans le ms. lat. 3719 de la Bibl. nationale (provenant de Saint-Martial de Limoges), signalé par M. Hauréau, *Journal des savants*, 1889, p. 774. Cf. Du Méril, *Chansons populaires*.

Poésie épique du moyen âge (¹)

— *La chanson d'Antioche*, par Grégoire Béchada, chevalier limousin, composée entre 1130 et 1145.

Fragment de 10 tirades (707 vers), publié par M. Paul Meyer, d'après un manuscrit de l'Académie royale de Madrid, dans les *Archives de l'Orient latin*, II, 467, 509, avec traduction française.

Cf. A. Tobler, dans le *Literaturblatt für germanische und romanische Philologie*, 1885, col. 117 ; C. Chabaneau dans la *Revue des langues romanes*, 1885, p. 147, et M. G. Paris qui, dans un article sur la *Chanson d'Antioche et la Gran conquista de Ultramar* (dans *Romania*, 1888, 513 ; 1890, 502, et 1893, 345) a signalé une traduction du poème limousin dans un poème castillan du xiiie s.

— Girart de Rossilhon, chanson de geste « composée selon toute probabilité à la latitude de Lyon, mais sûrement plus à l'ouest », au xiiie s. Il y est plusieurs fois question de la Marche et du Limousin.

Traduction française par M. Paul Meyer. 1884.

— Jauffre et Brunissende de Montbrun.

Roman en dialecte limousin attribué à Hugues Faydit d'Uzerche (ms.). Brunissende est le nom d'une vicomtesse de Limoges.

---

(1) Quelques romans d'aventures, composés hors du Limousin, racontent des exploits qui intéressent notre histoire. Ainsi la branche VI du Roman du Renart fait intervenir un moine de l'abbaye de Grandmont ; le roman d'Amiles et d'Amis parle d'une guerre suscitée au comte d'Auvergne par le comte de Limoges (Mone's *Anzeiger*, V, 359).

— Algar et Maurin.

Chanson de geste que l'on croit avoir été composée dans la Marche limousine, XIIIe s.

Un long fragment a été publié par M. A. Schéler (Bruxelles, 1877).

Œuvres scéniques

Les *Registres consulaires* de Limoges et les chroniques contemporaines portent témoignage d'un certain nombre de mystères joués à Limoges et à Saint-Junien au cours du XVIe siècle. M. l'abbé Arbellot en a donné le relevé, d'ailleurs incomplet, d'après les *Annales* de Bonaventure de Saint-Amable dans le *Bulletin historique du Ministère de l'Instruction publique*, 1893, p. 236.

Antérieurement au XVIe siècle, on ne connaît jusqu'ici que le *Mystère des vierges sages et des vierges folles* (XIe s.), mi-parti latin et limousin, signalé déjà par l'abbé Lebœuf (*Dissertations*, II, 1744), publié en partie par Raynouard (*Choix de poésies*, II, 139) et intégralement par F. Michel et Monmerqué (*Théâtre franç. au moyen âge*, p. 3 et ss.). L'origine de ce mystère est d'ailleurs contestée.

La *Bibliothèque des écrivains de la compagnie de Jésus* (nouv. édit., art. *Limoges (collège de)* signale quatre programmes de fêtes et cérémonies célébrées dans cet établissement aux XVIIe et XVIIIe siècles. Cf. ci-dessus p. 85 et 86, et les *Annuæ litteræ Societatis Jesu* dans les *Arch. histor. du Limousin*, VI, p. 107 et 120.

Œuvres littéraires modernes

— Epitre du Limousin de Pantagruel, vers 1552.
Dans les *Œuvres* de Rabelais.

— Poésies françaises composées en Limousin. XVe-XVIe ss. :
Ballade au roi Charles VII, dans *Bull. de Limoges*, XLII, 556 ;
Deux Noëls du XVIe s., dans *Annales du Midi*, 1895, p. 109 et ss.

— Poésies religieuses en patois limousin, XVIIe s. :
1° Noël limousin, dans Bertrand de Latour, *Institutio ecclesiæ Tutellensis* ;
2° Hymne à sainte Valérie, 1641, dans *Bull. de Limoges*, II, 57.

— Recueil de poésies patoises et françaises de F. Richard et choix de pièces patoises de divers auteurs limousins.
Limoges [1824], 2 vol. in-18. Nouv. édit. augmentée, 1849, chez H. Ducourtieux.

— J. Foucaud.
Poésies en patois limousin.
Edition E. Ruben, 1860.

— Joachim Blanchon, de Limoges.
Sommaire discours touchant la guerre civile et diverses calamités de ce temps. — Paris, 1569.
Les interlocuteurs de ce dialogue en vers sont le *Monde* et le *Temps*.

— Pierre Maillard, médecin du Dorat.
Poème français sur les événements des guerres de la Ligue dans la Marche, 1580.
Ms. perdu.

— François Chopy, de Chénerailles († 1505).
Le siège de Chénerailles (par les royalistes en 1402), poème français.
Publ. en 1505 (¹).

— Jean Punctcius.
De origine Lemovicum, 1594, en vers latins.
Dans *Bull. de Limoges*, I, 62, et XLII, 70 ; et *Limoges et le Limousin*, 2ᵉ partie, p. 200.

— Anonyme.
Candidata Lemovica seu tertiæ pascalis feriæ anniversaria Supplicatio. Panegyricum [auctore anonymo]. XVIIᵉ s.
Cf. le même Panégyrique en vers français par le P. Martial, de Brive, dans Bonav. de Saint-Amable, *Hist. de S. Martial*, II, 664.

— Mathieu Morel, médecin de Limoges († 1700).
Histoire (en patois) de la guerre de France depuis 1660 jusqu'en 1694.
« Nadaud en cite quelques passages. Cette pièce est sous forme de dialogue. L'un des interlocuteurs raconte ce qu'il a vu à la cour et l'autre ce qui s'est passé à Limoges pendant l'absence du premier. » (Voy. Aug. Duboys dans le *Bull. de la Soc. de médecine de la Haute-Vienne*, 1853, p. 233.)

— Le P. Léonard Frison (²).
Pietatis Tutellensis in anniversaria D. Joannis Baptistæ celebritate triumphus (vers 1680).
C'est vraisemblablement une première édition d'une pièce sur le même sujet qui se retrouve avec un autre titre dans les *Opera* de cet auteur.

---

(1) Joullietton (*Hist. de la Marche*, I, 343) dit que ce poème était « en vers latins et en vers français ».
(2) Auteur d'une longue pièce de vers latins sur le château de la Mothe-Chandenier (ou Champniers), publ. dans l'*Hist. de la maison de Rochechouart*, 1859, II, 349-362, sous ce titre MOTHA CANDERNERIA. *Carmen*.

— Anonyme.
Discours latin à la louange des Limousins, XVIII° s.
Publ. par M. Champeval, *Bull. de Limoges*, XI, 364-373.

— L'abbé Sage.
Dialogue des Ursulines de Tulle, en patois limousin, vers 1780.
Publ. dans le *Dict. du patois du Bas-Limousin* de Béronie (1820-21, p. 355 et ss).

— Le P. Lacombe, de Tulle.
La Moulinade, poème héroï-comique en patois limousin contre le moulin des chanoines de Tulle, 1781.
Publ. dans le *Dict. du patois du Bas-Limousin* de Béronie (1820-21, 362 et ss.) et par M. J.-B. Leymarie dans le *Bull. de Tulle*, 1892 et 1893, et dans son ouvrage *Lou miécart de las negras*, 1894, in-4°.

— Jayac de La Garde ou Castelnau, caissier à la Monnaie.
La cloche de Tarn, poème héroï-comique en six chants.
Limoges, 1809.

— Ardant fils.
Campanor ou la cloche conquise, poème en quatre chants, réponse au précédent.
Limoges, 1809.

— Abbé Joseph Roux.
La Chansou lemouzina, avec traduction française, 1889.

Discours d'apparat

Nous visons, sous ce titre, les panégyriques et oraisons funèbres fréquents au XVII° siècle, les discours de distributions de prix prononcés à l'ancien Collège de Limoges et dans les établissements similaires, ceux de l'ancien Collège des médecins de Limoges, ceux du nouveau Lycée de Limoges et des établissements similaires, ceux de l'Ecole préparatoire de médecine et de pharmacie de Limoges, de l'Ecole d'art décoratif de Limoges, enfin et surtout les discours de rentrée de la Cour d'appel, et ceux qui ont été prononcés dans certaines occasions solennelles (visites de ministres, installation de hauts fonctionnaires, obsèques de personnages marquants, banquets de corporations, etc.)

La bibliographie de ces discours ne saurait être établie présentement d'une manière utile, beaucoup de ces morceaux n'ayant paru que dans les journaux locaux. Cependant M. Tandeau de Marsac possède un manuscrit des discours de rentrée prononcés par Juge de Laborie, avocat du roi au présidial de Limoges, de 1728 à 1752.

58. — PRINCIPAUX DOCUMENTS LÉGENDAIRES

A consulter :
Les vies de saints énumérées ci-dessus, p. 37 à 83 ;
Le registres domestiques énumérés ci-dessus, p. 91 à 104.

— J.-F. Bonnafoux, bibliothécaire : Légendes et croyances superstitieuses conservées dans le département de la Creuse. Guéret, 1867. (Sans valeur scientifique) (¹).

— Proverbes recueillis au Bas-Limousin par M. Cl. Simon, dans *Bull. de Tulle*, 1880, p. 276 et 402.

— Les proverbes bas-limousins, par M. l'abbé Joseph Roux. Halle, 1883.
Cf. le *Bull. de Tulle*, 1883, p. 314.

— Proverbes bas-limousins recueillis par M. Champeval, dans *Bull. de Brive*, 1885, p. 495 et 715 ; 1886, p. 95, 313 et 515.
Tirage à part, Brive, 1886 (²).

— Pierre Mamoris, limousin, chanoine de Saint-Pierre de Saintes et régent de l'Université de Poitiers.
Flagellum malleficorum, rédigé vers 1470, publié s. d. au XVIᵉ s., de nouveau en 1621 et 1669. Une addition à cet ouvrage, relative au Limousin, a été publiée par M. C. Couderc dans son édition du *Journal de voyage à Jérusalem de Louis de Rochechouart, évêque de Saintes (1461)*, p. 41. Cf. page 5.

(1) Cf. M. Louis Duval, *Esquisses marchoises : Superstitions et légendes*, 1879.
(2) M. Dominique Dhéralde a laissé (aux mains de ses héritiers) trois registres mss. de proverbes, dictons, etc., recueillis dans les environs de Limoges.

59. — ÉPISTOLOGRAPHES

— Epistolæ II Marcialis apostoli, adressées aux églises de Toulouse et Bordeaux.

Ms. du x° s. à la Bibl nationale, fonds latin 5296.

Composées vraisemblablement au ix° siècle. « Le premier qui tenta d'en faire connoitre la fausseté paroit avoir été Jacques de Bordes, ministre calviniste à Bourdeaux, dans l'édition latine et francoise qu'il publia de ces lettres en 1573. Bellarmin ne tarda pas à témoigner qu'il n'en pensoit pas autrement. » *(Hist. littéraire.)*

Publ. pour la première fois par Josse Bade, 1521, à Paris; publ. de nouveau en 1540, à Paris (?), à la suite des lettres de saint Ignace; 1546, Venise; 1550, Bâle; 1555, Bâle, dans les *Orthodoxographæ theologiæ*; 1560, Cologne; 1561 (et non 1562), Paris; 1570, Cologne; 1571, Lyon, avec les œuvres d'Abdias; 1573, Lyon; 1576, Paris, dans la *Bibl. patrum*, II, de la Bigne; 1585, Lyon, avec les lettres de saint Denis et avec celles de saint Ignace; 1589, Paris; 1610, Paris; 1614, Lyon, avec les œuvres d'Abdias; 1614, Hambourg (et non Helmstadt), avec un traité de Gunade; 1655 ([1]), Bâle; 1677, Lyon, dans la *Bibl. patrum*; 1604, Limoges, en traduction française.

Voy. l'*Hist. littéraire*, I, 408, que nous avons complétée sur quelques points.

— Epistolæ LXXXII sancti Ruricii episcopi Lemovicensis, † 507 ([2]).

Publ. par Canisius, *Antiquæ lectiones*, 1604, V, 461; edit. nova, I. 369, d'après le ms. de Saint-Gall (n° 190, ix° s.); dans la *Bibliotheca patrum* de Paris, 1654, III, 369, et dans celle de Lyon, 1677, VIII, 559 et ss.; — par Basnage, *Thesaurus*, 1715, I, 357 et ss.; — par Migne, *Patrologie*, 1862, t. LVIII, p. 67 et ss.; — par Bruno Krusch, *Monum. Germaniæ, Auctor. antiq.*, 1887, VIII, 299 et ss.

([1]) L'*Hist. littéraire* donne cette date comme douteuse. Elle résulte probablement d'une confusion avec l'édition de 1555 que nous avons vue et que l'*Hist. littéraire* ne cite point.

([2]) Les éditions citées contiennent aussi *Fausti aliorumque epistulae ad Ruricium alioaque*.

Cf. Fabricius, *Bibl.*, VI, 138 de l'édit. Mansi ; l'*Hist. littéraire*, III, 49; les notes mss. de Baluze sur ces *Epistolæ* (Armoire 126); Maassen, *Quellen des canonischen Rechts*, I, 508 et 608; Bruno Krusch, *De Ruricio episcopo Lemovicensi* (en tête de l'édition citée).

— Epistola Amblardi Sollempniacensis abbatis, † 1007.
Publ. par Mabillon, *Ann. bened.*, IV.

— Jordani episcopi Lemovicensis epistola ad Benedictum VIII papam, de non ponendo S. Martiale in numero apostolorum, 1024.
Dans *Gallia christ. nova*, II, instr. col. 162.

— Ademari epistola ad Jordanum Lemovicensem episcopum de ponendo S. Martiale in numero apostolorum. 1028.
Dans Mabillon, *Ann. bened.*, IV, app. 717; dom Bouquet, *Recueil*, X, 506; Migne, *Patrol.*, CXLI, 89 ; Pertz, *Mon. Germ.*, IV, 109, édit. Waitz, par extraits. Cf. Giesebrecht, *De litter. studiis*, p. 18.

— Epistola cleri Lemovicensis ad Willelmum Aquitaniæ comitem post mortem, ut videtur, Jordani episcopi, 1052.
Dans *Gallia christ. nova*, II, instr. 173.

— Guillaume de Trahinac (ou Treignac) et Pierre-Bernard de Boschiac, moines grandmontains, xiie siècle.
Epistolæ relatives au martyre de saint Thomas de Cantorbéry et aux relations de Grandmont avec le roi d'Angleterre.
Publ. par Martène, *Thesaurus*, I, 454, 500, 502. Cf. l'*Hist. littér.*, XV, 137.
L'*Epistola* de Pierre-Bernard est un faux du xiiie siècle, dont nous reparlerons plus loin à l'Appendice.

— Deux lettres de Pierre le Vénérable, abbé de Cluny, aux abbés de Saint-Martial et de Saint-Augustin de Limoges, xiie s.
Dans Migne, *Patr. lat.*, CLXXXIX, col. 381 et 414.

.·.

— Lettres de Pierre Navières, huguenot, à ses juges, à ses amis et à ses parents, 1553.
Dans Crespin, *Hist. des martyrs*, édit. 1570, p. 219-225.

— Lettres de Mascaron, évêque de Tulle (1671-79), publiées par M. Tamizey de Larroque dans le *Bull. de Brive*, 1884, p. 461 et ss.

— Lettres de Baluze à M. Melon du Verdier, 1682-1700, publ. par M. R. Fage dans *Bull. de Tulle*, 1882 et 1883. On peut y recueillir quelques détails sur le Limousin.

— Lettre d'un sieur Paradis au sujet de la chaire de théologie du collège des Jacobins de Limoges, 1708.

Dans *Arch. hist. du Limousin*, IV, 377.

— Lettre de Baraillon, médecin à Chambon, plus tard membre de la Convention, sur l'état de la Combraille en 1780.

Dans le *Bull. de la Soc. d'émulation de l'Allier*, t. III, et dans les *Arch. hist. du Limousin*, t. IV, 378.

— Gault de Saint-Germain.

Lettres sur la ci-devant province de Marche (écrites en 1809 et 1810), éditées par M. Grange, Clermont-Ferrand, 1861.

L'une de ces lettres, relative à Guéret, a été reproduite dans *La Marche*, revue historique, 1862, p. 233. Cf. le ms. n° 512 de la Bibliothèque de Clermont.

— Lettres privées des xvii*e*-xviii*e* siècles.

Il en subsiste un grand nombre dans les dépôts d'archives. Quelques-unes ont été déjà signalées. Voy. l'*Invent. des arch. dép. de la Haute-Vienne*, D., 211-220 ; — l'*Invent. des arch. dép. de la Creuse*, E, 91, 92, 143, 145, 423, 474, 477, 695, 1081, 1098 ; — l'*Invent. des arch. hospit. de Limoges*, H. 3-7 ; de Magnac-Laval, H, 2-4 ; de Saint-Yrieix, H. 1-7.

60. — PRINCIPAUX OUVRAGES

D'ENSEIGNEMENT RELIGIEUX

— Sermones tres Ademari, ut videtur, monachi sancti Martialis in concilio Lemovicensi celebrato anno 994, dans Baluze, *Hist. Tutellensis*, col. 385-400.

— Dicta venerabilis Ademari monachi in natali sti Martialis, discipuli Christi, sous forme de sermons, au nombre de sept.
Ms. inéd. du xi° s., à la Bibl. nationale, lat. 3785.
La relation sur la fondation de l'hôpital de Saint-Martial de Limoges, insérée dans le *Registre consulaire*, 1, 252 (vers 1533, à l'occasion sans doute de l'ostension septennale) semble empruntée à l'un de ces *Dicta* d'Adémar de Chabannes.
Sur les sermons d'Adémar, voy. M. Arbellot dans *Bull. de Limoges*, XXII, 135 et ss. — Le ms. original et autographe des sermons d'Adémar appartient auj. à la Bibliothèque royale de Berlin. Voy. *Bull. de Limoges*, XLIII, p. 3.

— Trois sermons en dialecte limousin, xiii° s., publ. par M. P. Meyer dans la *Zeitschift für romanische Philologie* et dans son *Recueil d'anciens textes provencaux*, p. 40 ; par M. C. Chabaneau dans la *Revue des langues romanes*, XXIII, 157.

— Deux sermons de Bernard Itier, moine de Saint-Martial (†1225), dans les *Chron. de Saint-Martial* publ. par Duplès-Agier, 219 et ss.

— Analyse d'un sermon prêché à Saint-Léonard en 1437, dans le *Reg. de comptes* de Gérard Massiot, publ. par M. L. Guibert, p. 113.

— Sermon prononcé par le curé d'Eymoutiers « aux nopces de M. de Narboneys », 1654.
Dans notre *Invent. des arch. comm. d'Eymoutiers*, GG. 4, p. 110.

— Recueil de quelques sermons prononcés par M. l'abbé du Carrier, prêtre du dioc. de Limoges, 1697 (Limoges, F. Meilhac).

— Liber sententiarum sti Stephani Grandimontensis, rédigé par Arnaud de Goth, religieux à Grandmont, xii° siècle.
Impr. à Paris, 1630 et 1704. Il y en a une traduction française dans le bullaire grandmontain du grand séminaire de Limoges.

— Explanatio libri sententiarum, par Gérald Itier. Inédite.
M. Hauréau en a signalé une copie du xvii° siècle dans le ms. lat. 17187 de la Bibl. nationale. Celle du *Speculum grandimontense* conservé au Grand-Séminaire de Limoges (ci-dessus, p. 62) paraît être du xiii° siècle. Cf Charles Frémon, l'*Esprit de l'ordre de Grandmont*, Paris, 1666.

— Guill. Pellicier, abbé de Grandmont en 1318.
1° Liber de doctrina novitiorum ordinis Grandimontensis.
Dans Martène, *Thesaurus*, V, p. 1823.
2° De forma eligendorum abbatum.
Ms. inédit.

.*.

— Traités de controverse entre catholiques et protestants, rédigés en vue des besoins locaux durant la première moitié du xvii° siècle.
Voir *Hist. de la Réforme dans la Marche et le Limousin*, ch. VI et XIII et p. 379.

— Catéchisme du diocèse de Limoges.
Le premier imprimé paraît être de 1680.

— Catéchisme du diocèse de Tulle.
Le premier imprimé paraît être de 1715. Antérieurement à cette date, on connaît une *Instruction chrétienne en forme de catéchisme*, par Timothée Pouyade, récollet de Tulle, dont la sixième édition parut à Tulle en 1662. (Abbé Vitrac, *Annales de la Haute-Vienne*, 1813, au nom.)

.*.

— Sujets des conférences faites par les membres de la compagnie du Saint-Sacrement de Limoges, de 1647 à 1663.
Seront prochainement publiées.

— Sujets des conférences faites au séminaire des Ordinands de Limoges, de 1751 à 1762.
Dans *Arch. hist. du Limousin*, V, 342 et ss.

— Comptes-rendus et résumés annuels des conférences ecclésiastiques du diocèse de Limoges, de 1837 à 1847.

— Comptes-rendus et résumés annuels des conférences ecclésiastiques du diocèse de Limoges, de 1840 à 1868.

— Comptes-rendus et résumés annuels des conférences ecclésiastiques du diocèse de Limoges, de 1883 à 1894.
Ces comptes-rendus ont été imprimés. Ils forment d'ordinaire une brochure d'environ 40 pages. Il est arrivé souvent que deux et même trois années paraissaient à la fois sous une même couverture.

.

— Coste, curé de Haute-Fage, administrateur du diocèse de Tulle.
Essai sur la conduite que peuvent se proposer de tenir les prêtres appelés à travailler au rétablissement de la religion en France, 1re édit., Rome, 1801 ; 2e et 3e édit., sans indic. de lieu, mais certainement en France ; 4e édit., Rome, 1802.

— Lettres sur la discipline ecclésiastique par plusieurs desservants du diocèse de Limoges et des diocèses circonvoisins. — Limoges, 1841, 78 pp.
(Les auteurs anonymes de cette brochure réclament l'inamovibilité des prêtres et le rétablissement des officialités.)

61. — PRINCIPAUX DOCUMENTS LITURGIQUES

Nous ne mentionnerons guère que les documents manuscrits ou insérés dans des collections générales, laissant aux bibliographes le soin d'énumérer les nombreux livres liturgiques imprimés à Limoges depuis le XVIe siècle.

A consulter :

1° J. Nadaud, *Mémoire sur les bréviaires du diocèse de Limoges*, dans Leymarie, *Limousin historique*, 1837, I, 72.

2° [Dom Jacques Boyer], *Lettre sur quelques singularités du rituel de l'abbaye de Beaulieu*, dans les *Mém de littér. et d'hist.* du P. Desmolets, XI, 419.

3° P. Poyet, *Essai de bibliographie limousine*, dans *Bull. Soc. arch. du Lim.*, 1861, XI, 201.

4° Dom Martène, *De antiquis Ecclesiæ ritibus*, 1736-1738, 4 vol. in-folio.

5° *Les Chroniques de Saint-Martial de Limoges*, éd. par M. Duplès-Agier, 1874 (contient des catalogues du moyen âge).

6° J. Wheale, *Bibliotheca liturgica seu catalogus missalium ritus latini ab anno 1475 impressorum*. Londres, 1886 (très pauvre en ce qui concerne le diocèse de Limoges ; celui de Tulle n'y figure pas).

7° *Catalogue de l'Exposition rétrospective de Limoges* en 1886, où ont figuré bon nombre de manuscrits liturgiques et d'éditions rares.

8° Catalogue de la bibliothèque de la Société archéologique du Limousin (*Bull. de Limoges*, XXXIX, 633-637).

Cf. ci-dessus la section STATUTS DE CONFRÉRIES. Quelques autres ouvrages, qui nous ont donné incidemment un ou deux renseignements, seront indiqués en leur lieu.

— Office de saint Pardoux, xe s.
Bibl. nat., ms. lat. 5240.

— Officium Lemovicense, xie s.
Dans Martène, *De antiquis Ecclesiæ ritibus*, 1737, III, 124, et Du Méril, *Orig. lat. du théâtre moderne*, 1859, p. 151. Cf. K. A. Martin Hartmann, *Ueber das altspanische Dreikœnigsspiel*. Bautzen, 1879, p. 7.

— Office de saint Etienne de Muret, composé vers 1190, par Arnaud de Goth.

— Office de la confrérie de Saint-Sébastien à Saint-Junien, xiv° s.
Grand séminaire de Limoges, n° 132 du catal. Guibert.

— Ordo ad benedicendum ducem Aquitaniæ, tiré d'un manuscrit de Saint-Etienne de Limoges et rédigé par le chantre Hélias en 1218 (¹).

Publ. pour la première fois par Besly (*Hist. des comtes de Poitou*, 1647, preuves, p. 183), puis par Godefroy (*Cérémonial français*, 1649, I, 605), et par les continuateurs de dom Bouquet (*Hist. de Fr.*, XII, 451).

On en trouve une traduction française dans les *Annales de Limoges* dites *de 1638*, par le chanoine Jean Bandel (1872, p. 236), imprimée par Maurice Ardant dans *Bull. Soc. d'agriculture de Limoges* (1835) et dans *Revue anglo-française* (1ᵣᵉ série, t. IV, p. 192) et reproduite par M. Bladé dans *Annales de la Faculté des lettres de Bordeaux*, 1894, p. 180.

— Acte de 1218 par lequel le chapitre de Saint-Etienne de Limoges règle les cérémonies de la fête de saint Guillaume de Bourges.
Dans Godefroy, *Cérémonial franç.*, I, 608.

— Rubriques de l'église Saint-Etienne et de l'église Saint-Martial de Limoges.
Dans Martène, *De antiquis ecclesiæ ritibus*.

— Ceremoniale festorum ecclesiæ Sti Martialis, 1250.
Arch. dép. de la Haute-Vienne, série H, n° prov. 9237.

— Coutumier de l'ostension septennale des saintes reliques.
Cité par M. Rougerie, *Vies des saints Israel et Théobald*, p. 278.

— Procès-verbaux des cérémonies pratiquées dans les églises de

---

(1) Baluze (ouvrage cité ci-dessous) fixe la composition de cet *Ordo* à l'année 1208 environ ; M. Max. Deloche (*Etudes sur la géogr. histor.*, p. 216) au ɪxᵉ siècle ; M. R. de Lasteyrie (*Comtes et vicomtes de Limoges*, p. 36) à la seconde moitié du xɪɪᵉ s. — Besly et Baluze en attribuent la composition à Elie de Gimel, la *Biographie limousine* à Hélie de l'Aumônerie.
Baluze, sous le pseudonyme de Maldamnat, en avait projeté l'insertion dans ses *Remarques sur la table chronologique du chanoine Collin* (1663). Mais l'impression de cet ouvrage n'ayant pas été achevée, l'*Ordo* a été inséré manuscrit dans un petit nombre seulement d'exemplaires.
Cf. les Armoires de Baluze, t. 44, où existe également une copie de ce document. — Sur l'identité de Baluze et de Maldamnat, voy. notre article des *Annales du Midi*, t. I, p. 197.

Saint-Pierre et Saint-Julien de Tulle, à l'occasion des processions des Rogations, 1733.

Voy. l'*Invent. des arch. dép. de la Corrèze*, E. 831. Cf. E. 818 et 924.

— Cérémonial pour les religieuses de Notre-Dame. Limoges, 1769. — En tête, une lettre de M. de Lascaris d'Urfé, évêque de Limoges, datée de fév. 1695, indique qu'il a fait dresser ce nouveau cérémonial pour l'usage des dites religieuses.

— Bréviaire limousin du commencement du xve s.
Ms. n° 354 (anc. 787) à la Bibl. Mazarine.

— Bréviaire à l'usage de l'abbaye de Saint-Martial, xive-xve s.
Ms. n° 4 à la Bibl. communale de Limoges.

— Bréviaire limousin du xve s.
Ms. à la Bibl. communale de Brive.

.˙.

Missels manuscrits :
— A la Bibliothèque communale de Limoges, n° 5.
— A la Bibliothèque nationale, lat. 822, 9438.

— Missel donné à la cathédrale de Limoges par Simon de Cramaud en 1405.
(En la possession de M. Ad. Ardant, de Limoges.)

— Missel de Saint-Victour, xive s.
(En la possession de M. Bargue, à l'exposition de Tulle, 1887.)

— Propre de Grandmont.
Ms. lat. 4341 à la Bibl. nationale.

— Heures de l'ordre de Grandmont, 1486.
Ms. n° 132 à la Bibliothèque communale d'Angers. Cf. Barbier de Montault, *Un livre d'heures de l'ordre de Grandmont*, dans *Bull. de Limoges*, XXXVIII, 61.

— Manuscrit liturgique du prieuré d'Aureil, xiiie s.
Arch. dép. de la Haute-Vienne, D. compl. n° 1221. Cf. le *Bulletin de Limoges*, XXXIII, 101.

— Graduale seu Antiphonarium ecclesiæ Sti Juniani. xive s.
Ms. n° 2 à la Bibl. comm. de Limoges.

— Messes du graduel romain qui se chantent dans l'église de N.-D.-de-Boubon, ordre de Fontevraud. A Boubon. MDCCLXXXVI ([1]).
Ms. en la possession de M. l'abbé Chambon, à Oradour-sur-Vayres.

([1]) 226 pages pour les messes, plus 80 pages pour la messe des morts.

.·.

— Guillaume Pellicier, abbé de Grandmont en 1318.
De ratione officii ecclesiæ Grandimontis.
Où ?

— Hugues de Limoges.
De aliquibus ceremoniis et officiariis sancti Marcialis Lemovicensis (*Hist. littér.*, XV, 613).

— Gui de Montrocher, docteur en théologie, limousin.
Enchiridion sacerdotum, composé vers 1333 ; imprimé sous le titre de : Manipulus curatorum. Paris, 1488 ; Rouen, 1494.

— Anonyme.
Enchiridion sive Manuale parrochorum. Limoges, 1500.

— Anonyme.
Liber sacerdotalis ecclesiæ Sti Leonardi Nobiliacensis. xive s.
Où ?

— François II de Neufville, abbé de Grandmont.
Traité de l'origine et institution des fêtes, 1582.

— Pierre Rampion, du Dorat.
Brève exhortation chrestienne sur les sacremens et ceremonies de l'Eglise, 1584.

— A C., prêtre du diocèse de Tulle.
Mémorial des cérémonies selon l'usage de l'Eglise romaine. Tulle, 1657.

— Anonyme.
De sacrificio missæ tractatus asceticus.
Limoges, Bargeas, 1678.

— Guill. Malerbaud, chanoine de Limoges.
Regulæ perpetuæ ad instructionem divini officii secundum usum cathedralis ecclesiæ totiusque diocesis Lemovicensis, 1575.

— Anonyme.
Regulæ et instructiones ad sacramenta ministranda sacrasque functiones peragendas, 1679.

— Jubilé universel de l'année sainte (1706, 1721, 1727, 1750, 1770, 1776, 1804, 1826, etc.).
Titre de plaquettes imprimées à Limoges et contenant, outre la bulle qui institue le jubilé, des mandements et règlements épiscopaux, des prières, des indulgences, etc.

62. — COMPTES DE CONSTRUCTION

— Comptes de construction de la cathédrale de Limoges, 1388-91.
Analysés par M. Arbellot, *Cathédrale de Limoges* (2ᵉ édit., p. 75 et ss.)

— Comptes de construction du collège royal de Limoges, 1766-1774.
Dans l'*Invent. des arch. dép. de la Haute-Vienne*, D. 30-85.

— Comptes de construction de la chapelle du dit collège, 1615-1640.
Ibid., D. 37.

— Description de la cathédrale de Limoges, par un contemporain.
Dans les *Ephémérides de la Généralité de Limoges* pour 1765, p. 123 et ss.

— Description de la collégiale Saint-Martial, par un contemporain.
Ibid., p. 142 et ss.

— Description de l'église Saint-Michel, par un contemporain.
Ibid., p. 151 et ss.

63. — INVENTAIRES DE MEUBLES ET D'ORNEMENTS

A consulter :
F. de Mély et E. Bisop.
Bibliographie générale des inventaires [d'objets d'art et de mobilier] imprimés. T. I (France), 1892.

— Inventaire du testament de saint Yrieix, vi⁰ s.
Voy. M. Barbier de Montault, dans *Bull. de Limoges*, XXXVI, 247 et ss.

— Inventaires du trésor de Grandmont : 1472, 1496, 1515, 1566, 1567, 1575, 1598, 1611, 1621, 1639, 1666, 1771, 1787, 1790.
Celui de 1496 publ. par M. L. Guibert, dans *Bull. de Limoges*, XXXVI, 78;
Celui de 1515 publ. par le même, *ibid.*, 91;
Celui de 1567 publ. par M. Texier, dans *Essai sur les émailleurs*, 1843, p. 267;
Celui de 1666 publ. par M. Du Boys, dans *Bull. de Limoges*, VI, 5, et par M. Texier, dans *Dictionn. d'orfèvrerie*, 1856, col. 825;
Celui de 1771 publ. par M. A. Leymarie, dans *Limousin histor.*, 1837, 1, 199, et par M. L. Guibert, dans *Destruction de l'ordre et de l'abbaye de Grandmont*, 1877, 933.
Celui de 1790 publ. par M. Texier, dans *Essai sur les émailleurs*, 1843.

— Inventaire du trésor de S. Martial entre 1226 et 1245.
Dans Duplès-Agier, *Chron. de S. Martial*, 309.

— Le Spolium de l'évêque de Limoges Aymeric Chapt en 1390.
Publ. par M. Barbier de Montault, dans *Bull. de Limoges*, XLI et XLII.

— Inventaire des archives, joyaux et meubles de l'oratoire de Rocamadour, fait en 1451 par ordre d'Hugues d'Aubusson, évêque de Tulle.
Mentionné par Bertrand de Latour, *Instit. Tutell.*, p. 89.

— Inventaire du mobilier de la confrérie du Saint-Sacrement, 1550, dans Leymarie, *Hist. du Limousin*, I, 407. — Cf. le registre GG. 204 des Archives communales de Limoges. M. Ardant en a donné des extraits dans le *Bull. des comités historiques : Archéologie*, II, 45 et ss., et M. Barbier de Montault l'a analysé dans le *Bull. de Limoges*, XXXV, 138 et ss.

— Inventaire des meubles du prieuré d'Aureil, xviie s.
Dans *Invent. des arch. dép. de la Haute-Vienne*, D. 767.

— Inventaire des ornements d'église de la commanderie de Bourganeuf, 1672.
Dans Texier, *Dictionnaire d'orfèvrerie*, p. 272.

— Inventaire de la sacristie de l'église N.-D. de la Souterraine, 1702.
Dans *Bull. de Limoges*, XLII, 564.

— Inventaire de la chapelle du château de Pompadour, 1726.
Dans *Bull. de Tulle*, XIV, 523.

— Procès-verbal des meubles et ornements de l'église de Royère, 1758.
Dans M. Tournieux, *Royère*, p. 264.

— Inventaire de l'évêché de Tulle, 1763.
Dans *Bull. de Tulle*, XIV, 524.

— Inventaire des meubles de M. de l'Isle du Gast, évêque de Limoges et abbé de Saint-Martial († 1739).
Dans A. Leroux, *Invent. des arch. dép. de la Haute-Vienne*, hôpital de Limoges, B. 8 et 10.

— Inventaire des meubles de l'hôpital général de Limoges, 1759.
Ibid., E. 129.

— Inventaire des ornements de culte des deux chapelles de l'hôpital de Limoges, 1764.
Ibid., E. 128.

— Inventaire des meubles de l'hôpital de Saint-Yrieix, 1775.
Ibid., hôpital de Saint-Yrieix, E. 91.

— Inventaire du mobilier des religieux de Meymac, 1791.
Dans *Bull. de Brive*, XIV, 396.

— Inventaires du trésor de l'église de Guéret, xvie-xviiie ss.
Dans P. de Cessac, *Quelques notes sur l'église de Guéret*, 1878, p. 75-85.

.*.

— Inventaires (au nombre de 15) du château de Nexon, XVI-XIXᵉ ss.
Publ. par M. l'abbé Barbier de Montault, *Bull. de Limoges*,
XXXVIII, 198-237.

— Inventaire du mobilier du château de Pompadour, 1636.
Dans *Bull. de Brive*, 1883, p. 623 et ss.

— Inventaire des meubles de Simon de Buat, seigneur de Puy-Robin, 1654.
Dans A. Leroux, *Invent. des arch. dép. de la Haute-Vienne*,
D. 141 et 142.

— Inventaire d'une boutique de marchand à Tulle au XVIIᵉ s.
Publ. par M. René Fage, 1886.

— Inventaire d'une maison de quincaillerie à Limoges en 1667.
Publ. par M. L. Bourdery, *Bull. de Limoges*, XLII, 234.

— Inventaire des meubles de Marie Desvergnes, veuve de
Pierre Robichon, sieur de Saint-Arnaud, 1711.
Dans *Invent. arch. dép. de la Creuse*, fonds de l'hospice d'Aubusson, B. 4.

— Inventaire du château de Treignac, 1726.
Dans *Bull. de Tulle*, XIV, 522.

— Inventaire d'Etienne Audebert de Fonmaubert à Bellac, 1741.
Dans *Bull. de Limoges*, XXXVII, 340.

— Inventaire du château de Rochechouart, 1743.
Dans *Bull. de Limoges*, XLI, 602 et ss.

— Inventaire du château de Chauffailles, 1779.
Dans *Bull. de Limoges*, XXXVIII, 238.

— Inventaire du château de Cognac en 1794.
Dans *Bull. de Limoges*, XXXVII, 359.

.*.

— Le *Catalogue descriptif des anciennes tapisseries d'Aubusson*,
par M. C. Pérathon (*Bull. de Limoges*, XLI et XLII), est un travail
d'érudition et non pas un document original. Nous ne le mentionnons que comme guide à consulter. On en peut dire autant de
l'*Essai de classification des anciennes porcelaines limousines*, par
M. C. Leymarie (*ibid.*, XXXVII et ss).

64. — CATALOGUES D'ANCIENNES BIBLIOTHÈQUES

— Catalogues de la bibliothèque de Saint-Martial de Limoges, xii⁰ et xiii⁰ s., dans Duplès-Agier, *Chron. de Saint-Martial*, p. 323, 327, 330 et 339. Cf. *Bull. des comités hist., section d'histoire*, 1852, III, 61.

— Catalogus librorum thesauri sti Marcialis Lemovicensis, auctore P. Bonaventuræ carmel. discalc. 1669, publ. par Montfaucon, *Bibl. bibliothecarum*, II, 1033.

— Catalogue de 204 manuscrits provenant de la bibliothèque de Saint-Martial de Limoges, 1730 (auj. à la Bibl. nationale).
Réédité avec notes par M. Léopold Delisle, *Bull. de Limoges*, XLIII.

— Arnaldi episcopi Tutelensis litteræ de bibliotheca monasterii et de libris donatis a Bernardo de Chanaco, 1336.
Dans Baluze, *Hist. Tutelensis*, 700.

— Catalogue de la bibliothèque du sieur J. de Malliard, bourgeois de Brive, vers 1528.
Dans *Bull. de Brive*, II, 527-533.

— Bibliotheca Cordesiana ou catalogue de la bibliothèque du chanoine des Cordes († 1642), laquelle avait pour fonds primitif la bibliothèque de l'humaniste Siméon Duboys, de Limoges, † 1581.

— Bibliotheca Baluziana ou catalogue de la bibliothèque d'Etienne Baluze † 1718.
Paris, 1719, 2 vol. in-8°.

— Catalogue de la bibliothèque de Jean Baluze, médecin, puis chanoine à Tulle († vers 1722).
Mentionné par M. Clément-Simon dans *Bull. de Brive*, 1888, p. 608.

— Catalogue de la bibliothèque Saint-Pierre d'Evaux, dressé par Clément Esterlin, chanoine († 1713), et copié par le P. Jean Scoffier, 1720.
A la bibliothèque de Guéret.

— Catalogue des livres du cabinet de feu Mgr de Coetlosquet, évêque de Limoges, 1784, impr.

— Catalogue de la bibliothèque de Grandmont, 1771.
Dans *Limousin historique*, I, 180 et ss. Cf. L. Guibert, *Destruction de l'ordre......*, p. 062.

— Catalogue d'une bibliothèque de Turgot, dite bibliothèque introuvable, vers 1774.
Dans *Bull. du bibliophile*, 1855; *Bull. de la Soc. arch. de la Charente*, 1856; *Mémoires d'un bibliophile*, par Tenant de Latour, 1861.

— Catalogue de la bibliothèque du collège de Magnac-Laval vers 1790, dans Normand, *Hist. du collège de Magnac-Laval*, p. 270-281.

— Catalogue de la bibliothèque du séminaire des Ordinands de Limoges, vers 1790.
(Arch. dép. de la Haute-Vienne, Limoges, L, 334.)

— Catalogue de la bibliothèque de l'Ecole centrale de Limoges, vers 1795.
(A la bibliothèque communale de Limoges.)

— Catalogue de la bibliothèque du district de Bellac, vers 1795.
(Arch. dép. de la Haute-Vienne, L. 536.)

— La Bibliothèque nationale possède dans le fonds français (nouv. acquis.) une série de catalogues de bibliothèques publiques de France, rédigés pendant la Révolution et le premier Empire. Sous le n° 5282 figure : le catal. de la bibl. de l'Ecole centrale de la Creuse (à Aubusson) et de la bibliothèque de la ville d'Aubusson (1816); sous le n° 5315, le catal. de la bibliothèque du dép. de la Creuse, à Guéret (1821); sous le n° 5324, le catal. de la bibl. de Limoges (1820); sous le n° 6383, le catal. de la bibl. du ci-devant collège de Brive (1807); sous le n° 6397, le catal. du dépôt littéraire existant à Guéret (an X); sous le n° 6441, le catal. de l'Ecole centrale de la Corrèze (1796).

— Catalogue d'une bibliothèque à vendre (celle de M. Lingaud). Impr. à Limoges, 1831. Environ 1,000 volumes, dont fort peu intéressent le Limousin.

— Catalogue de la bibliothèque de feu M. l'abbé Texier, † 1859. Paris, Téchener, 1861, in-8.

— Catalogue de la bibliothèque de feu Mgr Berteaud, évêque de Tulle, † 1879.

, Lyon, Hébrard, 8 catalogues in-8 de sept. 1880 à juin 1881.

— Catalogue de la bibliothèque d'Auguste Bosvieux. Paris, 1888.
(Cf. le *Bull. de Limoges*, XXXVI, 302.)

65. — INVENTAIRES DE RELIQUES (¹)

— Geoffroi de Vigeois († 1185), consacre le ch. XV de son *Chronicon Lemovicense* aux reliques des églises du diocèse.— Voy. aussi les art. 153, 660, 826 et 927 de notre *Invent. des arch. dép. de la Haute-Vienne*, série D.

— Inventaire des reliques du prieuré d'Altavaux, XII° s.
Dans nos *Doc. hist. sur la Marche et le Limousin*, I, 83.

— Inventaire des reliques de Grandmont, 1496 et 1515.
Dans *Bull. du Limousin*, XXXVI, 78 et 91.

— État des corps saints qui sont au diocèse de Limoges, s. date; écriture du milieu du XVII° siècle.
Sera prochainement publié.

— Catalogus sacrarum reliquiarum que asservantur in cœnobio S. Marcialis, 1644.
Dans l'*Ortus cœnobiorum* de Claude Chalemot, *Bull. de Tulle*, XV, 291.

— État des reliques des églises de la ville et cité de Limoges, 1666.
Dans M. Ardant, *Des Ostensions*, p. 89.

— Extrait du procès-verbal général de distribution des saintes reliques de Grandmont, 1790.
Dans M. Ardant, *Des Ostensions*, p. 69.

— État des reliques du diocèse de Limoges au commencement du XIX° siècle.
Ibid., p. 135.

(1) Cf. : 1° Un extrait des *Mémoires* de l'abbé de Marolles, cité par M. L. Duval (*Esquisses marchoises*, p. 13), et relatif à une relique exposée à Neuvy-Saint-Sépulcre en 1639; — 2° dans l'*Amplissima Coll.* de Martène, VI, 1134, la *Concessio brachii sancti Stephani Grandimontensis facta canonicis collegiatæ ecclesiæ de Thierno a Petro abbate Grandimontense*, 1427; — 3° dans nos *Doc. histor. sur la Marche et le Limousin*, I, 153 et 227, deux actes des XIII° et XV° ss.

— Narratio de reliquiis sanctorum quae servantur in ecclesia Tutelensi, 1153.

Dans Baluze, *Hist. Tutell.*, 481.

— Itinerarium fratrum Grandimontensium seu translatio reliquiarum Sanctarum septem Virginum sociarum sanctae Ursulae diocesi Coloniensi in ecclesiam Grandimontis 1181.

Publ. à Limoges en 1790 ([1]); à Poitiers en 1851, par l'abbé Texier, dans *Recueil des inscript.*, 347, d'après une copie de 1692 ; à Tulle en 1887, dans les *Vies des saints du diocèse de Tulle*, p. 283. — Il en existe une copie de 1590 dans le *Recueil des antiquités de Grandmont* de Pardoux de la Garde.

— Narratio de pallio miraculoso altaris sancti Salvatoris, rédigée entre 1216 et 1218.

Dans Duplès-Agier, *Chron. de Saint-Martial*, p. 298.

---

[1] Sur ce point contesté, voy. la *Feuille hebdomad. de la Généralité de Limoges*, année 1790, supplément du 29 septembre. — Voici d'ailleurs la description de la pièce : *Histoire de la translation de quelques reliques à Grandmont, faite en l'an 1181, et autres pièces qui y ont rapport, traduites sur l'original en latin.* (A Limoges, chez François Dalesme, 1790, 35 pp. in-16.) — Cette plaquette contient : P. 3 : « Histoire de la translation des corps de quelques-unes des compagnes de sainte Ursule, à Grandmont, faite en l'an 1181. N. B. Cette histoire ou relation, extraite d'un manuscrit contemporain, est précédée de la lettre suivante, aussi écrite en latin ». Suit en effet une lettre de Guillaume et Imbert, religieux grandmontains, à leurs confrères sur la vénération qui est due aux dites vierges. S. date. — P. 7 : « Itinéraire des Frères ou relation de leur voyage vers les corps des saintes vierges ; de leur translation de Cologne, et de leur réception à Grandmont. » — P. 30 : « Lettres patentes de l'archevêque de Cologne [Philippe], qui servoient d'authentique pour les reliques transférées à Grandmont. Extraites d'un autre ms. du xvie s. Ce ms. n'est qu'une copie d'un plus ancien. » S. date. — P. 33 : Supplément indiquant les autres reliques du trésor de Grandmont qui ont été distribuées par ordre de l'évêque de Limoges « sur le vu de l'inventaire général qu'il en avoit fait faire au mois de mai de la présente année 1790 ». Ces reliques sont : un fragment de la vraie croix, le corps de sainte Panaphrète, celui de saint Macaire et celui de saint Etienne de Muret.

66. — DOCUMENTS

SUR LA RÉFORME EN LIMOUSIN [1]

— Documents relatifs aux églises réformées de la Marche et du Limousin,

Publ. par A. Leroux, *Arch. hist. du Limousin*, I, 129 à 254, et III, 108 à 156.

— Voir en outre ci-dessus :
La section des chroniques, p. 75, au bas.
La section des récits de quelques événements particuliers, p. 83.
La section des registres domestiques : p. 92, reg. d'Antoine de Sainte-Feyre ; p. 94, reg. des Salignac de Rochefort ; p. 95, reg. de Jeanne Boyol ; p. 96, reg. des De La Brunye.
La section des registres de délibérations, p. 141.
Cf. la préface de l'*Hist. de la Réforme en Limousin* (1888, p. viii à x.)

---

[1] Les indications contenues dans cette section et dans les deux suivantes ne peuvent servir qu'à trouver les principaux matériaux des événements dont il s'agit. Elles ne visent point à dresser la bibliographie des pièces éparses.

67. — DOCUMENTS

SUR LES GUERRES CIVILES EN LIMOUSIN

— Documents sur les guerres de religion en Bas-Limousin.
Publ. par MM. Clément Simon, *Tulle et le Bas-Limousin*, appendice, *1887*, (sic pro *1889*) et René Fage, *La prise de Tulle*, appendice, 1891.

— Voir ci-dessus la section des Récits de quelques événements particuliers, p. 82 à 85, et celle des Chroniques, p. 07 et ss.
Consulter aussi les *Mémoires de Vivant* (fin du xvi° siècle) publiés à Agen par M. Ad. Magen, — et les indications fournies dans notre *Hist. de la Réforme en Limousin*, p. 62, note 1, et p. 80, note 4.

68. — DOCUMENTS

SUR LA RÉVOLUTION EN LIMOUSIN

Voir ci-dessus :
La collection des Archives révolutionnaires du Limousin, p. 34 ;
La section des chroniques, p. 76, 77 et 79 ;
La section des récits de quelques événements particuliers, p. 88 ;
La section des registres domestiques à partir de la p. 100 ;
La section des journaux locaux, p. 110 ;
La section des registres de délibérations, p. 144 ;

Les quelques pièces publiées en appendice des rares ouvrages qui traitent de la Révolution dans la Marche ou le Limousin, tels que :
V. de Seilhac, *Scènes et portraits de la Révolution en Bas-Limousin* (1878) ;
V. de Seilhac, *Hist. du département de la Corrèze* (1888) ;
Abbé Lecler, *Martyrs et confesseurs de la foi...* (1892).

Voir aussi M. Fray-Fournier, *Bibliographie de l'histoire de la Révolution dans la Haute-Vienne* (1892).

APPENDICES

APPENDICE I

Les Documents faux

Nul n'ignore aujourd'hui, parmi les diplomatistes de profession, combien a été fréquente au moyen-âge et jusqu'au xviii° siècle la falsification des documents. Dans son récent *Manuel de diplomatique* M. A Giry a rappelé les plus célèbres de ces pratiques.

Plus obscures sont celles que nous allons mentionner, et c'est sans doute pour cette raison qu'elles servent encore à étayer les faits dont elles déposent faussement. Cependant dom Martène s'en indignait déjà au commencement du xviii° siècle, lorsqu'il écrivait : « Toutes les fables trouvent des prôneurs à Limoges » (1). Le relevé que nous allons donner de ces falsifications aidera peut-être à les faire écarter définitivement du nombre des sources où peut puiser tout érudit soucieux de la vérité historique.

Outre le signalement direct de ces pièces adultérées, le rappel de quelques témoignages contemporains servira également à éveiller l'attention critique des historiens qui prétendent travailler sur des documents authentiques.

Au commencement du xi° siècle, le souci de la gloire de saint Martial inspira à ses dévots d'en rehausser l'éclat en fabriquant les documents qui pouvaient aider à faire admettre l'apostolicité du premier évêque de Limoges. Nous signalons plus loin trois de ces documents. Nous ajouterons que, lorsque le concile de 1031 se fut prononcé en faveur de l'apostolicité, les moines du monastère de Saint-Martial recherchèrent dans leurs archives tous les documents dans lesquels leur patron était qualifié simplement de *confessor*, et y substituèrent, conformément à la décision du concile, le terme d'*apostolus* à l'aide d'un grattage très grossièrement opéré. Il subsiste aux Archives départementales de la Haute-Vienne (2)

---

(1) *Voyage littéraire*, t. I, pars II, p. 69.
(2) Nous en avons publié une dans nos *Chartes, Chroniques et Mémoriaux...*, p. 8. M. L. Guibert en a signalé d'autres.

plusieurs chartes témoignant de cette opération qui est moins un faux qu'une malencontreuse correction.

Un siècle plus tard, un chroniqueur de la même abbaye raconte comment un intrus, du nom de Humbaud, réussit à prendre possession du siège épiscopal de Limoges en fabriquant une bulle d'investiture (vers 1090). La fraude fut bien vite reconnue et le faussaire puni. Voici comment le fait nous est raconté :

> Litteras apostolicas falsavit de consilio Helie de Gimel, archidiaconi, machinante Matheo Vitalis, qui erat aurifex Lemovicis ; et illas ostendit abbati, quibus recipiebatur tanquam episcopus (¹).

Le cartulaire de l'abbaye d'Uzerche, rédigé, semble-t-il, au commencement du XIII° siècle (ci-dessus, p. 193), est fameux en Limousin par les récits fabuleux dont il est précédé ; récits qui donnèrent lieu plus tard à ce dicton : « Menteur comme le cartulaire d'Uzerche. » Baluze, qui a publié de longs extraits de ce cartulaire, savait déjà à quoi s'en tenir à cet égard. M. Champeval, qui le publie intégralement, n'est pas moins édifié sur ce point.

Les faussaires n'ont point manqué non plus à l'abbaye de Grandmont. MM. Hauréau, L. Delisle, L. Guibert et A. Luchaire les ont dénoncés à l'envi. Le savant mémoire de M. Delisle : *Examen de treize chartes de l'ordre de Grandmont*, XII°-XIII° ss. (dans les *Mém. de la Soc. des antiquaires de Normandie*, XX, 171 et ss.) a débarrassé notre histoire limousine de deux ou trois pièces que nous signalons plus loin à leur rang chronologique.

L'habitude des falsifications était si répandue que l'on crut utile d'insérer un paragraphe comminatoire à l'adresse des faussaires dans les statuts synodaux du diocèse de Limoges, promulgués par Philippe de Montmorency en 1519 :

> Et quia multi sunt tales elemosynarum questores proprium commodum curantes qui suis suasionibus abusiones proponunt...., diligenter inspiciant sacerdotes suas (sic) litteras et tenorem earundem, ac diligentius inspiciant signum et sigillum, et si sit rasura in data aut falsitas.... (²).

Et plus loin :

> Visitentur littere tam absolutorie quam alie circa sigillum tam in caractere quam in cera et cauda litterarum, tam ante quam retro, in litteris et sigillis et in circumferentia, quia falsitas multotiens committitur.... (³).

A la fin du XVI° siècle, l'abbé général de Grandmont donnait l'ordre de brûler les compilations historiques du frère Pardoux de la Garde, *quia veritatem non celaverat*, dit une note marginale des *Antiquités de Grandmont*. Si cet ordre ne constitue pas un faux, il

---

(1) *Chroniques de Saint Martial de Limoges*, éditées par M. Duplès-Agier pour la Soc. de l'hist. de France, p. 187. Cf. la chronique de Geoffroi de Vigeois, ch. XXVI.

(2) Dans nos *Documents historiques... sur la Marche et le Limousin*, I, 330.

(3) *Ibidem*, I, 340.

témoigne cependant d'assez peu de respect pour la vérité historique.

L'*Inventaire des archives départementales de la Creuse*, par M. F. Autorde, fait mention, à l'art. H. 5, d'un sieur Jean Bruneau qui, en 1820, fut reçu à la prêtrise dans le diocèse de Tulle à l'aide de lettres démissoires fabriquées par un certain Jean Albert et scellées par le même d'un faux sceau de l'évêque de Limoges.

Au milieu du xviie siècle, les protestants de Rochechouart se plaignirent au Conseil du roi, dans un mémoire rendu public, de ce que leur seigneur, aidé d'un chanoine de l'église cathédrale, s'était fait délivrer l'acte de légitimation de leur église, déposé en 1601 au greffe du Présidial de Limoges, et tout en prétextant vouloir l'envoyer à la Chambre de l'édit, y avait substitué un acte fabriqué qui infirmait les droits de l'église en question (¹).

Vers le même temps, au gré d'autres passions, la vie de la mère Isabelle des Anges, fondatrice du couvent des Carmélites de Limoges, était remaniée dans un sens opposé à celui de son premier auteur. Nous avons signalé ce détail, ci-dessus p. 51.

En 1780, un notaire et un curé du Bas-Limousin sont poursuivis pour faux devant la sénéchaussée d'Uzerche. Mais le faux n'étant pas suffisamment caractérisé, on les relâche (²). Quelques années plus tard, ordre est donné par la même juridiction de remettre au greffe l'expédition d'un contrat suspecté d'altération. Les parties, qui avaient sans doute leurs raisons, s'y refusent (³).

Parmi les monuments figuratifs, nous citerons seulement quatre exemples de falsifications.

Le premier est connu sous le nom de vitrail de Jeanne d'Albret et appartient à la seconde moitié du xvie siècle. Il représente la vicomtesse de Limoges prêchant devant un groupe d'hommes attentifs (⁴). Or, il n'y a pas un mot dans nos annales locales qui fasse allusion à ce prétendu fait. M. Louis Guibert a eu raison de révoquer en doute le témoignage de ce vitrail (⁵) et de le considérer comme une pure caricature.

Dans sa récente *Histoire d'Aubusson* (⁶), M. C. Pérathon a reproduit un sceau de Ranulfe († 1276), fils du vicomte Rainaud VI. L'original appartient au prince de Bauffremont-Courtenay. C'est certainement un faux, comme en témoigne la légende *Sigillum Rumnulfi Albuconis*, au lieu de ...*de Albuconio*, et la matière même, qui est de bronze. La fabrication appartient probablement au xviie siècle.

Le troisième exemple que nous devions citer est celui que four-

---

(1) *Factum* (imprimé) *pour les habitants de Rochechouart*, n° 3. (Dans le Recueil Thoisy à la Bibliothèque nationale, Ld. 176.)

(2 et 3) *Invent. des arch. dép. de la Corrèze*, B. 394 et 383.

(4) Ce vitrail a été reproduit une douzaine de fois pour le moins, en dernier lieu dans *Le Limousin*, 1890. Il est souvent invoqué par quelques historiens.

(5) Dans l'*Art rétrospectif à l'exposition de Limoges*, 1886, p. 90.

(6) Publiée à Limoges en 1886. Voy. p. 379 et 483.

nissent certaines planches de l'album de Beaumesnil, le comédien-antiquaire de la fin du xviii° siècle. Ces planches ont été reproduites, il y a une soixantaine d'années, par Tripon dans son *Historique monumental du Limousin*. Il n'y a point à faire grand fondement sur ce qu'elles représentent.

Enfin nous signalerons encore ce fait qu'au xix° siècle, à Limoges même, on a fabriqué un certain nombre d'émaux peints, portant la signature des émailleurs limousins du xvi° siècle, avec dates concordantes. Les connaisseurs découvrent aisément la fraude, mais les ignorants s'y laissent prendre.

.·.

Voici maintenant l'énumération des documents faux qu'il convient d'écarter résolument de notre histoire :

— Vie de saint Martial, par le pseudo-Aurélien.
Voy. ci-dessus p. 43-46.

— Epîtres de saint Martial aux habitants de Toulouse et de Bordeaux.
C'est un faux du xvi° siècle. Ces épîtres ont été publiées pour la première fois à Paris en 1521 et depuis lors une vingtaine de fois. « Le premier qui tenta à en faire connoître la fausseté paroit avoir été Jaques de Bordes, ministre calviniste à Bourdeaux, dans l'édition latine et françoise qu'il publia de ces lettres en 1573. Bellarmin ne tarda pas à témoigner qu'il n'en pensoit pas autrement. » (*Hist. littér. de la France*, I, 1re partie, 408 et VI, 416.)

— Chronique de la fondation du Dorat, par Clovis I, 507.
Voy. ci-dessus p. 65.

— Généalogie de saint Yrieix, vi° s.
Voy. ci-dessus p. 38.

— Testament de Roger, comte de Limoges au vii° siècle.
Publié par Mabillon (*Annales Bened.*, II, 711), d'après le cartulaire de l'abbaye de Charroux, composé au xiii° siècle.

— Don de Moutier-Rauseille fait par Carissime à saint Yrieix et à son monastère, 753.
Dans *Gallia christ. nova*, II, instr., 177, sous ce titre : *Additamentum ad instrumentum....* Cf. Labbe, *Alliance chronol.*, II, 405 ; Joullietton, *Hist. de la Marche*, I, 86 ; Roy-Pierrefitte, *Etudes historiques....... sur le monastère de Rauxeille*, p. 2.

— Charte de fondation de l'abbaye de la Règle, 763 ou 764.
Dans Bonaventure de Saint-Amable, *Hist de saint Martial*, II, 239.

— Diplôme de Charlemagne en faveur de l'abbaye de Saint-Yrieix (*Attanum*), 794.
Dans Labbe, *Alliance chronol.*, II, 453 ; *Gallia christ. nova*, II, instr , 178, et XIV, 171, ligne 15. C'est un faux du commencement du xii° s.

— Privilège de Louis le Débonnaire donnant le château de Limoges à l'abbé de Saint-Martial, 832.
Publ. par l'abbé Roy-Pierrefitte, *Etudes historiques... sur le monastère de Saint Martial*, p. 16, d'après une copie prise sur une Bible manuscrite provenant de Saint-Martial, aujourd'hui conservée à la Bibliothèque nationale.

— Bulle du pape Marin I en faveur de l'abbaye de Solignac, 883.
Publiée à plusieurs reprises, en dernier lieu par M. l'abbé Arbellot, dans *Bulletin de Limoges*, XXV, 27. Cf. XXXI, 104, note.

— Bulle d'Institution de l'ordre de Grandmont, par Grégoire VII. 1073.
Publ. pour la première fois dans les *Acta Sanctorum ordinis sancti Benedicti*, sæc. VI, 50 ; en dernier lieu par M. L. Guibert, *Destruction de l'ordre et de l'abbaye de Grandmont*, 731. Cf. *ibid.*, p. 645, et L. Delisle, *Examen de treize chartes*, déjà cité.

— Bref d'Adrien IV à l'ordre de Grandmont, mars 1156. (Suspect.)
A été publié cinq fois, en dernier lieu dans le *Gallia christ. nova*, II, 648. Cf. L. Guibert, *Destruction de l'ordre de Grandmont*, p. 654.

— Lettre de Pierre Bernard de Boschiac, moine grandmontain, relative au meurtre de Thomas Becket. Après 1170.
Voy. ci-dessus p. 227.

— Bulle du pape Lucius en faveur du chapitre du Dorat, 4 mai 1185.
Imp. dans Aubugeois de la Ville du Bost, *Hist. du Dorat*, p. 209. Cf. *ibid.*, p. 42, et abbé Granet, *Hist. de Bellac*, p. 22. Cette bulle avait été suspectée déjà au XVIIIe siècle par Mallebay de la Mothe, historien de la Marche.

— Relation de l'institution de la sainte Lunade de Tulle en 1340.
Voy. ci-dessus, p. 81. Considérée comme suspecte par M. M. Deloche, dans l'étude qu'il a consacrée à la procession de la Lunade. (*Mém. de l'Acad. des inscriptions*, XXXII, 2e partie).

— Anoblissements et nominations par les vicomtes de Limoges, 1443 et 1451.
Publiés par M. le comte de Saint-Saud dans le *Bull. de la Soc. arch. et hist. du Limousin*, XLI, 585 et ss.

Aussi fournie que soit cette liste, elle ne l'est pas plus que celles qui pourraient être dressées pour d'autres provinces. Et nous ne croyons pas tout à fait justifiée cette assertion d'un collaborateur des *Annales de la faculté des lettres de Bordeaux* (1894, p. 186), que « les faux fourmillent dans l'histoire du Limousin et surtout de l'église de Limoges ». L'assertion est d'autant plus légère qu'elle a été émise à propos de l'*Ordo ad benedicendum ducem Aquitaniæ* (ci-dessus p. 233), qui, s'il n'a jamais servi aux fins pour lesquels il fut rédigé, n'en est pas moins un document d'une sincérité incontestable.

APPENDICE II

Les Documents en dialecte limousin

En appendice à l'étude de M. C. Chabaneau sur *la Langue et la Littérature du Limousin* ([1]) nous avons donné un relevé de docu-

---

([1]) Dans la *Revue des langues romanes* de Montpellier, 1891, t. XXXV. Le tirage à part porte la date de 1892.

ments rédigés en dialecte limousin, en dehors des textes littéraires. Ce relevé appelle aujourd'hui quelques compléments.

Ainsi les deux cartulaires de l'Aumônerie de Saint-Martial au XIe s. que nous avons publiés au t. II de nos *Documents historiques sur la Marche et le Limousin*, méritent d'être pris en considération pour l'histoire de la langue.

Le cartulaire du Palais-Notre-Dame, conservé au British Museum, contient quelques feuillets rédigés en dialecte limousin du XIIIe s., si l'on en croit la description qui a été donnée de ce cartulaire dans le *Bull. du bibliophile* de Techener, 1854, p. 1045.

La coutume de Limoges, les statuts de corporations, la chronique consulaire et les nombreuses chartes en langue vulgaire que contient le cartulaire du Consulat de Limoges viennent d'être publiés soit à nouveau, soit pour la première fois par M. Camille Chabaneau sous les auspices de la *Société des langues romanes de Montpellier*, 1895 (avec tirage à part).

Les lièves de comptes, rédigées dans l'idiome du Limousin, sont plus nombreuses que ne le donne à penser le relevé précité. Voy. dans notre *Invent. du fonds du collège de Limoges* (1882) les articles D. 426, 447, 498, 501, 555, 719, 722, 723, 1030.

Dans un terrier du prieuré de l'Artige, figure une mention historique de dix lignes, rédigée en 1489, reproduite dans l'Inventaire précité, D. 993.

Les statuts de la Confrérie de N.-D. du Puy à Limoges, de 1274, ont été imprimés dans les *Annales de la Société d'agriculture... du Puy*, XXVIII, 187.

Le testament de Jean Faucon, sgr de Thouron, en 1475, a été publié une seconde fois dans le *Bulletin de Limoges*, XL, 500.

Le préambule de la lièvre de la Confrérie des Chandelles est tiré d'un manuscrit du grand séminaire de Limoges, coté auj. 96 dans le catalogue de M. L. Guibert. Ce préambule n'est nullement un statut, comme semble l'indiquer la mention qui en a été faite dans la section E du relevé précité.

M. R. Fage a publié dans le *Bulletin arch. du Ministère*, 1892, p. 237, un acte patois de 1463 pour la reconstruction du pont de l'Escurol à Tulle. Cf. les corrections proposées par les *Annales du Midi*, 1893, p. 274.

Enfin nous avons trouvé dans le fonds de la Règle (aux Archives départementales de la Haute-Vienne, série H) une charte de 1218, en langue vulgaire; nous l'avons communiquée au Comité des travaux historiques qui la publiera sans doute dans son *Bulletin*.

Parmi les cinq chartes que nous avons publiées dans nos *Documents histor. concernant la Marche et le Limousin* (t. I, p. 148 et ss.), avec cette date vers 1200, il y en a deux (numérotées XXXI et XXXIII) que l'étude attentive des noms propres qu'elles contiennent permet de croire rédigées entre 1130 et 1150. Ce seraient donc les plus anciennes chartes limousines connues.

ADDITIONS

— P. 17, au bas. Ajouter : B, III, n°˙ 24, 73 ¹ et ², Registre contenant les procès-verbaux des assemblées électorales de 1789 dans nos trois départements limousins.

— P. 22, ligne 14. Ajouter : AF, II. Registres contenant la correspondance des représentants du peuple en mission.

— P. 30, au bas. A la série des recueils généraux de documents qu'il importe le plus de consulter pour l'histoire du Limousin et de la Marche, ajouter les deux suivants :
1° *Correspondance des contrôleurs généraux des finances* publiée par M. de Boislisle, 2 vol. parus ;
2° *Recueil de documents relatifs à la convocation des états généraux de 1789*, publié par M. A. de Brettes (t. I, 1894).

— P. 40, ligne 14. Il y avait jadis au château de Lastours (Haute-Vienne) un manuscrit de la Vie de saint Geoffroy de Nho, portant la date de 1502 (Voy. Lelong, *Bibl. histor.*, IV, n° 13422).

— P. 45, ligne 74. Ajouter : Bonaventure de Saint-Amable, *Histoire de saint Martial*, 2 vol. in-f°, 1676 et 1683, malgré son peu de valeur.

— P. 79, ligne 2. Il y a une copie de la Chronique de Solignac en la possession de M. Tandeau de Marsac, au château de Brignac, près Limoges.

— P. 79. Nous n'avons pas mentionné les *Annales de la Courtine* (Creuse) rédigées par l'abbé Michon, curé de la paroisse en 1760. Des extraits en ont été publiés dans un journal de la Creuse vers 1872, mais il ne nous a pas été possible de les retrouver. La récente biographie de l'auteur par l'abbé Joseph Villatel parle de ces Annales sans se prononcer sur leur caractère. C'est vraisemblablement à la fois une compilation et une chronique originale pour quelques parties.

— P. 108, ligne 20-21. Insérer l'article suivant :
Lettre de M. Liron sur la physionomie de Limoges en 1753.
Dans l'*Almanach limousin* de 1860, p. 141.

— P. 111, ligne 8. Ajouter : *Capitulum generale ordinis Grandimontensis in abbatia Grandimontis anno Domini 1643 celebratum*. Imp. à Paris, 1643.

— P. 141, ligne 13. Ajouter : Registre des délibérations du chapitre de Saint-Yrieix.

Ms. perdu. Il y en a deux extraits, relatifs à l'année 1790, publiés dans le *Bulletin de Limoges*, XL, 626.

— P. 148, ligne 5. Le catalogue des écrits de l'abbé Texier († 1859) signale le travail suivant, resté manuscrit : « Revue critique des statuts du diocèse de Limoges renouvelés et publiés en 1838 par Mgr Prosper de Tournefort. » Nous ne savons ce qu'est devenu ce travail.

— P. 149, ligne 25. La *Regula sancti Stephani Grandimontensis* a été publiée aussi par Dom Martène, *De antiquis ecclesiæ ritibus*, IV, 873.

— P. 150, ligne 10. Compléter comme suit la série des statuts de l'abbaye de Grammont :

1° *Statuta priorum et diffinitorum capitulorum generalium ordinis Grandimontensis collecta a Guillelmo Pellicerii, abbate Grandimontense*, xiv° s. (Dans Martène, *De antiquis ecclesiæ ritibus*, IV, 971) ;

2° *Statutum factum in capitulo generali ordinis Grandimontensis tempore Guillelmi, primi abbatis Grandimontensis* [1317-1336]. (*Ibid.*, 981) ;

3° *Collectio statutorum ad usum ordinis Grandimontensis* sous Innocent IV et Clément V (*Ibid.*, 923) ;

4° *Statuta capitulorum generalium ordinis Grandimontensis*, de 1300 à 1477 (*Ibid.*, 1003) ;

5° *Statuta pro reformatione ordinis Grandimontensis*, s. d. (*Ibid.*, 955).

— P. 160, ligne 20. Ajouter : Supplément au règlement de la Cour de Limoges (en 16 art.) 17 nov. 1816. Impr. à Limoges, chez Bargeas.

— P. 169, ligne 15. Les privilèges de l'ordre de Grandmont, y mentionnés, se retrouvent dans Martène, *De antiquis ecclesiæ ritibus*, IV, 985 et 993.

— P. 186, ligne 9. D'un dossier des Archives de la Cour d'appel de Limoges, dont nous devons communication à l'obligeance de M. Pironneau, avocat général, il résulte que les Archives du Présidial de Brive ont été vendues, au commencement de ce siècle, par les héritiers de l'ancien greffier de cette juridiction comme « papier à la livre », à des marchands de Brive.

— *Passim*. Les nombreuses publications statistiques des divers Ministères sont formées d'éléments fournis par les préfectures, les tribunaux, les rectorats, etc. Elles doivent donc être consultées pour l'histoire du xix° siècle.

CORRECTIONS

— P. 116, ligne 7, Substituer à l'ordre de publication l'ordre des pontificats : Grégoire IX, Innocent IV, Honorius IV, Nicolas IV, Boniface VIII, Benoist XI, etc.

— P. 148, ligne 12. Supprimer la mention de *Statuts de 1336 sous l'épiscopat d'Arnaud de Clermont* et lire *Statuts de 1339, le siège vacant* dans Martène, *Thesaurus anecdotorum*, IV, 800.

— P. 179, ligne 13. *Au lieu de* : Il y a environ vingt-cinq ans, *corrigez* : en novembre 1855.

TABLE DES MATIÈRES

Avertissement.... III
Abréviations. VIII

Préliminaires

1. Archives :
    Département de la Haute-Vienne............. 1
    Département de la Corrèze. ., ,.,.,.,.,.,.,..... 8
    Département de la Creuse........................ 12
    Hors du Limousin....... ,............. 17
2. Bibliothèques : leurs collections manuscrites............. 24
3. Collections privées........,.,.,.,.,,.............. .. 27
4. Recueils généraux de documents historiques,. 29

Sources narratives

5. Auteurs de l'antiquité et du haut moyen âge qui ont parlé du Limousin 36
6. Vies des principaux saints du Limousin......... ....,...... 37
7. Vies de personnages notables................,, ...,...... 50
8. Annales, chroniques, histoires d'origine limousine :
    A. Fragments d'annales primitives... 54
    B. Annales et chroniques de divers monastères et églises de Limoges au moyen âge............. 54
    C. Annales et chroniques de divers monastères et églises du Limousin au moyen âge............ 61
    D. Chroniques et annales laïques de Limoges, du xive au xixe siècle........................ 66
    E. Chroniques et annales ecclésiastiques de Limoges, du xvie au xixe siècle...................... 72
    F. Chroniques et annales laïques de la Marche et du Limousin, du xve au xixe siècle..... 74
    G. Chroniques et annales ecclésiastiques de la Marche et du Limousin, du xviie au xixe siècle..... 77

9. Récits de quelques événements particuliers.................. 81
10. Registres domestiques, xiv°-xix° ss........................ 91
11. Auteurs étrangers du moyen âge féodal et des temps modernes qui ont parlé du Limousin..................................... 105
12. Voyageurs et géographes modernes qui ont parlé du Limousin 106
13. Principaux journaux locaux................................ 110

Sources diplomatiques

14. Actes des conciles provinciaux............................. 111
15. Documents sur les états provinciaux........................ 112
16. Documents rédigés à l'occasion de la tenue des Etats généraux 113

* *

17. Actes pontificaux concernant le Limousin................... 116
18. Actes royaux concernant le Limousin........................ 117
19. Actes épiscopaux depuis le xvii° s. :
    A. Evêques de Limoges..................................... 118
    B. Evêques de Tulle....................................... 132
20. Actes des pouvoirs laïques du Limousin et de la Marche avant la Révolution... 139
21. Actes des pouvoirs laïques de la Haute-Vienne, de la Corrèze et de la Creuse depuis la Révolution........................ 140

* *

22. Délibérations des corps constitués ecclésiastiques et laïques.... 141
23. Statuts et règlements de corporations ecclésiastiques :
    1. Statuts synodaux des diocèses de Limoges et Tulle.. 147
    2. Statuts de chapitres................................ 148
    3. Statuts d'abbayes et de communautés................. 149
    4. Statuts de confréries.............................. 152
23 bis. Statuts et règlements de corporations laïques............ 157
24. Coutumes locales... 163
25. Chartes communales, privilèges et franchises................ 165

* *

26. Obituaires et nécrologes.................................. 170
27. Rouleaux mortuaires...................................... 174
28. Catalogues épiscopaux.................................... 175
29. Rôles nobles de la Marche et du Limousin................... 176
30. Mémoriaux de visites pastorales........................... 177
31. Registres paroissiaux.................................... 178

32. Registres de vêtures et professions religieuses.............. 180
33. Registres d'enfants trouvés.... 181
34. Registres de notaires.......................... .. 182
35. Insinuations ecclésiastiques...................... 183
36. Insinuations civiles............................ 184
37. Anciens registres d'assises seigneuriales............. 185
38. Registres d'assises royales...................... 186
39. Documents sur les grands jours tenus à Limoges............ 188

.*.

40. Répertoires de titres........................... 189
41. Cartulaires limousins et marchois.......... 190
42. Terriers.................................. 195
43. Registres d'hommages..... 202
44. Pouillés................................... 203
45. Censiers et lièves............................ 204
46. Cadastres................................. 205
47. Assiettes d'impôts et tarifs..................... 206
48. Mercuriales et forléaux................... ... 207

.*.

49. Documents relatifs à l'agriculture et à l'industrie............ 208
50.   —   —   au commerce..................... 209
51.   —   —   aux voies de communication............ 210
52.   —   sur les établissements hospitaliers............. 211
53.   —   sur les établissements d'instruction............. 212
54.   —   sur l'histoire des villes................... 215

Sources statistiques

55. Mémoires statistiques........................... 216
56. Principaux calendriers et annuaires..................... 219

Sources littéraires

57. Principaux documents littéraires........ 220
58. Principaux documents légendaires................. .. 225
59. Epistolographes.......................... 226
60. Ouvrages d'enseignement religieux................. 229
61. Documents liturgiques........... 232

Documents archéologiques

62.	Comptes de construction........................	236
63.	Inventaires de meubles et d'ornements.........	237
64.	Catalogues d'anciennes bibliothèques...........	240
65.	Inventaires de reliques.........................	242

Evénements politiques

66.	Principaux documents sur la Réforme en Limousin......	244
67.	Principaux documents sur les guerres civiles en Limousin...	245
68.	Principaux documents sur la Révolution en Limousin.....	246

Appendices

1.	Les documents faux..............................	247
2.	Les documents en dialecte limousin...............	251

Additions... 253
Corrections... 255
Table des matières.................................. 257

Limoges, imp. V° H. Ducourtieux, rue des Arènes, 7.

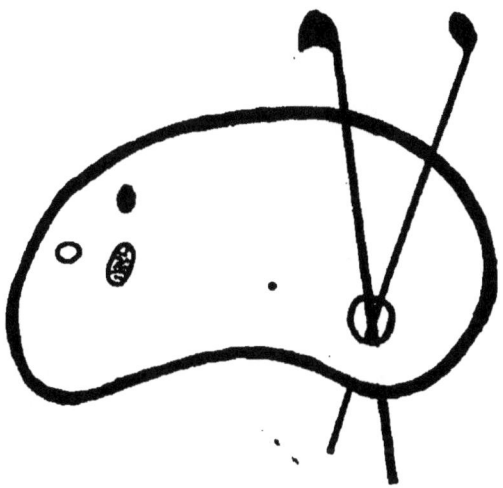

ORIGINAL EN COULEUR
N° Z 43-120-8

www.ingramcontent.com/pod-product-compliance
Lightning Source LLC
Chambersburg PA
CBHW050333170426
43200CB00009BA/1582